Marko M. Feingold
Wer einmal gestorben ist, dem tut nichts mehr weh

5. Auflage

ISBN 978-3-7013-1196-5
© 2012 OTTO MÜLLER VERLAG, SALZBURG–WIEN
Unveränderte Neuausgabe
Alle Rechte vorbehalten
Satz: Media Design: Rizner.at, Salzburg
Druck und Bindung: Druckerei Theiss GmbH, A-9431 St. Stefan

Marko M. Feingold

Wer einmal gestorben ist, dem tut nichts mehr weh

Eine Überlebensgeschichte

*Herausgegeben und mit einem Nachwort von
Birgit Kirchmayr und Albert Lichtblau*

OTTO MÜLLER VERLAG

Ich war immer der Max
Namensverwirrungen

Mir gefällt der Name Feingold, denn er läßt sich leicht schreiben. Nur in den Jahren, als ich in Italien lebte, war das sehr schwierig. Wir bekamen unsere Post immer *poste restante*, also postlagernd. Und am Postamt hieß es dann: »Come, come – wie, wie?« Da war der Postbeamte schon mit dem Kopf beim Schalter draußen! Ich hab' dann gesagt: »Fe-Ingold!« Nur so haben die Italiener den Namen verstanden, weil es im Italienischen kein »ei« gibt. Am besten war es, einen Ausweis zu zeigen, dann fanden sie die Post am ehesten.

Als Kind hieß ich einige Zeit lang nicht Feingold, sondern Fuchs. Meine Eltern waren ursprünglich nicht standesamtlich verheiratet, also wurde ich unter dem Namen meiner Mutter geboren – die hieß Fuchs. Mein Geburtsschein ist aber interessanterweise auf Feingold ausgestellt. Irgendwann in den zwanziger Jahren muß der Vater mit diesen verschiedenen Nachnamen aufgeräumt haben. Aber eigentlich galt ich sowieso von Anfang an überall als Feingold, nur in der Schule sind sie draufgekommen, daß da was nicht stimmt und ich den Namen meiner Mutter tragen müßte. So stand für kurze Zeit auf meinen Schulzeugnissen der Name Fuchs. Der Vater brachte das dann in Ordnung, wahrscheinlich durch Vorlage anderer Papiere, und »Fuchs« wurde auf »Feingold« geändert. Ob das dem Meldeamt mitgeteilt wurde, weiß ich nicht. Man hatte andere Sorgen zu dieser Zeit.

Als Kind rief man mich Max, im Geburtsschein steht aber Marko. Marko mit »k«, das kommt aus dem Slowenischen. Den Vornamen bekam ich nach einem Onkel meiner Mutter. In der Schule hieß ich offiziell Markus, zeitweise Max. Auf dem Meldezettel steht beim ersten Eintrag Markus Fuchs, bei der nächsten Eintragung bin ich schon der Max Feingold!

Zu dem Marko gibt es aber noch eine Geschichte: Es dürfte jetzt circa dreißig Jahre her sein – ich hatte noch die Firma in Salzburg –, da gab es einen Austausch der Personalausweise.

Ich hatte bei der Salzburger Polizeidirektion einen neuen Personalausweis beantragt und die Formulare und Fotos abgegeben, die dazu notwendig waren. Dann rief mich ein Herr von dort an, der mich sehr gut kannte: »Herr Feingold, das mit Ihrem Vornamen haut nicht hin.« Sag' ich: »Was haut da nicht hin?« – »Ich hab' unseren gerichtlich beeideten Dolmetscher gefragt, und der sagt, der Name in Ihrem Geburtsausweis läßt sich nicht übersetzen. Ich muß ›Marko‹ eintragen.« – Sag' ich: »Na, wie stellen Sie sich das jetzt vor? Meine Firma heißt ›Wiener Mode, Inhaber Max Feingold‹.« – Sagt er: »Na ja, Sie können ja Ihren Vornamen formell auf Max ändern lassen.« – »Na, und was kost' denn das?« – Hat er mir damals gesagt: »Viertausend Schilling.« – Hab' ich gesagt: »Das ist mir der ›Max‹ nicht wert!«

So habe ich keine Namensänderung vornehmen lassen und bin bei Marko geblieben. Nun entstand folgende Kuriosität: Viele Vertreter kamen in mein Geschäft: »Wo ist Ihr Bruder?« Die kannten mich unter Max und haben nun den Bruder Marko gesucht. Meine Firma hieß nämlich dann »Wiener Mode – Max Feingold, Inhaber Marko Feingold«. Auch meine Unterschrift lautet seither Marko M. Feingold – Marko Max! Für mich hat das aber nie eine Rolle gespielt. Ich war immer der Max und bin bei Max geblieben.

Ein sehr würdiger alter Herr mit grauem Bart
Der Großvater

Mein Großvater väterlicherseits hieß Israel Peissach Straschny. Auf seinem Grabstein steht »Geboren 1854 in Starzawa, Galizien«, aber laut den Akten der Kultusgemeinde ist er in Unim, Bezirk Kiew, Rußland, geboren. Dazu würde ich sagen: polnische Verhältnisse! Wenn man irgendwohin kam, sagte man zum Beamten: »Schreiben Sie hin, geboren in Starzawa.« – »Wie schreibt man das?« – »Kiew«.

Mein Großvater kam aus einer bäuerlichen Familie, widmete sich aber nach der Jahrhundertwende dem Eisenbahnbau. Im Sommer arbeitete er als Aufseher auf Baustellen, im Winter war die Familie in Wien. Es war eine deutschsprachige Familie, und die Deutsch sprechenden Juden zog es immer in die Hauptstadt. Der Großvater sprach Jiddisch, aber schon mit einem guten Deutsch gemischt.

Er war ein sehr würdiger alter Herr mit grauem Bart und sehr religiös. Meine zwei Brüder und ich bekamen vom Großvater Religionsunterricht. Ein paarmal in der Woche mußten wir zu ihm gehen, und er weihte uns in die Religion ein. Gelernt haben wir von ihm – wie es üblich ist im Judentum – die Religion, das Beten, das Lesen der hebräischen Buchstaben. Meine Brüder hatten etwas mehr davon als ich, weil ich der Jüngste war und am wenigsten von dem behielt, was er uns beibrachte. Ich war ja erst sieben Jahre alt, als er starb.

Zur Trauersitzung wurde für uns Kinder ein Brett auf zwei Stühle gelegt, dort mußten wir sitzen. Wir durften nur mit Socken gehen, nicht mit Schuhen. Der Leichnam lag am Boden aufgebahrt, und es wurden Gebete verrichtet. An die Leich' – das Begräbnis – kann ich mich gut erinnern: Ein oder zwei Tage nach der Trauersitzung wurde der Leichnam von der Wohnung in der Salzachstraße abgeholt. Vorne wurde der Leichenwagen von zwei Pferden gezogen, dem gingen wir hinterher. Zurück nahmen wir einen anderen, längeren Weg, weil das bei Juden so üblich ist: Man soll nicht den selben Weg zurückgehen, den man mit dem Leichenwagen gegangen ist.

Die »Patriarchin« der Familie
Meine Großmutter Gittel Skurmann

Von meiner leiblichen Großmutter, der ersten Frau meines Großvaters, weiß ich so gut wie nichts. Sie muß in sehr jungen Jahren verstorben sein, kurz nachdem sie die Kinder bekam. Die Großmutter war die zweite Frau des Großvaters, Gittel Skurmann.

Sie war die »Patriarchin«, die Respektsperson der ganzen Familie. Niemand hätte es gewagt, ein beleidigendes Wort ihr gegenüber auszusprechen, oder eines, das man nicht ganz verantworten konnte. Die Hochachtung vor den Großeltern wurde bei uns sehr gepflegt. Die Großmutter war eine Autorität und wurde in allen Familienangelegenheiten gehört. Man fragte um ihre Meinung – es ist nicht gesagt, daß man sich dann daran hielt –, aber man fragte, das war gang und gäbe. So respektierte man die Autorität und ließ sich trotzdem nicht dadurch einengen. Die Großmutter war sehr religiös und hätte es zum Beispiel nicht gerne gesehen, daß wir am Samstag Straßenbahn fahren. Für uns war das aber selbstverständlich, und sie mußte es ja nicht wissen!

Sie trug auch noch den Scheitl. Wenn sich das Kopftuch verschob, das sie zu Hause trug, konnte man die kurz geschnittenen Haare sehen, vier bis fünf Zentimeter Länge, damit der »Hut«, eine Perücke, draufpaßte. Damals konnte man diese Perücken, die man im Judentum »Scheitl« nennt, sofort erkennen. Sie waren fast plüschartig, nicht so wie die Perücken heute.

Auch nach dem Tod meines Großvaters blieb die Großmutter das Oberhaupt der Familie. Die alten Leute werden im Judentum in Ehren gehalten. Sie werden nicht abgeschoben, sondern bleiben in der Familie. Weil die Großmutter keine Pension hatte, mußte sie von ihren Kindern erhalten werden. Aber am meisten unterstützte sie mein Vater, obwohl er gar nicht aus dieser Ehe hervorgegangen war. Nach dem Tod des Großvaters wohnte die Großmutter zunächst mit ihrer Tochter Sali und ihrem Sohn Adolf zusammen. Adolf zog dann aus, Sali hat geheiratet, ist aber mit ihrem Mann und den Kindern in der Wohnung der Großmutter geblieben.

Am Samstagnachmittag gab es immer den Sabbatbesuch bei uns zu Hause. Das war ein Familientreffen mit sämtlichen Tanten, Onkeln und natürlich auch der Großmutter. Sie wohnte in der Salzachstraße und wir in der Lassallestraße, da konnte sie leicht zu Fuß gehen. Sie war ja so religiös, sie wäre am Samstag nie mit der Straßenbahn gefahren! Als junger Mann war ich nicht so begeistert, daß die Mischpoche immer am Samstagnachmittag kam und ich daheim bleiben mußte und nicht weggehen konnte. Mich hätte der Prater viel mehr interessiert als solche Familientreffen.

Als ich 1938 wegging, wohnte die Großmutter noch in der Salzachstraße, und ich vermute, daß sie dann später in irgendeinem jüdischen Altenheim landete. Die einzigen Familienangehörigen, die noch in Wien waren, Tante Sali und deren Familie, gingen ja nach Frankreich – und die Großmutter muß schon über achtzig Jahre gewesen sein und hätte nicht allein leben können. Später erzählte man mir, sie sei im 42er Jahr ums Leben gekommen, und ich nahm deshalb immer an, sie sei aus dem Altersheim heraus vergast worden, denn 1942 hatten die Massendeportationen begonnen. Von der Kultusgemeinde erfuhr ich dann aber, daß sie schon am 19. Dezember 1941 gestorben ist, in der Miesbachgasse in der Leopoldstadt.

In der ganzen Mischpoche herrschte eine furchtbare Namensverwirrung
Die Verwandtschaft

Mein Vater stammte aus einer bäuerlichen Familie. Juden heirateten damals nur rituell, und so galten die Kinder amtlich als außerehelich. Deshalb trug mein Vater den Namen seiner Mutter, Feingold. Überhaupt herrschte in der ganzen Mischpoche eine furchtbare Namensverwirrung. Das muß man sich vorstellen: Die erste Frau des Großvaters hieß Feingold, deshalb hießen auch ihre Kinder Feingold. Dann kam die nächste Frau meines Großvaters, die ja Skurmann hieß, dazu noch vom Großvater die Namen Rabinovich und Straschny. Nachdem die Familie dann nach Wien übersiedelt war, legte sich jedes Kind auf einen Namen fest. Mein Vater blieb bei dem

Namen seiner Mutter. Von ihr hatte er eine Schwester, Frieda Feingold, und dann hatte er noch Halbgeschwister von der zweiten Frau meines Großvaters, der Gittel Skurmann, meine Onkel Adolf, Max und Leo und die Tanten Sali, Clara, Emma und Sophie.

Von zwei Schwestern meines Vaters, Emma und Sophie, weiß ich wenig. Sie lebten in Polen, das war zu weit entfernt von uns. Was aus ihnen geworden ist, ist mir nicht bekannt. Der einzige Überlebende dieses Familienzweigs ist ein Sohn von Emma, mein Cousin Max, der heute in Tel Aviv lebt.

Künstlerpech
Tante Frieda

Tante Frieda tauchte nur alle paar Jahre bei uns auf. Sie war eine sehr fesche, große Frau mit einem guten Wiener Schmäh, mit dem sie sich durch die Welt brachte. Leider hatte sie kein Glück mit den Männern! Doch 1930 hätte sie beinahe ihr Glück gemacht, als sie in Italien einen reichen Schiffskapitän mit einem Schloß in Bozen kennenlernte. Er war ein sehr vermögender italienischer Aristokrat und nebenbei Schiffsoffizier bei der Marine. Aber wenige Tage vor der Hochzeit ist er plötzlich einem Herzschlag erlegen. Künstlerpech! Sie arbeitete dann als »Reisende«, als Vertreterin, und erschien nur hin und wieder bei uns, allerdings immer in einer guten Aufmachung.

Nach 1932, 1933 bin ich ihr nicht mehr begegnet, sodaß ich keine Ahnung habe, wo sie verblieben ist. Ich weiß zwar noch, daß ihr erster Mann in Stein an der Donau gestorben ist – nicht im Ort, im Gefängnis! Ich kann mich aber nicht mehr erinnern, weshalb er verurteilt wurde. Tante Frieda hatte eine Tochter mit ihm, dann heiratete sie ein zweites Mal und hatte noch eine Tochter. Die Töchter habe ich irgendwann im 38er Jahr noch einmal zu sehen bekommen, aber von da an hörte ich nichts mehr von ihnen. Ich kann mich nicht einmal mehr an die Namen erinnern, nach ihnen zu suchen, wäre hoffnungslos.

Wie wird man verrückt? Langsam.
Onkel Adolf

Onkel Adolf stammte aus der Ehe meines Großvaters mit Gittel Skurmann. Er wohnte in Wien bei der Großmutter, hielt sich aber immer von den Familiennachmittagen fern, die bei uns stattfanden.

Er war sehr tüchtig und baute sich in Wien Mitte der zwanziger Jahre eine sogenannte Ratentour auf, das heißt, er verkaufte Waren auf Raten. Er traf mit verschiedenen Händlern eine Vereinbarung: »Ich schick' dir Kunden. Die kommen mit einem Ausfolgeschein von mir, und ich bezahl' dir das hinterher.« Der Verkäufer wußte dann gleich, daß er diesem Kunden einen erhöhten Preis nennen konnte. Der Kunde bezahlte so aber trotzdem nicht viel mehr, als wenn er die Ware normal in einem Detailgeschäft gekauft hätte. Der Großhandel war ja um dreißig bis fünfzig Prozent billiger als der Detailhandel. Außerdem wußte der Ratenkunde, er kriegt was Gutes, es kostet etwas mehr, dafür kann er es wöchentlich abzahlen. In Wien gab es viele solche Händler. Die verdienten ganz gut daran, und den Kunden, die ja meistens Arbeiter waren und jede Woche nur fünf Schilling bezahlen konnten, war es auch recht. Für die ganze Familie wurde so eingekauft. Wenn der Winter kam, brauchte man einen Anzug, für die Frau einen Mantel, für die Kinder Schuhe – und das Geld konnte man wöchentlich »abstottern«, wie man das so schön nannte. Die Ratentour, die sich Adolf aufbaute, ging bis 1932 sehr gut.

1932 nahm er dann mit einem Mal den Weg in die Vergangenheit. Er fuhr nach Rußland, um herauszufinden, wo unsere Ahnen herkamen. Nach seiner Rückkehr, 1933, traf ich ihn einmal in der Stadt, und er erzählte mir folgendes: Die Ahnen väterlicherseits seien alle eines unnatürlichen Todes gestorben! Wie weit zurück er das erforscht hat, kann ich nicht sagen, aber es ist ihm irgendwie ins Hirn gestiegen. Ich denke mir, daß er zumindest etwas ganz Seltsames erfahren haben muß, denn danach hatte er einen richtigen Tick.

Wie wird man verrückt? Langsam. Die Familie sah das aber anders: Er hatte ein Mädchen kennengelernt und sie dann nicht geheiratet, und das war nun Gottes Strafe, weil er sie stehen hatte lassen! Adolf hörte auf zu arbeiten, seine Schwägerin ging für sein Ratengeschäft kassieren. Ich traf ihn noch einmal 1938 in Krakau, da war er ziemlich verwirrt. Wie er ums Leben gekommen ist, kann ich nicht sagen. Wir hatten keinen Kontakt mehr.

... des öfteren »neger«
Onkel Max und Tante Tilly

Ein weiterer Halbbruder meines Vaters war Max Skurmann. Er führte in Wien in der Erdbergstraße ein großes Lebensmittelgeschäft. Verheiratet war er mit Tante Tilly, sie hatten zwei Kinder, Paul und Bert. Sie waren Samstagnachmittag oft bei uns zu Besuch. Max ist in späteren Jahren, das muß ich zugeben, ein bißchen versumpft. Tilly und er waren Spieler, Roulette und Kartenspiel. Damals gab es schon das Spielcasino in Baden bei Wien, wo sie des öfteren »neger« wurden – trotz bester »Tips«! So gerieten sie immer wieder in Not, man half ihnen aber immer von Neuem. Man läßt in jüdischen Familien niemanden fallen, auch wenn er ein Spieler ist. Aber es war ein Faß ohne Boden, wenn man ihnen Geld gab, verspielten sie es sofort wieder. Ich erinnere mich noch an ein Foto von dem Lebensmittelgeschäft in der Erdbergstraße – so groß wie ein Warenhaus! Das haben sie verloren. Sie machten dann ein kleineres auf, das verluderten und verspielten sie aber genauso. Selbst aus der Wohnung flogen sie am Ende hinaus – also furchtbare Zustände! Bei einer unserer letzten

Begegnungen 1938 in Wien hielt mich Tante Tilly vor dem Kaffeehaus auf, in das ich damals öfters ging. Sie erzählte mir, daß sie und die zwei Buben seit zwei Tagen nichts mehr gegessen hätten.

Es gelang ihnen dann, nach Kuba zu gehen. Wie sie das Geld zusammenbekommen haben, weiß ich nicht. Von Kuba sind sie nach New York weitergefahren. Dort begann Max mit einer Hot-dog-Bude und machte dann mehrere solche Hütten auf. Koschere Würstel haben sie da sicher nicht verkauft. Aber sie hatten eine Spezialität: etwas, das man in Amerika gerne ißt und das die Juden auch gut zubereiten können, nämlich faschierte Laberln! Es war ein gutes Geschäft, Max verdiente gut damit, und sie wurden dann amerikanische Staatsbürger.

Der Fisch im Lavoir
Onkel Leo

Onkel Leo Skurmann lebte in Warschau und hatte dort ein Lebensmittelgeschäft. Er kam nie nach Wien, und der Kontakt war nur brieflich. Sein Lebensmittelgeschäft lag am Stadtrand von Warschau, vis-à-vis eines Spitals. 1938 landete ich als Emigrant in Warschau und wohnte eine ganz kurze Zeit mit meinem Vater bei ihm. Leos Wohnung war sehr klein. Er wohnte in einem Haus, das nach russischem Vorbild gebaut war. Klo und Wasserleitung befanden sich nicht im Haus, sondern in einem eigenen Gebäude draußen im Hof. Aber wenn man pinkeln muß, und es hat Minusgrade, wer geht da gerne hinaus? Deshalb stand für diese Zwecke in der Wohnung ein Lavoir. Nun war das ein religiöser Haushalt, und bei Juden ist es üblich, Freitagabends für den Samstag einen Fisch vorzubereiten. Eines Tages rief mich mein Vater: »Schau, wo der Fisch schwimmt!« Er schwamm im Lavoir!

An solche Sachen kann ich mich erinnern. So ging Leo in die Familiengeschichte ein, mit dem Fisch im Lavoir! Das war 1938. Leo und seine Familie sind dann vermutlich im Warschauer Ghetto umgekommen.

Sie hat Auschwitz nicht überlebt
Tante Sali

Die Schwester meines Vaters, Sali, war eine sehr fesche Frau! Sie lebte in Wien, zusammen mit ihrem Mann Benno Schaffer. Der wurde oft von jungen Burschen am Haustor abgepaßt, die von ihm ein Autogramm haben wollten. Damals gab es nämlich in Wien einen internationalen Fußballer, der auch Schaffer hieß.

Benno fuhr jedes Jahr für ein paar Monate nach Vorochta, ein Kurort in Polen, wo auch seine Angehörigen lebten. Er war lungenkrank und wurde deshalb immer wieder im Sommer dorthin eingeladen. Sali lebte mit ihm und ihren zwei Kindern in der Wohnung der Großmutter. 1938 flohen sie über Belgien nach Frankreich. Dort wurden sie verhaftet und in ein französisches Internierungslager gebracht. Salis Mann wurde krank und starb im Lager. Die Tante, Erika und Paul wurden nach Auschwitz deportiert. Nur Paul überlebte.

Fünf Schilling für Schlittschuhe
Tante Clara

Eine weitere Schwester meines Vaters war Clara Skurmann, verheiratete Schwarz. Ihr Mann hatte in Wien in der Kleinen Mohrengasse eine gutgehende koschere Fleischerei. Im Judentum gilt die Fleischhauerei als niederer Berufsstand. Clara war zuerst als Angestellte dort, später heirateten sie dann. Ich ging oft dorthin und stellte mich zur Tante neben die Kasse. Sie wußte immer gleich, daß ich etwas wollte. Einmal wollte ich Schlittschuhe, und weil wir zu Hause doch viele Kinder waren und mein Vater sich schwer tat, all unsere Wünsche zu erfüllen, ging ich halt wieder zur Fleischhauerei. Da stand ich dann ganz armselig neben der Kasse. Solange ihr Mann gleich daneben auf der Fleischbank Fleisch hackte, konnte mir die Tante natürlich nichts geben. Aber wenn er nach hinten zum Kühlschrank ging, kam der herrliche Moment, wo ich fünf Schilling bekam!

Nach 1938 flüchtete Clara mit ihrem Mann nach Kuba, das war damals buchstäblich eine Rettungsinsel, ähnlich wie Shanghai. Auch sie gingen von Kuba aus nach New York. In Long Beach kaufte Claras Mann schließlich ein sehr schönes Haus. Er war wirklich ein fleißiger Mensch. Man kann sich bei uns kaum vorstellen, daß einer acht Stunden arbeitet und dann zu einem anderen Fleischhauer geht und noch einmal acht Stunden arbeitet! Und er hat das jahrelang gemacht.

Als er im 56er Jahr bei uns zu Besuch war, machten wir einen Ausflug zum Gosausee. Das hätten wir nicht tun dürfen, er war nämlich zuckerkrank und hätte nicht so hoch hinauf dürfen. Der Ausflug bekam ihm zunächst ganz gut, und als wir dann ein schönes Foto gemacht hatten, sagte er: »Ich möcht' einen Schnaps.« Er ging zu einer Schnapsbude, nahm einen Schnaps, legte das Geld hin, stürzte den Schnaps hinunter, stellte das Glas hin, fiel um und war tot. Wir versuchten zuerst einen Arzt anzurufen, es war aber keiner aufzutreiben. Also mußte ich die Leiche fahren. Ich hatte damals zum ersten Mal ein Auto mit Liegesitzen, und der einzige, den ich je damit liegend transportiert habe, war der Onkel. Im nächsten Ort sagte mir der Arzt: »Da ist nichts zu machen. Aber Sie werden Schwierigkeiten kriegen. Sie können doch nicht einfach so mit einer Leiche spazierenfahren.«

Dann fuhr ich nach Salzburg weiter, ins Unfallkrankenhaus. Ich ging zu einem Primar, den ich kannte, und sagte ihm: »Ich hab' da eine komische Geschichte. Bei der Einfahrt nach Salzburg ist mir der Onkel im Wagen verstorben. Was soll man da machen?« – Sagt er: »Ach, das ist ganz einfach, Herr Feingold, hinein damit.« Er rief zwei Pfleger, die schnappten die Leiche und transportierten sie weg. Auf einmal sah ich, wie er in der Portierloge zum Telefon ging und bei der Polizei anrief. Tatsächlich kam am nächsten Tag die Polizei und befragte Tante Clara. Wir haben das dann so arrangiert, daß er mir quasi unter der Hand direkt vor dem Unfallkrankenhaus verstorben ist.

Alles ein bißchen trauriger und komplizierter
Die Verwandtschaft mütterlicherseits

Mit den Verwandten meiner Mutter fängt alles ein bißchen trauriger und komplizierter an. Der Großvater hieß Nathan Fuchs. Er soll einige Zeit lang irgendwo Bürgermeister gewesen sein. Meine Mutter hatte noch zwei Geschwister, eine ältere Schwester und einen jüngeren Bruder. Sie alle hatten ein sehr schlechtes Verhältnis zu ihrer Stiefmutter und wurden so schon früh aus dem Haus getrieben.

Der Bruder meiner Mutter, Moritz Boretz, wurde von seinen Schwestern finanziell unterstützt. Auf diese Weise konnte er das Gymnasium besuchen und wurde Professor in Sambor, einer Kleinstadt ungefähr siebzig Kilometer von Lemberg entfernt. Er war dort eine anerkannte Persönlichkeit. Zwischen 1925 und 1935 kam er oft nach Wien. Er war magenkrank, und in solchen Fällen kam man damals nach Wien, um geheilt zu werden.

Tante Esther war Witwe nach einem gewissen Tuchfeld, von dem sie eine Fleischbank geerbt hatte. Später heiratete sie ein zweites Mal und führte in Lemberg auf einem Markt eine Fleischbude. Mir war sie deshalb ein Begriff, weil sie uns Kindern immer Geldgeschenke geschickt hat. So was ist eine liebevolle Tante, das prägt sich einem Kind ein.

Ich habe nie etwas davon gehört, was aus den Geschwistern meiner Mutter in der Nazizeit geworden ist.

Ins gelobte Land: Amerika
Tante Manja

Meine Mutter hatte noch eine Stiefschwester von der zweiten Frau ihres Vaters. Sie hieß eigentlich Maria, aber im Jiddischen wird daraus Manja, und später in Amerika nannte sie sich Mary. Gegen Ende des Ersten Weltkriegs ist uns Manja sozusagen zugewachsen, sie muß 18 oder 19 Jahre alt gewesen sein. Damals wollten viele aus Polen heraus, und wenn man in Wien Verwandte hatte, ging das leichter. Als ihre Eltern verstorben waren und sie ganz alleine in Polen zurückgeblieben war, erinnerte sie sich an ihre Stiefschwester, meine Mutter. Sie kam zu uns nach Wien und blieb bis 1924. Meiner Mutter war das recht, weil auch für sie damit ein persönlicher Vorteil verbunden war: Sie stand schließlich mit vier kleinen Kindern da, das jüngste erst ein oder zwei Jahre alt. Vier Kinder und eine Frau allein, da konnte man schon ganz gut jemanden brauchen! Manja half der Mutter, gemeinsam führten sie den Haushalt, gemeinsam waren wir Kinder in ihrer Obhut. Wir sind sehr gut mit ihr ausgekommen, sie war keine Strenge.

Wir wohnten damals in der Stuwerstraße. Die Wohnung war sehr klein, wir hatten nur zwei Zimmer. Wir schliefen mit der Tante in einem Zimmer, und wenn ein Bub elf Jahre alt ist und mit der Tante zusammen im Zimmer schläft, kraxelt er halt gern bei ihr herum! Ich war ein frühreifer Junge und mußte natürlich alles inspizieren. Ob das damals mein Aufklärungsunterricht war? Das könnte man schon so sagen – ich hab' mich selbst aufgeklärt.

Manja ging dann nach Amerika, weil sich meine Mutter an etwas erinnerte: »Du hast noch einen Onkel in Amerika!« Das muß ein Bruder von Manjas Mutter gewesen sein. Ich weiß nicht, wie sie ihn ausfindig machten, aber kurze Zeit später fing jedenfalls ein Briefwechsel an. Dann dauerte es noch von 1920 bis 1924, bis Manja nach Amerika ging. Es gibt ein sehr schönes Foto, da war sie noch bei uns, das muß um 1922 gewesen sein, wir alle im Fiaker in der Hauptallee, vier Kinder, Vater, Mutter und die Tante.

Der amerikanische Onkel schickte Manja die Fahrkarten und die Schiffskarten. Ich kann mich noch erinnern, wie wir sie zum Zug begleiteten. Sie fuhr nach Hamburg und von dort mit dem Schiff nach Amerika. In Österreich hätte es für sie keine Zukunft gegeben. Auch wenn meine Mutter ihre Unterstützung bei uns vier Kindern nötig brauchte, half sie ihr doch, diesen Onkel in Amerika zu finden, und schuf ihr damit eine Existenzmöglichkeit. Amerika galt damals als das gelobte Land, wo man Millionär werden konnte mit nichts. Im großen und ganzen hat Manja es eigentlich gut erwischt. Allerdings nicht ohne Arbeit, sondern mit viel Arbeit, wie wir von ihr hörten. Die ersten zwei, drei Jahre arbeitete sie in einer Näherei und mußte den überwiegenden Teil des Geldes dem Onkel geben. Der hat sie, wie das so üblich war, wenn man Verwandte von irgendwo holt, zuerst einmal ein paar Jahre ausgenützt. Sie fing an mit zwei Dollar in der Woche, davon nahm er ihr einen Dollar weg für Kost und Quartier. Als sie dann schon fünf Dollar verdiente, nahm er ihr vier! Sie litt sehr unter seiner Fuchtel.

Aber sie hatte noch andere entfernte Verwandte drüben, die sehr gut zu ihr waren und ihr zu einer baldigen Heirat verhalfen. Ihr Mann füllte jeden Montag einen Lastwagen voll Waren und fuhr hinaus zu den Bauern. Er verkaufte, was die Bauern eben gerade brauchten. Es wurde eine gute Ehe, sie bekamen eine Tochter und verdienten gut.

Für uns war Tante Manja später oft sehr hilfreich, denn wir hatten zwischendurch auch schlechte Zeiten. Da kamen oftmals zwei Dollar von ihr. Es gab aber Schwierigkeiten mit den Geldsendungen, wegen der Devisenverordnungen. Die Dollar wurden uns deshalb nicht per Post geschickt. In der Zirkusgasse gab es eine Frau, die in Wien auszahlte, was in Amerika eingezahlt wurde. Ich bin oft mit meiner Mutter dort hingegangen, um die zwei Dollar von Manja zu holen. Zwei Dollar! Das war ein Vermögen damals.

Nach 1945 habe ich Manja wiedergefunden. Ein Bekannter, der Ende 1945 nach Amerika ging, machte sich erbötig, für mich ein Inserat in der deutschsprachigen Emigrantenzeitung *Aufbau* unterzubringen. Daraufhin bekam ich einen sehr schönen Brief von der Tante Manja, die mittlerweile in New Jersey lebte. Ich antwortete darauf, aber dann herrschte einige Jahre lang Schweigen. Ich schrieb unzählige Briefe, bekam aber keine Antworten – einige kamen zurück, möglicherweise waren sie falsch adressiert. Erst viele Jahre später erklärten mir die amerikanischen Verwandten das lange Schweigen: Sie waren so erschüttert gewesen, daß von der ganzen Familie nur ich als einziger am Leben geblieben war.

1963 reiste ich das erste Mal zu meinen Verwandten nach Amerika. Vorher mußte ich ihnen ein Foto von mir schicken. Ich war damals schon fünfzig Jahre, und so schickte ich ein älteres Foto, auf dem ich noch jünger und schöner war! Ich kam in New York vom Schiff herunter und schaute mich um, es standen eine Menge Leute da, um ihre Verwandten abzuholen. Ich suchte nach der Tante, da rief plötzlich ein kleines Weiberl: »Maxi!«

Ich war elf Jahre alt, als Tante Manja wegging – in meiner Erinnerung war sie natürlich groß! Und in Wirklichkeit war sie so eine kleine Person! Sie war die einzige von allen Verwandten, die mich noch erkannte, dabei war sie ja schon 1924 von uns weggegangen. Die anderen, Tante Clara zum Beispiel, hatten mich immerhin noch 1938 gesehen, als Fünfundzwanzigjährigen.

Eine richtige jiddische Mame
Meine Mutter

Meine Mutter war eine geborene Fuchs und wuchs im galizischen Lemberg auf. Ihre Mutter starb verhältnismäßig jung, und ihr Vater, Nathan, heiratete ein zweites Mal. Weil ihre Stiefmutter sie nicht haben wollte, mußte meine Mutter schon mit achtzehn oder zwanzig Jahren aus dem Haus, und kurze Zeit später ist auch ihr Vater verstorben. Angeblich ist er vergiftet worden, denn da gab es so eine Geschichte: Eine Katze hätte das aufgeschleckt, was er erbrochen hatte, und sei auch verendet. Eine makabre Geschichte, aber so erzählte man sich.

Meine Mutter verließ also früh ihr Elternhaus. Meinen Vater muß sie noch in Lemberg geheiratet haben. Das dürfte so knapp nach der Jahrhundertwende gewesen sein. Wie sich die zwei kennengelernt haben, weiß ich leider nicht, so neugierig waren wir als Kinder nicht. Ich kann mich nur erinnern, wenn der Vater bös' war, hat er immer gesagt: »Na ja, kein Wunder, hab' ich geheiratet Nussen Fuchs' Tochter!« Das war offensichtlich eine Herabsetzung, aber ich weiß nicht genau in welchem Sinne.

Sie war eine richtige jiddische Mame, eine Frau mit sehr viel Einfühlungsvermögen, eine Frau, die ihr Leben für die Kinder opferte. In der Kindererziehung war sie der nachgiebige Teil. Es ist ja meistens so: Ein Elternteil ist streng, und der andere ist mild. Der Vater war sehr streng – streng und gerecht. Man konnte mit allem zu ihm kommen, aber frech oder respektlos zu sein, brachte einem eine Tracht Prügel ein. Die Mutter war immer milde und hat Verschiedenes gedeckt, was wir begangen haben, sodaß es dem Vater nicht zu Ohren kam. Wenn wir etwas wollten, gingen wir zur Mutter, sie sollte es dem Vater sagen, damit ihm nicht gleich die Hand ausrutschte. Als mein Vater später als Vertreter auf Reisen ging, drohte sie uns unter der Woche immer: »Wart, wenn der Vater kommt, das sag' ich ihm!« Dann kamen wir einen Tag vorher zu ihr und versprachen, daß so etwas nie wieder vorkommen würde. Wie ein Bub halt so ist.

Eine Ausbildung hatte die Mutter nicht. Das war damals für Jüdinnen, auch für Töchter aus besseren Familien, nicht üblich. Sie sollten nur im Haushalt versiert sein, denn sie würden eh heiraten – das war der damalige Standpunkt. Meine Mutter und ihre Schwester haben schwer gearbeitet, um ihrem Bruder das Studium zu ermöglichen. Das ist immer wieder erwähnt worden: »Wie haben wir uns geplagt, damit wir dem Bruder hinaufhelfen.«

Dafür brachte ihr Bruder später immer Geschenke mit, sooft er nach Wien kam. Das waren Geldgeschenke, denn Geld brauchte meine Mutter immer! Wir hatten immer ein Loch in der Haushaltskassa.

Der Vater gab der Mutter jede Woche hundertfünfzig Schilling. Aber selten, sehr selten kam sie damit aus. Meistens sagte sie schon am Donnerstag: »Für den kommenden Samstag kann ich nichts vorbereiten. Ich habe kein Geld.« – »Was?« – Da konnte der Vater wild werden! Und meine Mutter: »Ja, aber das sind Kinder, sie essen soviel, man kann sie doch nicht hungrig herumlaufen lassen!« – Heute verstehe ich meine Mutter. Der Vater legte einen Maßstab an, der nicht gerechtfertigt war. Erstens hatten wir einen rituellen Haushalt und einen Haushalt, wo man gern jeden Tag Fleisch aß. Und koscheres Fleisch war gut dreimal so teuer wie anderes. Wenn schon kein Fleisch, dann zumindest Geflügel, Hendl, Gansl, Enten, das war ganz selbstverständlich. Aber koscheres Fleisch kaufte man nicht einfach am Markt, sondern nur in einer Fleischhauerei, wo die rituelle Schächtung durchgeführt wurde. Das kostete alles eine Kleinigkeit mehr. Mit hundertfünfzig Schilling wäre die Mutter unter normalen Umständen zurechtgekommen, aber der rituelle Haushalt verschlang bestimmt zwei Drittel des Haushaltsgeldes.

Mein Vater wurde oft sehr wütend. Wir hatten in der Nachbarschaft ein Lehrerehepaar, das damals vielleicht zweihundert Schilling im Monat verdiente. Das hielt er ihr immer vor: »Das Ehepaar, zwei Kinder haben sie, man geht in die Oper, man geht ins Theater, man fährt auf Urlaub. Das geht sich immer aus. Wieso kommst du mit hundertfünfzig Schilling in der Woche nicht zurecht?« – Dafür ist bei uns aber in großen Töpfen gekocht worden. Selbst die Bettler wußten das! Wir wohnten in Wien in einem Haus, wo die Küchenfenster zum Gang hinausgingen und man einen Teller hinausreichen konnte. Dort bekamen die Bettler ihr Essen.

Eine Zeitlang hatten wir einen jungen Studenten, der uns Kindern Englisch beibringen sollte. Der hatte immer so einen Hunger, wenn er kam! Wenn meine Mutter wußte, der Englischlehrer kommt, wurde der Topf noch größer. Der aß einmal drei Teller Beuschel und vierzehn Knödel dazu – und bei uns hat man keine kleinen Knödel gemacht!

Dementsprechend wurde eingekauft, und das Geld reichte hinten und vorne nicht. Hatten wir ein Dienstmädchen, mußte sie natürlich mitgehen, um die schweren Körbe nach Haus zu tragen. Meine Mutter kaufte mit den Augen ein, ohne Maß! Sie kaufte das Beste vom Besten und kochte reichhaltig. Wenn alle daheim waren, waren wir sechs, sieben, acht Personen beim Essen, und mein Vater brachte dazu oft noch Gäste mit. Man mußte deswegen aber nie die Portionen verkleinern! Wir hatten immer genug, und für die Bettler war auch noch was da. So ist das Geld draufgegangen. Die Streitigkeiten darüber kamen vor allem später, als wir Kinder schon etwas größer waren – vielleicht weil unsere Mägen größer geworden waren, wir mehr verschlingen konnten, und die Mutter dadurch noch mehr verbrauchte. Da gab es jede Woche oder zumindest einmal im Monat einen häuslichen Streit zwischen den Eltern.

Meine Mutter war immer darauf bedacht, den Haushalt in Schwung zu halten. Es mußte immer alles blitzblank sauber sein. Ihr ganzer Stolz war, wenn wir an einem Feiertag alle bei Tisch saßen mit sauberen Hemden und sauberem Gewand und es nichts gab, das in Unordnung war, sei es schlecht gebügelt oder sonst irgendwas.

Wenn Waschtag war, durfte man die Mutter überhaupt nicht anreden. Damals gab es Hauswäscherinnen, die jeden Tag in einem anderen Haus Wäsche wuschen. Die Wäsche wurde am Vortag eingeweicht und am nächsten Tag gewaschen. Für diese Wäscherin mußte man natürlich was Kräftiges kochen. Die bekam zuerst ein kräftiges Frühstück und dann eine Zehn-Uhr-Jause und ein Mittagessen, ohne das ging es nicht bei meiner Mutter. Das war ihre Befriedigung, wenn im Haushalt alles in Ordnung war. Für etwas anderes als die Wirtschaft, die Kinder, den Haushalt interessierte sie sich nicht.

Nur in der Sommerfrische war vierzehn Tage Ruhe, da wurde auch nie gekocht. Bestenfalls daß man, wenn die Zeiten einmal ein bißchen schlechter waren, das Frühstück und das Nachtmahl selber machte. Aber zumindest zum Mittagessen ist man immer ausgegangen. Zeitweise hatten wir sogar Vollpension. Die zwei Wochen waren eine richtige Erholung für die Mutter. Sie ging mit uns in den Kurparks spazieren und zu Mittag in ein Restaurant. In Bad Vöslau, in Baden, in Sauerbrunn, in all diesen Sommerfrischeorten gab es ja rituelle Restaurants. Aber das kostete natürlich auch eine Kleinigkeit mehr, versteht sich.

Mhm, eine Spezialität! Gefülltes Hälsl, Pidsche, Borschtsch, Lokschen
Der koschere Haushalt meiner Mutter

Mutters Küche war hervorragend, es gab alle möglichen Spezialitäten. Mein Vater war ja früher beim Eisenbahnbau beschäftigt, und wenn da im Sommer an den verschiedenen Baustellen gearbeitet wurde, hatte meine Mutter immer eine von den Frauen der Arbeiter als Zuhilfe, die auch dies oder jenes bei uns kochte. So kamen unglaublich viele Speisen aus Rumänien, aus der Ukraine, aus Polen, aus der Slowakei, aus Italien zusammen, und das ist der Grund, warum so viele verschiedene Speisen aus der österreichisch-ungarischen Monarchie bei uns auf den Tisch kamen.

Am Samstagnachmittag, wenn bei uns die Verwandtschaft zusammenkam, ging es nur ums Essen. Ich nannte das immer den Hausfrauennachmittag, weil die Damen herum saßen und man nichts hörte als: »Wie machst du denn das, und wie machst du denn das, und wie machst du denn das?« Es wurde nur vom Kochen gesprochen, man bekam beinahe wieder Hunger vom Zuhören.

An welche Gerichte erinnere ich mich noch? Zum Beispiel an ein »Gefülltes Hälsl«. Das war zumeist der Hals von einer Gans, der mit einer Masse aus Rindsfett, faschiertem Fleisch, Grammeln aus dem Ganslfett, Leberstücken und ein bißchen Mehl gefüllt und dann vernäht wurde. Meistens wurde der Hals mit einem Ganslbraten mitgebraten und ließ sich dann in Scheiben schneiden wie eine Wurst. Das schmeckte dann sehr gut, wenn die Haut so richtig knusprig war – eine einmalige Spezialität!

Bei Juden wurde ja vor dem Krieg sehr viel Gans gegessen. In jeder Küche gab es ein Kistl mit einer Stopfgans. Wenn man eine Gans stopfte, bis sie zehn, zwölf Kilo wog, waren davon fünf Kilo Fett. Das Ganslfett war natürlich schwer, aber es gab sonst kein Fett, mit dem man in der rituellen Küche hätte kochen können.

Dann gab es ein Gericht, das hieß »Pidsche«. Man konnte es aus Kalbsknochen machen, aber bei uns wurde vorwiegend junges Geflügel wie Enten, Gänse oder Hühner verwendet. Die Kleinteile wurden in einer Sauce mit ziemlich viel Essig, Eiern und Knoblauch gekocht, dann kam das Fleisch dazu. Das wurde dann eine pikante Suppe, wie ein gestrecktes Gulasch mit sehr viel Saft. Dazu aß man getoastetes Weißbrot, das am besten mit Knoblauch eingerieben wurde. Man sagte damals unter Juden, daß man durch den Knoblauch sehr viel Licht spart. Speziell am Samstag darf ja keine Lampe aufgedreht werden – und mit dem vielen Knoblauch braucht man kein Licht machen, weil man einander auch ohne Licht finden kann!

Von »Borschtsch« hört man heute wieder viel, aber obwohl ich ihn schon in zwanzig Varianten gegessen habe, fand ich noch keinen wie den, den wir damals zu Hause bekamen. Da gab es einmal den Rote-Rüben-Borschtsch, dann den Rote-Rüben-Borschtsch mit Wadschunkenfleisch, Knochen und Knoblauch. Da konnte man vierzehn Tag mit niemandem reden und mußte den Leuten aus dem Weg gehen, soviel Knoblauch war drin! Wenn ich heute irgendwo bin, wo Borschtsch angeboten wird, bin ich immer enttäuscht, weil mir der Knoblauch fehlt.

Jüdische rituelle Kost ist sehr kompliziert zu kochen, deshalb sind die Jüdinnen so an die Küche gebunden. Wenn ein Haushalt zu führen ist mit mehreren Kindern und einem Mann, da ist die Frau voll beschäftigt mit dem Kochen. Sie kann ja nicht einfach zum Greißler gehen und irgendeine Konserve oder ein Gemüse kaufen. Alles muß eigenhändig gemacht werden. Und dann erst die Zubereitung von koscherem Fleisch und die Vorbereitungen für einen religiösen Sabbat!

Borschtsch war eine Speise, die man vor einem großen Feiertag bekam, denn da hatte die Hausfrau soviel zu tun und mußte für den nächsten Tag oder gar für zwei Tage vorkochen. So machte sie für die Kinder, wenn sie aus der Schule kamen, nur diesen Borschtsch mit ein bißchen Fleischeinlage und gestampfte Kartoffeln mit einer Bratensauce dazu – das war das Mittagessen. Es gab auch noch den Eierborschtsch und einen aus Sauerampfer, der auch kalt gegessen werden konnte. Alle diese Varianten in der Zubereitung hatte meine Mutter von den Frauen beim Eisenbahnbau gelernt.

Ich erinnere mich auch an viele Nudelgerichte. Wir kennen heute die Nudelgerichte aus Italien, aber Nudeln waren damals typisch jüdische Speisen, man nennt sie auf Jiddisch »Lokschen«, weil sie so lang sind. Lokschen, gekocht, ein paar Eier hineingesprudelt, sehr viel Salz und Pfeffer, in ein Reindl zum Ausbacken! Dann schneidet man das wie heiße Tortenscheiben – eine Delikatesse!

Während der Osterzeit wurde immer Kartoffelbrot gebacken, weil man da kein normales Brot mit Sauerteig essen durfte. Dafür wurden rohe Kartoffeln zerrieben, Salz, Pfeffer, Eier und ein bißchen Fett dazugegeben und herausgebacken. Das paßte sehr gut zu einem Rostbraten oder anderen Speisen mit Saucen. Dieses Kartoffelbrot hieß »Bulbenik«, das kommt aus dem Polnischen. »Bulbes« ist jiddisch-polnisch für Kartoffeln.

Süßspeisen gab es bei uns natürlich auch, und eine Spezialität meiner Mutter war zum Beispiel ihre Nußtorte. Außerdem erinnere ich mich an eine Art Pudding, der im Dampf gemacht wurde, an Lebkuchen mit viel Honig und natürlich an die Strudel. Es muß im Jahr 1917 gewesen sein, da bereitete meine Mutter einmal einen Apfelstrudel zu – aber mit einem Öl, das stark nach Petroleum schmeckte. Kein Witz! Ich weiß nicht, was dieses Öl damals hatte, es war jedenfalls furchtbar. Aber gegessen haben wir den Strudel! In der Not frißt man alles, es war ja Krieg. Sooft ich heute einen Apfelstrudel esse, muß ich im ersten Moment zweimal schlucken, damit ich sicher bin, daß er nicht mit Petroleum gemacht ist!

Wenn ich an die Speisen meiner Mutter denke, läuft mir heute noch das Wasser im Munde zusammen, und ich fahre in der Weltgeschichte herum, um sie irgendwo zu kriegen. Niemand hat mehr eine Ahnung davon. Ab und zu höre ich: »Ja, ja, da kann ich mich schon erinnern. Aber das macht man heute nicht mehr.« – Hin und wieder fällt es mir ein, irgend etwas von den Spezialitäten meiner Mutter selbst zu machen. Aber es schmeckt mir nur, wenn ich einen sehr großen Hunger habe! Ich habe es von ihr einfach anders in Erinnerung.

Er sprach Russisch, Polnisch, Ukrainisch, Slowenisch, Slowakisch, Ungarisch
Mein Vater

Mein Vater kam aus einer bäuerlichen Familie in der Ukraine. Sie betrieben eine kleine Landwirtschaft. Er hat uns oft geschildert, wie er mit seinem jüngeren Bruder in den Frühjahrsmonaten hinaus aufs Feld mußte, und daß man den Leuten als Jause aufs Feld immer ein Stück Brot und einen Hering mitgab. Es war aber so eisig kalt, daß der Hering schon gefroren war, bis sie zum Essen kamen. Da konnte man nur mehr an dem Hering lutschen.

Mit zwanzig Jahren ungefähr verließ mein Vater sein Elternhaus. Einen Beruf hatte er nicht erlernt. Als Kind wird er wohl den sogenannten Cheder besucht haben, also die jüdische Thoraschule. Als junger Mann arbeitete er auf dem Feld, und dann ging er zum Eisenbahnbau. Man konnte damals beim Eisenbahnbau in der österreichisch-ungarischen Monarchie sehr gut unterkommen. Sonst war es für Juden damals sehr schwierig, irgendwo eine Beschäftigung zu finden. Da mein Vater viele lokale Sprachen sprach, avancierte er beim Eisenbahnbau sehr schnell zum Aufseher. Er sprach Russisch, Polnisch, Ukrainisch, Slowenisch, Slowakisch, Ungarisch, also all diese Sprachen, die durch die Arbeiter im Baulager zusammenkamen. Er lernte das bei der Arbeit, und er konnte sich wohl gut mit den Arbeitern verständigen. Sie kamen gerne zu ihm, und er vertrat ihre Sache bei der Obrigkeit. Außerdem hielt er immer die Termine ein. So wurde er nach einiger Zeit zum Vorarbeiter, obwohl er ursprünglich nur ein einfacher Arbeiter war. Ohne entsprechende Schulung beförderte man ihn zum Bauassistenten. Später, etwa um die Jahrhundertwende, wies man ihm dann sogar eigene Baustellen zum Vermessen und zum Bauen zu, und er hatte dann jedes Jahr während der Sommermonate seine eigenen Arbeitstrupps. Mein Vater mußte seinen Bautrupp immer selbst zusammenstellen. Es waren jedes Mal dieselben Leute, alles Arbeiter oder Bauern, die das als Zweitberuf machten. Der Bahnbau war ja Saisonarbeit. Von März, wenn die Schneeschmelze begann, bis in den Oktober oder November hinein konnte man arbeiten. Im Winter beschäftigte man sich mit Gelegenheitsarbeiten oder man zehrte von dem, was man im Sommer verdient hatte. Arbeitslosenunterstützung gab es damals noch nicht, und Sozialfürsorge leider auch nicht. Das waren sehr bittere Zeiten.

In der Nähe der Baustellen, wo die Strecken gebaut wurden, waren Baracken aufgestellt. Damals kamen die Arbeiter mit ihrer ganzen Familie zum Bau. Und auch in unserer Familie sind jene Kinder, die im Sommer zur Welt kamen, an der Arbeitsstätte des Vaters geboren, und die anderen in Wien. In den Wintermonaten lebte die Familie nämlich immer in Wien. Der Vater arbeitete bis 1914 bei verschiedenen Firmen, die Eisenbahnstrecken bauten, unter anderem bei einer Firma mit Sitz in Budapest, die es heute noch gibt, Orenstein & Koppel. Stammsitz der Familie war aber schon vor dem Ersten Weltkrieg Wien. Der Antisemitismus war in der Ukraine schon seit 1880 sehr stark, deshalb waren auch die Eltern meines Vaters nach Wien übersiedelt.

Diese Geldentwertung, diese Inflation!
Die »Geschäfte« des Vaters in der Nachkriegszeit

1914 wurde mein Vater zur österreichisch-ungarischen Armee eingezogen, 1918 kam er aus dem Krieg zurück. Er war irgendwo am Isonzo stationiert, aber ich weiß nicht einmal, welche Funktion er hatte, er hat nicht vom Krieg erzählt. Das war damals ähnlich wie heute – die alten Kämpfer erzählen nichts, höchstens Heldentaten. Meine Erinnerungen an den Vater aus der Kriegszeit sind sehr spärlich. Ich kann mich nur an seine Uniform erinnern: Schuhe, Gamaschen, Breecheshosen. Meine Erinnerung an ihn beginnt eigentlich erst nach dem Krieg, nach seiner Rückkehr.

In der Nachkriegszeit wollte kein Mensch eine Arbeit übernehmen, für die er nur den vorgeschriebenen Lohn bekam. So ein Lohn war überhaupt nichts wert, denn man arbeitete einen Monat, bekam sein Gehalt – und konnte sich dafür dann vielleicht gerade noch zwei Brote kaufen. Diese Geldentwertung, diese Inflation! Nur von verbotenen Geschäften konnte man leben, ehrlich wäre man verhungert. Unser Haupteinkommen bis 1920 war die Hamsterei. Einmal fuhr ich mit meinem Vater hamstern. Wir fuhren nach Kitzbühel und gingen irgendwo vis-à-vis des Bahnhofs einen Hang hinauf, dort kannte der Vater einen Bauern. Wir hatten einen Sperrholzkoffer mit, den füllte der Bauer mit Fleisch an. Fleisch, das wir selber gar nicht essen durften, weil es ja nicht koscher war! Mit dem vollen Koffer fuhren wir dann zurück. Der Zug war überfüllt wie alle Hamstererzüge. Der Vater setzte mich auf den Koffer. Die Gendarmerie patrouillierte durch den Zug, wo sie etwas Verdächtiges sahen, kassierten sie es gleich. Aber mich ließ man schlafen, und der Koffer wurde übersehen. Früh am Morgen traf der Zug in Bischofshofen ein, dort hatten wir einen längeren Aufenthalt. Ich bekam meinen ersten echten Kaffee! Denn das, was wir in Wien hatten, war auch in den ersten Nachkriegsjahren nur so ein schwarzes Zeug, ein Gemisch aus Malz und Feigenkaffee, das zu Würfeln gepreßt wurde. Aber in Bischofshofen tranken wir Bohnenkaffee.

Das war also meine Hamsterfahrt. Tirol war zwar weit weg von Wien, aber das spielte keine Rolle. In der Nähe von Wien war doch schon alles abgegrast, da hätte kein Bauer mehr etwas hergegeben, selbst wenn er noch etwas gehabt hätte.

Mein Vater schmuggelte auch Seide. Wir halfen ihm dabei, die Seide um den Körper zu wickeln. Da er groß, aber nicht korpulent war, vertrug es seine Größe ohne weiteres. Man konnte gut einen ganzen Ballen Seidenstoff um ihn wickeln, ohne daß er besonders dick aussah. Dann kam das Gewand darüber, und so fuhr er nach Polen, lieferte den Ballen Seide ab, und kam dann mit etwas anderem zurück. Erwischt worden ist er nie. Er war sehr geschickt.

Ab 1920 fing er dann mit illegalen Geldgeschäften an, noch bevor die Krone vom Schilling ersetzt wurde. Die Leute hatten ja kofferweise Geld, aber es war nichts mehr wert. Der Vater beteiligte sich an illegalen Börsengeschäften, man handelte da mit Geld, mit Aktien, mit Devisen.

Wie das genau funktionierte, weiß ich nicht, aber ich transportierte einmal Geld! Damals war ich vielleicht sieben Jahre alt. Man stopfte mir die Schultasche mit dem Geld voll, und ich mußte damit zwei Gassen weiter zum Partner meines Vaters gehen. Wenn ein Erwachsener mit einem so großen Packl gegangen wäre, hätte möglicherweise jemand hineinschauen wollen, aber bei einem Kind tat das keiner. Also schickten sie mich. Vorher wurde mir noch eingeschärft: »Halt dich ja nicht auf, du gehst dort hin, und sonst gar nichts, nur hingehen, der weiß dort schon alles.« Möglicherweise gingen sie mir sogar nach, damit ich ja die Schultasche an der richtigen Adresse ablieferte. Ich war zwar erst sieben Jahre alt, aber ich wußte genau, daß das nichts Erlaubtes war.

Mein Vater war sicher nicht glücklich mit diesen illegalen Geschäften und hätte sich wohl andere gewünscht, aber dazu bestand einfach keine Möglichkeit. Man konnte damals nur von solchen Geschäften leben, so ist das nach jedem Krieg. Es war ganz normal für diese Zeit, möchte ich sagen.

Jedenfalls machte der Vater mit seinen Geschäften sehr viel Geld. Als die Nachkriegsanleihen ausgegeben wurden, muß er ein Vermögen besessen haben. Die Regierung hat einem für diese Anleihen ja das Blaue vom Himmel versprochen! Also verkaufte er alles, was er besaß, machte alles zu Geld und zeichnete Nachkriegsanleihen. Und einen Tag später besaß er nur noch Häuslpapier, weil alle Anleihen wertlos geworden waren.

1922 legalisierte er dann seine Schwarzgeschäfte mit den Valuten. Er trat mit Banken in Verbindung und begann mit regulären Geldgeschäften. An der Universität bekam er einen Raum zur Verfügung gestellt, wo er Geldwechsel durchführen konnte. Das waren Wechselstuben nur für Studenten. Er arbeitete meistens mit Privatbanken zusammen, die bei ihm die Valuten zu einem höheren Kurs übernahmen, sodaß er den Studenten das Entsprechende geben konnte und sich das Geschäft auch für ihn rentierte.

Wir lebten damals sehr gut davon. Wie gut es uns ging, zeigt eine Begebenheit: In einer Seitengasse der Taborstraße arbeitete ein hervorragender Schneider. Mein Vater ließ sich dort immer seine Anzüge machen, und irgendwann einmal im Frühjahr durften wir drei Burschen antreten und bekamen dort auch Anzüge nach Maß! Man kann sich vorstellen, wie flott wir aussahen! Jeder durfte sich aussuchen, was er wollte. Da muß es dem Vater wirklich sehr gutgegangen sein.

Das Wechselgeschäft an der Universität ging eine Zeitlang

ausgezeichnet, aber dann bekam der Vater den Kündigungsbrief. Er hatte nämlich herausgefunden, daß viel von dem Geld, das aus dem Ausland zur Unterstützung für arme Studenten eintraf, abgezweigt und für politische Zwecke verwendet wurde. Kein Groschen von dem Geld kam je bei den armen Studenten an. Mein Vater hat das irgendwie mitbekommen, es an die Öffentlichkeit gebracht, und deshalb mußte er gehen.

Da war es dann aus mit diesen Bankgeschäften, und er fing an, als Vertreter für die Firma Florenz zu arbeiten, die in Fischamend eine Fabrik für Neigungswaagen hatte. Das waren Waagen, für die man keine Gewichte mehr benötigte. Da er gut aussah und sehr redegewandt war, konnte er sehr viele dieser Waagen verkaufen. Pro verkaufter Waage bekam er hundert Schilling Provision. Am Vorgartenmarkt gab es damals eine Zeile mit zweiunddreißig Markthütten – und allen hat er an einem Tag eine Waage verkauft! Das muß man sich vorstellen, zur damaligen Zeit: dreitausendzweihundert Schilling! Die Firma ehrte ihn mit Prämien, und dann ließ man ihn sogar, was damals noch ganz unüblich war, Vertreterschulungen durchführen. Rund um ihn wurde ein ganz neues Verkaufssystem entwickelt. Weil er so gut aussah, bekam er meistens einen zweiten, weniger gutaussehenden Vertreter mit. Wenn sie dann aufs Land fuhren, blieb mein Vater im Auto sitzen und ließ den anderen hineingehen. »Der Herr Direktor möchte Ihnen eine Aufwartung machen.« Natürlich schaut da so ein Bauer oder Greißler am Land ganz blöd. »Was für ein Direktor?« – »Ja, Sie werden schon sehen.« Und dann kam mein Vater mit seinem Spruch. Sie brachten die Waage herein und ließen sich vom Greißler auf dessen Waage ein Kilo Mehl abwiegen. Das wurde dann auf ihrer Waage nachgewogen, na, und es war ein Kilo und zwanzig Gramm. – »Schauen Sie«, sagte mein Vater dann, »Sie haben zwanzig Gramm verschenkt!« – »Das gibt es nicht, ich hab' genau gewogen.« – »Schauen Sie, da steht es, ein Kilo zwanzig.« Mein Vater konnte dem Greißler einreden, daß sich eine neue Waage quasi von selbst bezahlte.«Wenn Sie am Tag hundert solche Packungen verkaufen, haben Sie schon zwei Kilo verloren. Eine neue Waage spart Ihnen zwei Kilo. Sie brauchen keinen Groschen herzugeben.«

Ich kannte alle Verkaufssprüche, weil ich manchmal mit ihm fuhr. Er wurde oft böse, wenn ich mich an die Tür stellte und mit einem Ohr hineinhorchte, wie er seine Waagen verkaufte. Was macht die kleine Rotzpipn da bei der Tür? Aber ich war natürlich neugierig und wollte doch immer was lernen, und bei meinem Vater hab' ich gut gelernt!

Dann wurde auch die Konkurrenz aufmerksam, die wußten, beim Florenz ist ein Vertreter namens Feingold, der verkauft Waagen noch und noch. So wurde er dann gekapert, wie man das mit den guten Fußballern macht. Da bekam man zehn- oder zwanzigtausend Schilling Handgeld, dafür sollte man dann zu der anderen Firma gehen. So graste mein Vater etliche Firmen ab. Dann war er mit Österreich fertig und ging nach Deutschland. Seit Anfang der dreißiger Jahre arbeitete er in Deutschland für die Firma City mit Sitz in Leipzig. Bis zum 34er Jahr war es ihm noch möglich, in Deutschland als Reisender zu arbeiten. Mein Vater hatte eine gewisse Ähnlichkeit mit einem deutschen Staatsmann im Dritten Reich: Wenn er irgendwo am Land in ein Geschäft hineinkam, glaubten die Leute immer, der Göring kommt! Damals war Göring aber noch nicht so fett wie später.

Daheim erzählte der Vater viel von seinen Reisen. Was es so gab da und dort, und wie er da oder dort bessere oder weniger gute Geschäfte machte. Aus der Tschechoslowakei brachte er auch immer wieder Geschenke mit. Dort gab es eine hervorragende Glasindustrie, sie erzeugten Gläser mit verschiedenen aufgepfropften Mustern. Einmal brachte er der Mutter ein riesiges Bierservice mit, ein Glastableau mit einer Riesenbierkanne und sechs oder acht ziemlich großen Gläsern, die dann als Zierde in der Wohnung herumstanden. Aus den Gläsern konnte man nicht Bier trinken, höchstens darin ein Bad nehmen. Uns Kindern brachte er, als wir kleiner waren, Spielsachen mit, und als wir schon größer waren, Stoffe für Anzüge. Es ging uns also verhältnismäßig gut, da gibt es nichts zu sagen.

Der Wiener lebt im Kaffeehaus oder im Wirtshaus, je nachdem
Freizeitvergnügen der Eltern

Mein Vater war auch sehr beliebt in den Kaffeehauskreisen, in denen er verkehrte. Er saß oft im Café Herrenhof oder im Café Fenstergucker, das in den dreißiger Jahren in der Kärntner Straße aufmachte. Seinen Stammsitz hatte er aber eigentlich im Schwedencafé, das es heute nicht mehr gibt. Wenn er in Wien war, war er jeden Tag dort, vormittags und nachmittags.

Die Mutter ging nie ins Kaffeehaus mit, nur zu besonderen Anlässen. Zur Faschingszeit gab es da und dort einen Ball, da gingen sie dann gemeinsam aus. Außerdem ging meine Mutter gerne ins jüdische Theater in der Praterstraße, entweder mit dem Vater oder mit Nachbarinnen. Der Vater interessierte sich auch für Politik. Wir wußten, er ist rot angehaucht, ziemlich dunkelrot, und das färbte auf uns ab. Kommunist war er aber nicht.

Außerdem ging er manchmal zum Pferderennen, aber er spielte nicht viel, außer einmal, da kam er ziemlich stier aus San Remo zurück. Sonst spielte er Karten, aber nicht über das übliche Maß hinaus. Beruf war Beruf, und Karten spielen war Freizeit.

Der Wiener lebt ja im Kaffeehaus oder im Wirtshaus, je nachdem. Im Schwedencafé hatte mein Vater seine Stammtischrunde. Die Leute waren sehr interessiert, und er hatte von seinen Reisen natürlich viel zu erzählen. Die Leute haben ihm begeistert gelauscht. Alles im Leben wiederholt sich: Zehn Jahre später hingen sie dann an meinen Lippen, als ich aus Italien kam und erzählte, was ich dort alles erlebt, was ich dort alles gesehen hatte. Ich hatte ja einen guten Lehrmeister gehabt.

Den Vater traf es aber ziemlich, als so ab 1930 auch seine Kinder anfingen, ins Kaffeehaus zu gehen, und es plötzlich hieß: der alte Feingold – der junge Feingold. Bis dahin war er der Feingold gewesen, und jetzt auf einmal war er der alte Feingold.

Stammsitz war aber Wien
Wohnverhältnisse

Ich bin am 28. Mai 1913 in Neusohl in der Slowakei, damals Beszterczebánya, Ungarn, geboren. 1913 gehörte der Ort noch zu Ungarn, später zur Tschechoslowakei. Jetzt ist er in der Slowakei und heißt Banská Bystrica. Ich kann mich an meine Geburtsdaten zwar genau erinnern, aber man hat mir jahrelang das Kompliment gemacht, daß ich viel jünger aussehe. Das hat mich dann dazu veranlaßt, in meinen Geburtsort zu fahren und mir noch einmal einen Geburtsschein zu besorgen. Ich hatte ja schon einen aus dem 45er Jahr. Die Daten beider Scheine stimmen überein, mein Gedächtnis hat mich nicht getäuscht.

Wie kam ich nach Neusohl? Mein Vater arbeitete bei Neusohl, und so bin ich dort geboren. Kurz nach meiner Geburt, ich war noch nicht drei Wochen alt, bekam der Vater dann eine Baustelle im damaligen Fiume, dem heutigen Rijeka. Die Familie wohnte ja, wo gerade gearbeitet wurde, Stammsitz war aber Wien.

In Wien wohnten wir anfangs in der Donaueschingenstraße. Wir übersiedelten dann in die Stuwerstraße und von der Stuwerstraße in die Lassallestraße. Diese Straße wechselte dauernd den Namen. Als wir einzogen, hieß sie Kronprinz-Rudolf-Straße, dann Lassallestraße, während des Krieges Reichsbrückenstraße und dann wieder Lassallestraße.

In der Donaueschingenstraße wohnten wir noch sehr primitiv. Das war während des Krieges, wir wohnten auf Zimmer und Küche, hatten Eisenbetten und einen Holztisch. Meine früheste Kindheitserinnerung ist, daß wir drei Buben in der Früh im Bett liegen und auf dem Tisch drei Häuferl Industriezucker, drei Häuferl Rohzucker und drei Häuferl zerkrümelte Brotstückerln vom Kukuruzbrot warten. So ließ uns die Mutter nämlich fast jeden Morgen zurück, weil sie nie wußte, wann sie beim Einkaufen drankommen würde, was sie kaufen konnte und womit sie zurückkommen würde. Meine Eltern bekamen im Krieg noch ein Kind, Emil, der im Januar 1917 geboren wurde. Die Mutter nahm ihn immer zum Einkaufen mit, weil man mit einem Baby am Arm beim Anstellen um die Lebensmittel bevorzugt behandelt wurde. Das war im Winter, Emil bekam eine Lungenentzündung und starb.

Später wohnten wir in der Stuwerstraße, da hatten wir schon zwei Zimmer und Küche. In der Lassallestraße gab es sogar zwei Zimmer, Kabinett, Vorzimmer und Küche. Die Wohnung war natürlich trotzdem eng, das kann man sich ja vorstellen. Die Eltern hatten das Schlafzimmer, mit der Schwester auf einer Couch, und wir drei Buben schliefen im Kabinett. Das Speisezimmer war der zentrale Wohnraum, wo Samstag nachmittags die Gäste empfangen wurden, wo sich alles abspielte. Dort hatten wir auch einen Tisch, den man so ausziehen konnte, daß achtzehn Personen daran sitzen konnten. Dann gab es eine große Kredenz, das war damals modern, eine schwarz-grüne Eichenkredenz, die so riesig war, daß man dafür heute ein eigenes Haus bauen müßte. Eine große Standuhr besaßen wir auch noch, die war furchtbar laut. Alle Leute aus dem Haus orientierten sich an unserer Standuhr, sie war fast wie eine Kirchturmuhr.

Im Wohnzimmer gab es dann auch noch einen Schreibtisch, den ich mir zum größten Teil gekapert hatte, um meine Zahnpasta und Schuhpasta darin unterzubringen. Meine Brüder benützten nämlich immer gern meine Sachen, und die Schuhpasta, die ich verwendete, die »Kiwi«, kostete damals sehr viel Geld! Ein Badezimmer fehlte in der Wohnung, es gab überhaupt kein Badezimmer im ganzen Haus. Aber die Wohnung hatte eine Wasserleitung und ein Klo, und man konnte schließlich eine provisorische Badewanne aufstellen und darin baden.

Auf der Gasse, im Park, im Prater
Nachkriegskindheit in Wien

Vis-à-vis von unserem Haus lag der Nordbahnhof mit seinen Kohlehallen. Wenn die Lastwagen Kohle aus den Hallen fuhren, sammelten in den ersten Jahren nach dem Ersten Weltkrieg Frauen und auch Männer jedes Stück Kohle ein, das von den Wagen herunterfiel. In den Sommermonaten fuhren am Bahnhof die Bauern vorbei, halb verschlafen, weil sie in der Nacht fahren hatten müssen, damit sie zeitig mit ihrem Gemüse auf dem Naschmarkt waren. Da liefen wir Buben hinter den Wagen her, einer ist hinaufgehüpft und hat ein paar Kohlhäupl hinuntergeworfen. So bereicherten wir uns ein bißchen – mit Gemüse. Aber eigentlich taten wir das weniger wegen des Salats, sondern mehr wegen der Hetz.

Die Freizeit verbrachten wir Kinder auf der Gasse. Auf der Gasse, im Park, im Prater. Da gab es verschiedene Kreise von Jugendlichen, die miteinander ihre Späße machten. Wenn ich von der Schule heimkam, habe ich schnell gegessen und war schon wieder unterwegs! Nur wenn eine Aufgabe unbedingt notwendig war, konnte ich mich entschließen, sie geschwind noch zu schreiben. Natürlich war ich dann in Zeitdruck, weil ich ja längst weg sein sollte.

Wir hatten da so unsere Späße: In der Hauptallee, wenn Liebespaare auf einer Bank saßen, gingen wir solange um sie herum, bis sie aufstanden und weggingen. Wenn uns einer verjagen wollte, leisteten wir Widerstand. Das konnten wir uns nicht gefallen lassen. Schließlich gehörte die Hauptallee allen, nicht nur einem Liebespaar!

Fetzenball spielten wir auch gerne. Gespielt wurde in der Gasse und natürlich im Park – dort wurden wir immer von den Parkschanis gejagt, weil wir natürlich dort spielten, wo man nicht durfte. Außerdem saßen wir nicht auf den Parkbänken wie normale Menschen, sondern auf der Lehne und hatten die Füße oben auf den Sitzflächen. Das sahen die Parkschanis auch nicht gerne.

Wegen eines Fahrrads mußte ich den Vater lange sekkieren: Ich brauchte unbedingt ein Radl, ich könne sonst nicht in die Schule fahren. Mein Freund, der Lichtenstein, machte mich dann darauf aufmerksam, daß irgendwo in einer Gasse einer ein Radl verkaufte. Wir gingen dorthin, und ich kaufte das Radl. Es kostete drei Schilling, das war billig, aber es war dafür furchtbar zu fahren. Es hatte Pedale ohne Freilauf, also mußte man ununterbrochen treten. Und das für einen Anfänger! Ich wußte ja nicht einmal, wie man auf ein Rad aufsteigt! Es war furchtbar. Von der Lassallestraße über den Praterstern ging es noch, in der Franzensbrückenstraße gab es aber damals diese großen Pflastersteine, und links und rechts fuhr die Straßenbahn. Als wir dort fuhren, verklemmte sich mein Rad in den Fugen dieser holprigen Steine. Ich hätte glatt in die Straßenbahn hineinfliegen können, es schmiß mich aber auf die andere Seite. Natürlich schlug ich mir furchtbar das Knie auf. Während des Unterrichts dachte ich die ganze Zeit nach, wie ich heimkommen sollte. Ich zog ernsthaft in Erwägung, das Radl nur noch zu schieben. Aber nach ein paar Tagen konnte ich dann doch fahren, man lernt das ja sehr schnell.

Mein Freund Lichtenstein stammte aus einer jüdisch-tschechischen Familie, die sehr assimiliert war und vom Judentum eigentlich so gut wie gar nichts wußte. Ich glaube, der hat in seinem Leben keinen Tempel von innen gesehen, zumindest nicht, solange ich ihn kannte. Er wohnte in der Stuwerstraße und war der Sohn eines Juweliers. Wie das bei Kindern so ist, waren wir einmal sehr bös miteinander. Aber dann starb seine Mutter, und irgend jemand redete mir gut zu: »Jetzt kannst du nicht wegbleiben, du mußt hingehen, du mußt ihm ein bißchen andere Luft bringen.« – So wurden wir wieder enge Freunde. Einmal holte er mich zu Pessach von zu Hause ab. Wir gingen Richtung Max-Winter-Platz, wo damals rechts unten ein Eissalon war. Aus der ganzen Umgebung kamen die Leute hin, weil es dort die größten Eisportionen gab. Der Lichtenstein verleitete mich zu einem Eis. Ich hatte ganz vergessen, daß ja Pessach war und man da gar kein Eis essen durfte. Danach war ich furchtbar erbost, daß er mich so hereingelegt hatte!

Auch später, als wir schon viel im Prater waren, war ich oft mit dem Lichtenstein zusammen. Ab und zu rissen wir Mädchen auf und gingen mit ihnen spazieren. Einmal spielten wir die großen Herren und zündeten uns Zigaretten an. Wir fingen aber so zu husten an, daß wir es wieder bleiben lassen mußten. Auf der Straße durfte man damals als Kind sowieso keine Zigaretten rauchen. Jeder Erwachsene, der vorbeigegangen ist, hätte einem eine geklebt.

Fritz Frimmel – recte Nathan Feingold
Mein ältester Bruder

Mein ältester Bruder wurde 1910 im Februar in Wien geboren. Vor ihm soll es angeblich noch eine Schwester gegeben haben, die starb aber kurz nach der Geburt. Laut Geburtsschein hieß der Fritz eigentlich Nathan, aber als Nathan lebte es sich schon vor 1938 nicht gut. Feingold reichte schon, aber auch noch Nathan? Das ging nicht, also wurde aus dem Nathan ein Fritz.

Den Namen bekam er in seiner Firma. Er arbeitete damals einige Zeit hindurch bei einem Buchprüfer, der zumeist Bauern aus der Umgebung von Langenlois als Kunden hatte. Diese Firma konnte mit einem Nathan Feingold nichts anfangen. Die Bauern hätten alle Aufträge bei dem Buchprüfer gestrichen. Also wurde er einfach immer als »Fritz Frimmel« vorgestellt. Nachdem er groß und blond war, kam keiner von den Bauern je auf die Idee, daß er Jude sein könnte. Die hätte wahrscheinlich der Schlag getroffen, wenn sie die Wahrheit gewußt hätten.

Fritz war also ein Pseudonym, aber auch in der Familie nannten wir ihn nach einiger Zeit nur noch Fritz.

Er war der älteste Bruder. Wenn wir eine Rauferei hatten, der mittlere Bruder oder ich, haben wir immer den großen Bruder geholt, der haute dann zu. Sonst war es aber egal, daß er der Älteste war, wir drei Burschen wurden von den Eltern gleich behandelt. Außer beim Taschengeld! Ich bekam pro Woche nur einen Schilling, der andere Bruder zwei und der älteste drei Schilling. Ich protestierte immer: »Die Kinokarte kostet mich doch genau dasselbe wie ihn. Er kann dreimal gehen und ich nur einmal.« Aber es nützte nichts, die Tax' blieb gleich.

Fritz ging bis zur dritten Klasse in die Realschule. Dann entschloß er sich, die Baugewerbeschule zu machen, und hielt sich dort ganz hervorragend. Seine Zeichnungen wurden immer für Pausen verwendet, er war wirklich ein ganz ausgezeichneter Schüler. Aber dann übernahm er während der Sommermonate eine Ferialarbeit bei Siemens & Schuckert in der Engerthstraße. Da tat er uns dann wirklich leid, weil er jeden Tag so zerrissen und dreckig heimkam. Wie wenn er in einem Löwenkäfig gelandet wäre und die Löwen ihm das Gewand zerrissen hätten! Gut möglich, daß sich die Arbeiter dort mit ihm einfach eine Hetz machten. Das konnte mein Vater nicht mit anschauen, also nahm er ihn aus dem Praktikum. Schluß mit der Maschinenbautechnik!

Er wurde dann Telefonist bei einer Firma am Stubenring. Die Firma stellte eine recht bekannte Schuhpasta mit einem Elefanten am Etikett her, die Marke hieß Dolus. Das war die Abkürzung von Doktor Ludwig Schön. Neben der Schuhpastaproduktion hatte die Firma aber auch einen Vertrieb von chemischen Produkten. Mein Bruder bekam als Telefonist ein eigenes Zimmer, mußte dort die Verbindungen schalten und hatte sonst den ganzen Tag nichts zu tun. Im Zimmer stand eine Schreibmaschine herum, er übte Schreibmaschineschreiben und wurde einer der schnellsten Schreibmaschinenschreiber, die ich kenne. Er schrieb schneller auf der Maschine als manch anderer stenographierte. Als man herausfand, was er alles konnte, versetzte man ihn aus der Telefonzentrale in die Buchhaltung der Firma, hinaus nach Ottakring. Er wurde ein sehr guter Buchhalter und bezog schon in jungen Jahren ein schönes Gehalt. Das war also alles bestens.

Fritz war ein fescher Bursch. Blond und blauäugig, der Wunschtraum des Führers. Aber von uns Brüdern war er derjenige, der am wenigsten auf Mode, auf Kleidung bedacht war. Als er in einem Lebensmittelgeschäft in der Fasangasse die Buchhaltung machte, fing mein Bruder ein Pantscherl mit der Frau des Exbesitzers an. Es war ein großes Lebensmittelgeschäft, und die Frau führte es nach der Scheidung alleine. Das Verhältnis hielt ziemlich lange, bis Fritz 1934 nach Italien ging. Die Eltern hatten natürlich keine Freude damit. Sie war älter als er, und Eltern haben das nicht gerne, denn sie wollen Enkerln sehen. Da wurde aber nichts draus, und Hochzeit war auch keine in Sicht. Wir Feingold-Brüder waren keine Heiratskandidaten! Außerdem war so eine Liebesaffäre in den dreißiger Jahren noch nicht so üblich. Wir Buben dachten da aber natürlich ein bißchen fortschrittlicher als die Eltern. Eigentlich war ja auch der Vater schon ziemlich modern, aber wir waren noch viel moderner, für uns war so ein Verhältnis eigentlich normal. Im Prater sah man so was ja dauernd.

Von der Firma Dolus wechselte Fritz dann zum Buchprüfer Dr. Schuster. Der hatte, wie schon erwähnt, auch Klienten in Langenlois. Langenlois war damals in ganz Österreich bekannt für seine Nazis. Deshalb stellte man ihn ja immer als Nichtjuden, als Fritz Frimmel vor, wenn er kam und bei den Kunden die Buchhaltung machte. Da blieb er oft drei, vier Wochen – und was konnte man schon tun in Langenlois? Radio, Fernsehen gab es nicht, also ging man ins Wirtshaus. Dort saßen lauter Obernazis, und eines Tages wurden sie von der Gendarmerie ausgehoben wegen Naziumtrieben. Das war in der »Verbotszeit«, als die NSDAP in Österreich illegal war. Halb Langenlois wurde ausgehoben – auch mein Bruder! Der Nachweis, daß er Jude war, nützte ihm gar nichts. Er hat drei

Monate ausgefaßt, die er in Krems absitzen mußte. Die ganze Geschichte wurde scherzhaft in den Zeitungen gebracht, wie sich ein Jude unter die Nazis mischt! Alle Zeitungen waren damals voll von »Fritz Frimmel, recte Nathan Feingold«. Das wurde richtig sprichwörtlich.

Aber was hätte er denn tun können? Man war damals froh, wenn man eine Beschäftigung hatte, und als Jude war es schon schwer genug, überhaupt als Buchprüfer bei einer renommierten Firma unterzukommen. Das war doch die Zeit mit der großen Arbeitslosigkeit, er konnte nicht gut sagen: »Zu den Bauern nach Langenlois fahre ich nicht hinaus.« Da hätte er Flügel gekriegt, sie hätten ihn hinausgeworfen. Heute, nach dem Zweiten Weltkrieg und dem Nationalsozialismus, wenn man in einer solchen Sache vor Gericht stünde und sich als Jude legitimieren könnte, wäre das etwas anderes, aber damals war das doch eine antisemitische Zeit in Österreich, und der Richter war froh, endlich einmal einem Juden drei Monate verpassen zu können. Als er dann am Tag der Entlassung seine Zelle verlassen wollte, verabschiedeten sich die anderen von ihm mit »Heil Hitler«. Und der Justizbeamte sagte: »Sie können gleich dableiben!« Er tat sich als guter Österreicher hervor, und meldete, was er soeben gesehen hatte. Dadurch bekam mein Bruder noch einmal drei Monate, die er dann, glaube ich, in Wöllersdorf absaß.

Wir erfuhren zunächst alles über die Zeitung. Fritz wohnte ja damals nicht mehr bei uns, sondern bei der Frau mit dem Lebensmittelgeschäft. Deshalb fiel es uns gar nicht auf, wenn er ein paar Tage nicht auftauchte. Aber zwei Tage nach der Polizeirazzia waren die Wiener Zeitungen voll davon! Wir schickten ihm alle vierzehn Tage ein Packerl ins Gefängnis, mit Sachen, nach denen Häftlinge Sehnsucht haben. Zigaretten, er war ein starker Raucher, und ein paar Schilling, damit er während der Haft gut über die Runden kam.

Seine Firma nahm die Gefängnisstrafe als Kündigungsgrund. Wie seine Vorgesetzten die ganze Geschichte ihren Kunden erklärten, weiß ich nicht. Wahrscheinlich machten sie ihnen weis, er hätte sich auch bei ihnen nicht als Nathan Feingold, sondern als Fritz Frimmel vorgestellt. Fritz arbeitete nachher eine kurze Zeit als Vertreter für Koffergrammophone. Er war sehr redegewandt, fuhr in die Arbeiterviertel hinaus und – das war sein Schmäh – drückte gleichzeitig auf sämtliche Klingeln, damit er sich nicht von Tür zu Tür durchklopfen mußte. Die Leute schauten dann aus den Fenstern, und er konnte seine Ansprache gleich für alle zusammen halten. Wenn einer kaufte, kauften oft gleich zehn oder fünfzehn, und Fritz war für den Tag versorgt.

Fritz ging später mit unserem Vater als Vertreter nach Italien und Jugoslawien. 1938 kamen sie nach Polen, wo mein Vater 1938 in den Kriegswirren in Warschau von einer Granate getroffen wurde und starb.

Fritz ging dann nach Lemberg zu unserer Tante und heiratete kurze Zeit später eine Lehrerin aus Lemberg. Sie war auch Jüdin, nicht sehr hübsch, aber sehr intelligent. Sie unterrichtete Deutsch und sprach es auch ausgezeichnet. Fritz arbeitete in einer Frühstücksstube, die ihrem Bruder gehörte, und verdiente sich so sein täglich' Brot. 1939 bekam ich noch einmal Nachricht von Fritz, später hörte ich nichts mehr von ihm. Er hat nicht überlebt.

Ernst Feingold – alias Toni Feiner
Mein mittlerer Bruder

Mein Bruder Ernst ist 1911 geboren, er war also zwei Jahre älter als ich. Nach drei Klassen Realschule kam er 1925 als Bürolehrling in die Buchhaltung zu jenem Doktor Schuster, bei dem dann auch mein älterer Bruder arbeitete. 1930 wechselte er dann als Buchhalter zu der Firma, bei der ich tätig war, zur Firma M. Bermann & Co., Pelzmanipulation. Da blieb er aber nur ganz kurze Zeit. Er war meinem Chef nicht sehr sympathisch, weil er ein flotter Jüngling war und mein Chef so etwas nicht sehr schätzte.

Kurze Zeit arbeitete er als Vertreter für Neigungswaagen wie der Vater und machte nebenbei »schwarz« die Buchhaltung für einige Leute. Einmal arbeitete er für einen Jahresabschluß 48 Stunden durch, dafür bekam er zweitausend Schilling. Das war ein Vermögen damals. Am Montag kleidete er sich mit dem Geld neu ein und ging aus. Nach drei Tagen tauchte er dann wieder auf und sagte: »Borg mir Geld für die Straßenbahn.«

Ernst war ein sehr fescher Bursch, nicht viel größer als ich, mit schönem schwarz gewellten Haar. Beim Bummeln durch die Kärntner Straße schaffte er es oft nur knapp bis zum Eck und dann zurück. Warum? Um die Ecke kam der Wind von hinten und zerstörte die ganze Frisur! So eitel war man damals. Ein Friseur gab ihm dann endlich ein Fixativ, eine Flüssigkeit, die man in den Händen verrieb und auf die Haare schmierte. Damit hielt die Frisur dann, Sprays wie heute gab es damals noch nicht. Der Ernst war wirklich ein sehr hübscher Bursch, die Madeln stellten sich bei uns vor dem Haus an – nicht wegen mir, wegen ihm! Er war redegewandt und machte bei Frauen ziemlich viel Eindruck. Seine Liebschaften konnte man gar nicht aufzählen. Einer seiner besten Aufrisse war eine Schwarzenberg, mit der er längere Zeit liiert war. Er dürfte sie im Kaffeehaus oder beim Tanzen kennengelernt haben und wohnte dann bei ihr im Palais Schwarzenberg. Dort meldete sich der Butler am Telefon mit »Hier ist von und zu Schwarzenberg«.

Ernst wurde komplett eingekleidet und fuhr mit dieser Frau auch auf Skiurlaub. Mein Chef hat mich immer damit aufgezogen: »Na, was macht der Herr Privatsekretär?« – Hab' ich gesagt: »Na, es geht ihm gut. Ich wünsch' mir auch so einen Posten.« – Neulich traf ich den jetzigen Fürsten Schwarzenberg und fragte ihn nach der Frau, mit der mein Bruder ein Gspusi hatte. »Ja, mei«, meinte er, »bei meinen vielen Tanten kann ich schwer sagen, welche das war.«

Dann begann Ernst im Lustspieltheater unter Hansi Niese und Josef Jarno als junger Schauspieler »tragende Rollen« zu spielen – er war der »Boy« und trug Koffer. Hansi Niese erfand für ihn den Künstlernamen Toni Feiner. Ab und zu kam er sogar zu einer Filmrolle. In der Wiedner Hauptstraße gab es ein Café, das Café Schikanederhof, das war damals die Filmbörse. Wenn in Wien ein Film gedreht wurde, gingen die Regisseure oder ihre Assistenten dorthin und suchten sich Leute für bestimmte Rollen aus. Jeder bekam einen Zettel und mußte am nächsten Morgen um acht Uhr draußen im Atelier sein. Mein Bruder ging fast jeden Tag ins Café Schikanederhof, ich ging mit, war aber noch zu jung für ein Kaffeehaus und mußte deshalb draußen warten. Wenn dann einer noch mehr Leute brauchen konnte, holte mich mein Bruder herein. Ich war inzwischen meist schon halb erfroren. Aber so kam auch ich hin und wieder zum Handkuß.

Mein Bruder ging dann mit einer Friseurin aus Wien ein Verhältnis ein, und sie wurde schwanger. Die Eltern setzten sich zusammen und besprachen die Sache. Ihr Vater hatte ein Friseurgeschäft in Wien, und für jede der drei Töchter war ein gewisser Betrag als Heiratsgut vorhanden. Mein Vater bestand darauf, daß mit der Mitgift ein Auto angeschafft werden sollte, schließlich arbeitete mein Bruder meist als Reisender und würde so besser verdienen. Der Friseur bestand aber darauf, daß eine Wohnung gekauft wurde. Aus heutiger Sicht würde ich ihrem Vater recht geben. Das Auto wäre wahrscheinlich früher hin geworden als die Ehe, und dann wäre gar nichts mehr geblieben. Aber aus der Ehe wurde erst gar nichts, weil sich die zwei Väter nicht einig werden konnten. Also wurde auch nicht geheiratet. Mein Bruder war, wie wir anderen, kein Heiratskandidat, eher ein leichter Hallodri. Ein häuslicher Herd wäre für ihn damals nicht das richtige gewesen, und die Frau wäre mit ihm ziemlich hereingefallen.

Ob er für das Kind Alimente zahlte? Ich glaube eher nicht. Aber er traf sich weiterhin mit der Frau und sah wahrscheinlich auch das Kind dann und wann. Keiner von uns wußte davon, aber vor einigen Jahren schickte mir mein Neffe eine Fotografie meines Bruders aus dem Jahr 1936. Die Freundin wanderte mit dem Buben 1938 nach England aus, und ich lernte sie erst 1955 kennen, als ich sie in England besuchte. Ich versuchte ihr klar zu machen, daß sie gut daran getan hatte, den Ernst nicht zu heiraten – ich wollte den Schmerz etwas lindern. Aber sie war meinem Bruder ohnehin nicht böse. Es war ein besonderes Erlebnis, als ich sie und meinen Neffen das erste Mal sah. Mein Neffe ist der einzige Nachkomme meiner Geschwister. Heute hat er schon fast eine Glatze, aber wenn ich sie auf dem Foto mit der Hand abdecke, sehe ich meinen Bruder.

Das Beeindruckendste an Rosa war ihre Geburt
Meine Schwester

Unlängst ging ich zurück in die Vergangenheit. Ich wollte sehen, wo ich vor achtzig Jahren gelebt habe, nämlich in der Donaueschingenstraße in Wien. Ich konnte mich noch genau erinnern, daß vor unserem Haus zwei Stufen waren. Dort saßen wir drei Buben nämlich, als unsere jüngste Schwester geboren wurde. Man hatte uns hinuntergeschickt, bis die Entbindung vorbei sein würde, und rief uns dann hinauf, damit wir den Nachwuchs anschauen konnten. Das Beeindruckendste an Rosa war also ihre Geburt.

Sie war das Nesthäkchen, weil sie die Jüngste und ein Mädchen war. Wir waren aber nicht neidisch. Nur manchmal wurden wir böse, wenn sie Speisen, die wir gerne gegessen hätten, ablehnte: »Das mag ich nicht, da krieg ich Ekel.« Das konnten wir überhaupt nicht verstehen, aber die Position der Eltern war immer: »Na ja, es ist eure Schwester, man muß nachgeben.« Wir drei Buben mußten bei Tisch die »Papn« halten, wir wurden streng erzogen. Da saßen der Vater, die jüngste Schwester, der mittlere Bruder, ich, dann der ältere Bruder und daneben die Mutter. Die Mutter teilte das Essen aus, das Essen war tipptopp – aber unsere Schwester machte immer einen Aufstand. Leber wollte sie nicht essen, dieses und jenes wollte sie nicht essen, lauter Extrawürste gab es für sie! Für

Rosa wurde immer separat gekocht. Aber in einer Familie mit mehreren Kindern wird das Jüngste immer verzogen.

Meine Schwester war nicht sehr groß, aber hübsch. Sie zog sich sehr chic an und begann schon sehr zeitig mit dem Schminken. Mit ihrer Frisur wurde sie nie fertig! Sie hatte sehr schön gewelltes Haar. Um 1927 kamen die Bubikopf-Frisuren für Frauen auf, und es war aus mit den Zöpfen. Konflikte mit den Eltern gab es da aber keine, weil selbst meine Mutter einen Bubikopf hatte! So ein Bubikopf war ja viel praktischer, vor allem wenn man bedachte, daß die Mutter vier Kinder hatte, die sie dauernd in Trab hielten. Mir gefiel das.

Rosa besuchte die Volks- und Bürgerschule und arbeitete dann schon als sechzehnjähriges Mädel als Vertreterin, direkt von der Schule weg, sie hatte gar keine kaufmännische Ausbildung! Wie wir Brüder und der Vater ging sie nach Italien und arbeitete dort als Vertreterin, was man heute einer Zwanzigjährigen nicht zumuten würde. Grund dafür war aber die Not. In der Zeit zwischen 1930 und 1938 konnte man nur als Vertreter etwas verdienen. Für ein Mädchen war das damals ungewöhnlich. Sie sah aber bei uns, daß wir verhältnismäßig leicht Geschäfte machten, von denen man sich etwas leisten konnte, und sie machte ihre Sache ziemlich gut.

In Italien war eine Vertreterin damals besonders ungewöhnlich. Man sah ja untertags überhaupt keine Frau alleine auf der Straße, außer vielleicht am Vormittag beim Einkaufen. Rosa war als Vertreterin in Italien allein unterwegs, da wir Brüder ja auch in der Gegend waren, machte sich meine Mutter keine zu großen Sorgen. In Triest ging ich öfters mit Rosa am Sonntagnachmittag zum Fünfuhrtee ins Hotel Miramar.

Aber mit der Zeit verloren wir sie trotzdem aus den Augen. 1934 ging sie zurück nach Wien, und wir blieben in Italien. In Wien lebte sie zuerst mit der Mutter zusammen, und als diese 1936 starb, blieb Rosa allein in der Wohnung.

Sooft wir nach Wien kamen, haben wir uns natürlich getroffen. Irgendwann einmal gab es auch einen Bräutigam, aber aus dem Pantscherl ist nichts geworden. Mit diesem Lebensgefährten ging Rosa auf Tour, aber ich weiß gar nicht, womit er eigentlich handelte. Er war Nepper oder Keiler, verkaufte also Dinge zu einem höheren Preis als sie eigentlich wert waren.

Meine Schwester war zur Zeit des Anschlusses noch in Wien, ging aber noch 1938 weg, zuerst in die Tschechoslowakei und dann nach Polen, nach Krakau. Dort gefiel es ihr, man konnte dort gut leben. Krakau hatte sehr viel Ähnlichkeit mit Wien. Es sprachen viele Leute Deutsch. Schließlich heiratete sie in Krakau einen international bekannten Fußballer, einen gewissen Selinger. Der war ein jüdischer Pole und arbeitete neben seiner Karriere als Fußballer auch als Vertreter.

Meine Schwester blieb in Krakau, auch nachdem die Nationalsozialisten gekommen waren. Sie schrieb mir einmal, daß ihr Mann jetzt die Haare so trage wie der Sohn unserer Hausmeisterin. Der war blond, und ihr Mann war schwarzhaarig! Das hieß wohl, daß er sich die Haare gefärbt hatte, um bei den Deutschen nicht als Jude aufzufallen. Rosa lebte dann unter einem falschen Namen und nannte sich Rosa Ruzicka. Sie nahm eine falsche, nichtjüdische Identität an und wechselte wahrscheinlich auch die Adresse.

Noch in Buchenwald bekam ich von meiner Schwester alle paar Monate eine Postkarte. Einmal schrieb sie, daß Fritz sich von einem Unfall wieder erholt habe, und dann noch einmal, daß es ihm gut gehe. Aber ich habe Zweifel daran, denn dasselbe schrieb sie mir über Ernst, der Anfang 1942 in Neuengamme verstorben war.

Ab Ende 1943 oder Anfang 1944 bekam ich keine Post mehr. Ich erkläre mir das so: Wir hatten im KZ vorgedruckte Postkarten, die wir schreiben durften. Auf die eine Seite schrieb man die Adresse, auf der anderen Seite war ein Vordruck: »Anfragen bezüglich einer Entlassung sind zwecklos, denn es kann noch nicht gesagt werden, wann der Insasse entlassen werden kann.« Wenn ein Postbeamter so eine Karte an eine Rosa Ruzicka zustellte, dachte der vielleicht, mit der stimmt etwas nicht. Warum kriegt sie Post von einem, der im

KZ ist? Die Polen waren sehr stark antisemitisch eingestellt, vielleicht ist sie wegen so einer Postkarte verhaftet worden.

Später hörte ich dann gar nichts mehr von meiner Schwester. Nach dem Krieg suchte ich nach Selinger, nach Ruzicka und nach Feingold. Einmal gab es eine vage Hoffnung: Da hatte man eine Rosa Feingold auf einem Transport nach Amerika in den Papieren und vermutete, das könne meine Schwester gewesen sein. Aber dann kam die Verständigung, sie war es nicht.

Was das Beten betrifft, war ich zu Hause der Schwächste
Religion, Tradition, Glaube

Die Religiosität in unserer Familie ging von der Mutter aus. Der Vater war außer Haus weniger fromm, aber uns Kindern wollte er natürlich den Weg des Religiösen zeigen. Immer hieß es: »Solange ihr in meinem Haus lebt, habt ihr euch daran zu halten. Wenn ihr eines Tages weg seid, könnt ihr selbst entscheiden, wie ihr es mit der Religiosität halten wollt.« Das war so üblich, jeder Vater hatte die Pflicht, seine Kinder so religiös wie möglich zu erziehen. Was dann daraus wurde, war eine andere Geschichte. Von der religiösen Ausrichtung her war mein Vater eher liberal und wir Kinder dementsprechend auch – zunächst liberal und nachher sehr liberal. Die Mutter hingegen war eher orthodox, also sehr gläubig. Scheitl trug sie keinen, aber bis ungefähr 1930 hatten wir zu Hause eine rituell geführte Küche.

Meine beiden älteren Brüder lernten auch noch viel beim Großvater, der 1920 starb. Ich war noch zu jung dazu. Zu Hause wurde am Abend immer ein Gebet verrichtet, wie es sich in einem jüdischen Haushalt gehört. Wenn man nicht gerade in die Synagoge ging, mußte man wenigstens zu Hause beten, am Samstag sogar vor und nach dem Essen. Auf das achtete der Vater streng. Ich erinnere mich an verschiedene Lieder mit mehreren Strophen, die beim Gebet gesungen wurden. Mein Vater hatte eine sehr schöne Stimme, mein ältester Bruder auch. Aber ich machte immer nur die Mundbewegungen mit, sonst wäre die Milch sauer geworden. Einmal überzog mein Vater, was ich da machte, und rief mich: »Jetzt komm einmal her und sing das!« – Uh, hab' ich damals Hiebe bekommen! Ich hatte eben kein Talent fürs Singen, und auch das Lesen des Hebräischen fiel mir schwer. Das konnte ich keineswegs so gut und flüssig, wie ich markierte. Was also das Beten betrifft, war ich der Schwächste in der Familie. Mir fehlte eben die Vorschule vom Großvater, die meine beiden Brüder hatten. Das Hebräisch, das wir in der Schule lernten, brachte mir auch nicht viel.

Wir jüdischen Kinder waren in der Schule an den Samstagen wegen des Sabbats vom Schreiben befreit. Wir saßen also nur in der Klasse. Zuhören oder vorlesen durfte man. Gehässige Lehrer gaben an einem Samstag gerne eine Hausaufgabe an. Da mußte ich am Samstag abend oder am Sonntag in der Früh von einem Freund die Hefte holen, um das geschwind nachzuschreiben, denn am Montag mußte ich es abgeben. Ob die Kinder mitschrieben oder nicht, wurde bei den jüdischen Familien ganz verschieden gehandhabt. Da gab es sehr religiöse Eltern, die darauf erpicht waren, daß ihr Kind am Samstag ja nicht schreiben und nichts Ungehöriges tun würde. Bis ich zwölf, dreizehn Jahre alt war, schrieb ich auch nicht mit, später dann aber schon. Da waren wir zu Hause vom Religiösen schon ziemlich abgekommen.

Zu den großen Feiertagen hatten wir schulfrei und gingen auch immer in die Synagoge. Es gab ein Bethaus im Erdgeschoß eines Eckhauses am Ende der Stuwerstraße. Mein Vater war im Vorstand dieser kleinen, streng religiösen Gemeinde. Alle Tempel, auch die kleine Gemeinde der Stuwerstraße, leisteten sich damals einen Kantor. Die Mitglieder waren bereit, dafür etwas zu bezahlen. Heute kann man sich das gar nicht mehr vorstellen, aber damals konnten die Tempel, Synagogen und Bethäuser alle Juden an den hohen Feiertagen nicht fassen. Weder die Synagoge in der Seitenstettengasse noch die anderen großen Tempel boten an diesen beiden Feiertagen genug Raum. Für das Neujahrsfest und für Jom Kippur mußten von den Gemeinden zusätzlich Lokale gemietet werden. Das waren oft Gaststätten im Prater, in denen dann Beträume eingerichtet wurden.

Also verbrachten wir die hohen Feiertagen nicht im Bethaus, sondern irgendwo im Prater in einem Ausweichlokal. Dort konnten sich der Vater mit seinen drei Söhnen und die Mutter mit der Tochter besser ausbreiten als in der Synagoge, wo nur der Vater seinen Sitzplatz hatte. Für den Platz in der Synagoge mußte man ja bezahlen. Es war überhaupt üblich, daß man in Wien neben der Kultussteuer auch dem Tempel, zu dem man gehörte, einen gewissen Betrag bezahlte, damit ein Vorbeter, ein Tempeldiener und ein Rabbiner bezahlt werden konnten. Meine Mutter ging nur an den hohen Feiertagen in den Tempel, der Vater aber sehr oft. Als er mit den Reisen begann, kam die Religiosität bei uns zu Hause ein bißchen ins Hintertreffen.

Ein Lieblingsfest unter den jüdischen Feiertagen hatte ich eigentlich nicht. Interessant waren die Osterfeiertage, weil man da acht Tage rituell leben und die Mazzot essen mußte. Das wurde bei uns immer eingehalten, bis 1927 der Vater auf Reisen ging.

Wir feierten zu Hause auch Chanukka. Solange der Vater da war, wurden die Kerzen angezündet, aber in den späteren Jahren dann nicht mehr. Wenn das Familienoberhaupt fehlt, verlieren sich diese Sachen, denn eine Hausfrau ist nicht dazu bestimmt, Chanukkakerzen anzuzünden. Sie kann es natürlich tun, wenn sie Witwe ist oder keinen Mann hat, dann kann sie den Kindern zuliebe diese Kerzen anzünden. Aber eigentlich soll das der Mann tun. Wenn wir katholische Dienstmädchen hatten, gab es auch einen Christbaum. Das war in Wien so üblich. Geschenke gab es auch – nicht für uns, nur für das Dienstmädchen. Ich ging oft am 24. Dezember, wenn wir keinen Christbaum zu Hause hatten und der Vater nicht da war, durch die Straßen Wiens und schaute in die Wohnungen hinauf, wo die Leute die Christbaumkerzen anzündeten, und fühlte mit, wie sie diese Feierlichkeit begingen. Ausgeschlossen kam ich mir dabei aber nicht vor. Die hatten ihre Feiertage, und wir hatten unsere.

Purim wurde bei uns damals nicht pompös gefeiert. Keine Zuckerln, keine Verkleidungen. Laubhüttenfest auch nicht. Ich kann mich nicht erinnern, daß ich je in einer Laubhütte gesessen wäre. Jom Kippur mit dem Fasten hielten wir im großen und ganzen immer. Erst als ich dann später in Italien arbeitete, wurde ich ein bißchen nachlässig. Von 1938 bis 1945 war es dann keine Kunst, das Fasten zu halten, da hatten wir jeden Tag einen Fasttag. Aber seither hielt ich es immer, selbst als ich meine Geschäfte hatte. Ich war ja nicht so religiös, daß ich sie an Feiertagen nicht offen gehabt hätte, ich hatte das ganze Jahr hindurch offen, jeden Samstag und Feiertag. Aber wenn ein Fasttag war, hab' ich den gehalten.

An meine Bar Mizwa kann ich mich auch erinnern. Das war natürlich eine Festlichkeit. Wir hatten in der Wohnung zwei Zimmer nebeneinander, da wurde die Tür zum Schlafzimmer geöffnet, und die Betten wurden weggeräumt. In beiden Zimmern standen Tische für die Kinder und für die Erwachsenen. Im Türstock hielt ich eine vom Religionslehrer vorgeschriebene kleine Rede. Wenn man sie auswendig konnte, war es gut, und wenn nicht, stand einer hinten und betätigte sich als Souffleur. Etwas ist mir von meiner Bar Mizwa besonders im Gedächtnis geblieben: Onkel Max fragte mich, was ich mir wünschte. Was es konkret war, weiß ich nicht mehr, aber ich könnte mich vielleicht daran erinnern, wenn er es mir jemals gegeben hätte! Ich habe das Geschenk bis heute nicht bekommen.

Mein Vater arbeitete damals mit Valuten und hatte dadurch mit einem Wiener Verlag zu tun. Die brauchten die deutsche Mark für den Bucheinkauf. Da bekam ich also eine Prachtausgabe aus diesem Verlag zur Bar Mizwa. Was schenkt man einem Dreizehnjährigen? – »Soll und Haben« von Gustav Freytag! Eine Prachtausgabe, zwei herrliche Bücher. Außerdem bekam ich eine Füllfeder und eine Armbanduhr.

In meiner Familie wurde wie gesagt lange koscher gehalten. Erst durch die längeren Abwesenheiten meines Vaters hielten wir uns weniger daran. Bei mir war das keine einschneidende Wende. Wenn wir abends unterwegs waren, kam ich am Heimweg immer am Praterstern vorbei. Da gab es einen Burenwurststand, den berühmten »Schubert«. Der hatte seinen Spitznamen, weil er Koteletten trug wie der Schubert. Natürlich blieb ich da stehen und aß meine Burenwurst. Spaßeshalber nannte ich das: Streng koscher, unter der Aufsicht des Rabbinats – des Praterrabbinats! Später, als ich schon alleine lebte, ging ich aber noch oft rituell essen. Da gab es ein Restaurant in der Praterstraße, wo jüdisch gekocht wurde, aber nicht koscher – das heißt, der Koch brachte einen jüdischen Geschmack in die Speisen hinein, ohne aber zum Beispiel rituell geschächtetes Fleisch zu verwenden. Der war auch nicht heikel, wenn er beispielsweise einen Rostbraten zubereitete und sich dachte, mit ein bißchen Rahm schmeckt das besser. Das hätte er in der koscheren Küche nie dürfen.

In meiner Lehrlingszeit aß ich besonders gerne Leberstreichwurst. Ich ging immer so um neun, halb zehn vom Geschäft hinunter in ein Lebensmittelgeschäft vis-à-vis und kaufte mir dort zwei Semmeln mit Leberstreichwurst. Das war auch nicht koscher, aber schlechtes Gewissen hatte ich keines. Wenn es gut schmeckte, war auch mein Gewissen zufrieden!

Heute habe ich meine eigene Auslegung der Religion. Ich bin gottgläubig, aber nicht religiös. Ich lebe nicht religiös. Im Jüdischen wird gesagt, wenn man fromm ist und deshalb am Samstag keine Geschäfte machen will, zahlt einem der Herrgott das dreifach zurück. Ich kann von diesen Sprüchen nicht zehren, weil mir die Beweise fehlen. Ich kann beim Abbitten der Sünden am Jom-Kippur-Tag gar nicht an all die verbotenen Sachen denken, die ich gegessen habe, sonst müßte der Jom Kippur acht bis zehn Tage dauern. Aber das Fasten zu Jom Kippur halte ich ein, sonst hätte ich ein schlechtes Gefühl. Ich nötige mich dazu, erst um acht oder viertel neun am

Abend zu essen, obwohl ich manches Mal schon um fünf Uhr Hunger habe. Das tue ich aus Tradition, und es tut ja auch dem Körper gut, einmal achtundzwanzig Stunden nichts zu essen. Ich achte auf die Gebote, soweit ich sie leicht erfassen kann, aber das Rituelle lasse ich weg.

Ich glaube an Gott, ich habe immer an Gott geglaubt. Mir sind so viele Dinge widerfahren. Es wird Leute geben, die sagen, das waren Zufälle. Aber ich sage, das waren Wunder. Das hätte ich sonst nicht überleben können. Ich sehe Gott auch strafend. Man muß achtgeben, keine Sünden zu begehen. Mein Gottesbild ist das eines nicht greifbaren, unbekannten Wesens. Gott als Geist, aber ohne menschliches Bild. Ich kann nicht glauben, daß wir Menschen nach Gottes Antlitz erschaffen wurden. Dann kann er nämlich nicht sehr schön sein, wenn er so ist wie ich.

... nicht meine beste Zeit
Schuljahre

Die erste Klasse Volksschule absolvierte ich in der Schönngasse. An den Volksschuldirektor kann ich mich gut erinnern. Er trug immer einen grauen Arbeitsmantel und aß Brot, das er in der Manteltasche hatte. Er ging den Gang entlang, als wäre er drei Meter breit, und rempelte alle jüdischen Kinder absichtlich um. Es waren verhältnismäßig viel jüdische Kinder in dieser Schule, und wenn sie ihn kommen sahen, standen sie schon an der Wand, damit er ja Platz zum Durchgehen hatte. Das war die antisemitische Zeit damals. Unter den Kindern gab es aber keinen Antisemitismus. Der zeigte sich nur in den höheren, älteren Jahrgängen, bei den Lehrern, beim Schuldirektor, beim Hausmeister.

Im ersten Schuljahr gab es eine Ausspeisung in der Schule: Kakao mit Reis von den Amerikanern! Von einem amerikanischen Hilfswerk bekamen die Kinder auch Turnschuhe, die so abgerundet waren, daß man sie an beiden Füßen tragen konnte. Die jüdischen Kinder waren von all diesen Geschenken ausgeschlossen, weil sie als wohlhabend galten. Obwohl das nicht immer zutreffend war, war das vom Direktor und vom Klassenvorstand so bestimmt worden. Aber nach dem dritten oder vierten Tag konnte man sich Kakao und Reis eh bereits gegen eine Wurstsemmel eintauschen!

Ich erinnere mich auch noch gut an unseren Religionslehrer. Das war ein ganz wunderbarer Mensch. Ein sehr großer, hagerer Mann mit einem Bart, wie ihn ein jüdischer Religionslehrer haben muß. Der Bart war zwar ziemlich klein, dafür aber schön rot. Und lange Finger hatte er! Wenn man nicht brav saß, stach er einem hinten mit dem Finger hinein. Das tat ordentlich weh. Wir lernten bei ihm weniger das Beten und solche Sachen, denn das haben jüdische Kinder immer schon zu Hause gelernt vom Vater oder vom Großvater, aber was biblische Geschichte betrifft, geht mein heutiges Wissen auf seine fesselnden Erzählungen zurück. Wenn man mit anderen Lehrern Schwierigkeiten hatte und ihm das erzählte, hieß es: »Also, schauen wir, ob das nicht ein bißchen korrigiert werden kann.« Er war also ein ganz hervorragender Lehrer, der sich auch für die Schüler einsetzte – ein Mensch, ein Pädagoge.

Während wir in der Schönngasse in der Schule waren, ging ich mit meinen Brüdern wiederholt nach Mittag zum Turnen. Da kam immer am Nachmittag ein Brotwagen vor die Schule. Auf nichts anderes haben wir uns so gefreut wie auf diesen Wagen! Zu Hause bettelten wir immer um das Geld für ein viertel, ein halbes oder ein ganzes Brot. Das Brot wurde ganz frisch und ofenwarm geliefert, und das duftete! Für uns war das damals eine Delikatesse. Der Wagen war immer voll beladen mit Brot, aber das war im Nu weg und aufgegessen.

Als wir in die Lassallestraße übersiedelten, mußte ich die Schule wechseln. Die restlichen Volksschulklassen absolvierte ich am Sterneckplatz, dem heutigen Max-Winter-Platz. Dort wurde ich einmal straffällig! Dem Schulgebäude dort war ein kleiner Park und ein Zugang zu den Schultoren vorgelagert. Zwischen diesen Toren befanden sich kleine Kellerfenster. Wir Buben hatten damals ein Spiel: Wir schossen mit einem Tennisball an die Fenster. Sie gingen zwar nicht kaputt, aber der Direktor und der Schuldiener sahen das trotzdem nicht gerne. Also fanden wir ein besseres Spiel: »Anmäuerln« mit Münzen. Aber das wurde wiederum gefährlich: Eines Tages kam die Polizei und erwischte zwei oder drei Buben. Zwei Polizisten in schöner Uniform hielten uns Knirpse fest, daß ja keiner davonrannte. Das war ein Auflauf! Die Leute auf der Gasse mußten sich wer weiß was gedacht haben. Man führte uns zur Wachstube, und dort mußten wir warten, bis uns die Eltern abholten. Als meine Mutter kam, drohte sie mir gleich: »Na wart, wart!« Sie war aber eh die Gute, und es passierte mir nichts. Ich hatte Glück, daß sie mich holte, denn vom Vater hätte ich wahrscheinlich schon in der Wachstube meine Portion Prügel geerbt. Aber bis der Vater von der Reise, auf der er gerade war, zurückkam, war alles schon verraucht.

Nach der fünften Volksschulklasse kam ich dann in die erste Realschulklasse in der Radetzkystraße, wo mein Französisch- und Deutschprofessor und Klassenvorstand Doktor Kreisky war, der Onkel von Bruno Kreisky. So wie Bruno Kreisky, der von der jüdischen Religion nichts wissen wollte, war auch sein Onkel. Er dürfte damals schon getauft gewesen sein, und diese Leute sind Juden gegenüber oft noch gehässiger. In meiner Klasse waren von knapp vierzig Schülern gut zwanzig Juden, aber ich war sein besonderes Liebkind. »Feingold!« Ich stand langsam auf. »Na, setz dich, du weißt es eh nicht!« Der ließ das bei mir gar nie so weit kommen, daß ich die Antwort vielleicht doch gewußt hätte! Da kriegt man so einen Zorn, daß man schon justament nichts sagen würde – selbst wenn man die Antwort wüßte!

Ein braver Schüler war ich nicht. Ich fehlte in allen Schulen sehr häufig. Ich meldete mich sehr oft wegen Krankheit ab und ging dann in den Prater. Das interessierte mich viel mehr als Deutsch und Französisch. Zu Hause wußte das niemand, die meisten Entschuldigungen schrieb ich selbst. Es flog aber dann doch auf, da auf meinen Zeugnissen die fehlenden Schultage draufstanden. Wenn mein Vater sagte: »Her mit dem Zeugnis«, zog ich schon den Kopf ein – wegen der Fehlstunden und auch wegen der Noten! »Was willst du denn werden? Ohne zu lernen – da wird doch nichts aus dir!« Wenn er wüßte, daß ich Hofrat geworden bin!

Die Pinsch flogen natürlich, und ich hätte in der Realschule sitzenbleiben müssen. Mit meinem Abschlußzeugnis wäre ich überall sitzengeblieben. Da hatte ich eine geniale Idee: Ich ging mit meinem Semesterzeugnis, das mit nur zwei Pinsch etwas besser war als das Abschlußzeugnis, zur Bürgerschule. Dort wurde übersehen, daß es das Semesterzeugnis war, die Noten reichten, und ich konnte aufsteigen!

Auch in der Bürgerschule war ich kein besonderer Schüler. Ich lernte nicht, es interessierte mich auch nicht. In der Schule lernte ich nichts für mein Leben.

Am wenigsten mochte ich Fremdsprachen. Englisch hatten wir in der Schule damals noch nicht, aber mit dem Französisch haperte es. Mathematik war kein Problem, auch das Wurzelziehen nicht. Am besten ging das, was ich heute nicht gut kann: das Schönschreiben. Seinerzeit war es üblich, daß man verschiedene Schriften lernte, Auslagenschriften mit der Redisfeder. Da brachte ich sehr schöne Schriften zuwege. Auch Turnen behagte mir sehr. Im Seilklettern und Stangenklettern war ich ganz hervorragend. Ich war immer als einer der ersten oben.

Wir hatten auch zwei Stunden Zeichenunterricht in der Woche. Ich kann mich gut an den Zeichenlehrer erinnern. Er ging die ganzen zwei Stunden durch die Reihen, machte da und dort ein Stricherl dazu und erzählte nebenbei seine Jagdgeschichten. Ob er ein Hochstapler oder wirklich ein Großwildjäger war, weiß ich nicht, er erzählte uns jedenfalls oft von seinen Heldentaten in Afrika! Er hatte sogar eine goldene Uhrkette mit einer Löwenkralle dran. Wir lauschten ihm aufmerksam und verehrten ihn sehr! Erstens einmal, weil Zeichnen nicht weh tat und das jeder konnte, und zweitens, weil uns sein Unterricht wirklich sehr behagte.

Damals wurde in der Schule noch geschlagen. Mit dem Rohrstaberl auf die flache Hand schlagen, bei den Haaren packen, in die Ecke stellen – und der Religionslehrer stupste uns mit seinem langen Finger. Das waren die üblichen Methoden, wenn man vorlaut war oder mit dem Nachbarn über etwas tratschte, das wichtiger war als der Unterricht, und der Lehrer sich dadurch gestört fühlte. Manchmal mußten wir zur Strafe auch zwanzig Zeilen oder eine Seite aus einem Buch mit der Hand abschreiben. Solche Strafarbeiten wurden unter den Schülern gehandelt: Eine ganze Seite kostete fünf bis zehn Groschen. Es gab sogar Buben, die Strafarbeiten auf Vorrat kauften und glaubten, sie könnten das einfach gleich abgeben und hätten dann ihre Ruhe. »Herr Lehrer, ich habe es schon.« – »So? Gib es her, und jetzt schreibst du es noch einmal!«

Gemischte Klassen gab es zu meinem Leidwesen nicht. Die Schule war ein Block, ein Gebäude, aber mit zwei Hälften. Die eine Hälfte war für Buben, auf der anderen Seite waren die Mädchen, jeweils Volks- und Bürgerschule. Gemischte Klassen hätten mich nicht gestört. Ich stieg den Mädchen nämlich schon mit zehn, elf Jahren nach. Meine Schulkameraden waren mir immer zu blöd, das waren Kinder. Ich hatte andere Interessen. Dabei war ich kleiner als alle anderen. Ein Großer kann leicht über die Kleinen lachen. Der Kleine ist der Arme und muß immer hinaufschauen. Aber wenn ich einmal Schläge bekam, drohte ich: »Ich hole meinen großen Bruder.« Ich holte ihn auch wirklich, und er haute dann auf Befehl. »Dem gibst eine, und dem gibst auch eine.«

In der damaligen Zeit waren die Schulgebühren verhältnismäßig hoch. Das war auch ein Grund, warum wir drei Buben dann vom weiteren Schulbesuch absahen. Mein Vater konnte sich das auch nicht mehr leisten, und so mußte einer nach dem anderen einen Beruf ergreifen.

Schmäh und Dreh, Betrug und Schwindel
Ein Praktikum als Praterdirektor

Schon mit zwölf Jahren war ich ständig im Prater. Ich verbrachte dort nicht nur meine Freizeit, sondern auch meine Schulzeit. Man konnte viel lernen im Prater, vor allem den Umgang mit Menschen. Ich sammelte dort meine Erfahrungen, die mir im späteren Leben sehr viele Vorteile brachten.

Den Schaubuden- und Varietébesitzern im Prater konnte man stundenlang zuhören. Vor jeder Vorstellung kamen sie heraus, machten ihre Bühne auf und kündigten die nächsten Sensationen an. Da gab es zum Beispiel die »Dicke Rosl«: Da wurde auf der Bühne eine Unterhose aufgespannt, die anderthalb Meter breit war. Die »Dicke Rosl« selbst zeigte man natürlich nicht, sonst wären die Leute ja nicht mehr in die Vorführung gegangen. Dann gab es »Asra – das Mädchen mit dem Vogelkopf, nicht größer als eine Männerfaust!« Der Kopf war natürlich verhängt, sehen konnte man ihn nur gegen Eintritt.

Immer laut zu hören war der Spruch: »Und schon wieder eine Flasche Wein gewonnen!« Was war das? Auf Holzklötzen wurden Flaschenattrappen aufgestellt. Die Leute bekamen fünf Ringe und mußten damit werfen. Wer eine Flasche erwischte, bekam eine Flasche Wein. Das hat man dann weithin gehört: »Und schon wieder eine Flasche Wein gewonnen!« So wurden die Leute herangelockt – »Eine Flasche Wein, wo kann man das gewinnen?«

Ich erinnere mich auch an das Spiel »Herunter mit dem Zylinder«. Zwei Reihen Figuren mit hohen Hüten, man bekam Bälle und mußte auf die Hüte zielen.

Auf dem Weg zur Hauptallee stand ein Mann mit einem Kiosk, der Eis verkaufte. Der hatte viele Sprüche! An einen kann ich mich sehr genau erinnern: »Was hätte unser lieber Moses-leben für so eine Tüte Eis gegeben!« Da stand ich immer und hörte mir seine Sprüche an. Die waren wirklich wunderbar.

Dann gab es noch einen Kettensprenger, bei dem immer die gleichen Kettenglieder platzten. Man konnte schon Verschiedenes lernen über Schmäh und Dreh und Betrug und Schwindel! Da wurde man im Prater Fachmann. Als Zuschauer glaubte man vielleicht, alles sei wahr. Aber wenn man eine Weile dabeistand, kam man auf alle Schmähs. Zum Beispiel: Die ersten drei, vier Leute, die jeweils wo hineingehen, gehören immer zur Vorstellung. Sonst geht nämlich niemand hinein. So etwas merkte man nicht beim ersten Mal, aber wenn man eine Nachmittagsvorstellung fünf-, sechs- oder siebenmal sah, mußte einem das doch auffallen.

Was gab es noch im Prater? In der Zufahrtsstraße führten zwei Frauen ein Ringelspiel. Das waren zwei fesche Frauen, die würden mir heute auch noch gefallen, wenn sie so jung wären wie damals. Mit denen spielten wir oft Fußball und durften ohne zu zahlen ein bißchen Ringelspiel fahren. Da saß dann schon jemand oben, und die Leute, die vorbeikamen, stiegen leichter ein als in ein leeres Ringelspiel.

Am Sonntag vormittag gingen wir im Prater immer in die Automatenbuffets. Mein Bruder arbeitete damals schon bei der Schuhpastafabrik Dolus von Doktor Ludwig Schön. In jeder Dose Dolus-Schuhpasta war ein Blechbuchstabe, und für diese Blechbuchstaben konnte man beispielsweise im Prater mit dem Ringelspiel fahren oder Sandwiches bekommen. Für das »L« bekam man etwas Besonderes, das war der Haupttreffer. In einem Laden in der Veronikagasse konnte man die Geschenke für die Markerln bekommen. Ich brauche nicht extra zu erzählen, daß mein Bruder immer mit einem Sackerl voll mit Buchstaben von der Arbeit heimkam! Am Sonntag vormittag gingen wir in den Prater zu den Sandwichautomaten und fraßen soviel, daß wir manchmal zum Speiben hinausgehen mußten! Danach gingen wir wieder hinein und aßen weiter. Es kostete ja nichts!

Am Rande des Praters in der Ausstellungsstraße lag ein Bierdepot. Dort gab es zwei Maulbeerbäume mit wunderbaren weißen und dunklen Maulbeeren. Das Niveau des Bierdepots war etwas niedriger als die Ausstellungsstraße, und so konnte man von der Ausstellungsstraße über ein Gitter einen Ast erwischen. So kletterten wir dann in den Bäumen herum. Manchmal lauerten uns zwei, drei von den Bierkutschern mit Holzstangen unter dem Baum auf. Die hatten das gar nicht gern, daß wir den Maulbeerbaum plünderten. Heute läßt man Maulbeeren verfaulen, und damals war man böse, wenn wir uns welche holen wollten. Wir blieben jedenfalls in den Bäumen sitzen, denn hinauf trauten sich die alten Lackln nicht mehr. Hinunter ließen sie uns aber erst, wenn wir zu weinen anfingen: »Ich muß nach Hause gehen, laßt's mich doch hinunter!«

1926 gab es die erste Wiener Messe nach dem Krieg. Die Maschinen, die dort ausgestellt waren, interessierten mich nicht, aber ich ging trotzdem zu jedem Stand. Ich nahm stoßweise Prospekte mit – einfach alle, die auslagen! Das war ja feines Seidenpapier, gut zum Einpacken von Butterbroten für die Schule. Hauptsächlich hielten wir Buben uns aber in der Lebensmittelabteilung auf. Da wurde die erste Maggisuppe ausgeschenkt. Am nächsten Stand gab es die ersten Bananen, die wir je zu Gesicht bekamen: »Reife westindische Bananen« hieß es. Wenn eine ein braunes Punkterl hatte, warf man sie gleich weg, und da waren wir natürlich sofort zur Stelle.

Aber wie kamen wir überhaupt hinein? Wir hatten doch keine Eintrittskarten! Wir warteten beim Eingang, und wenn ein Solist kam, also ein einzelner Mann, bettelten wir: »Bitte, nehmen Sie mich mit hinein!« Man konnte nämlich Kinder gratis mit hineinnehmen. Sowie wir drinnen waren, rannten wir herum und waren wie gesagt überall, wo es etwas zu essen gab. Es gab sehr viele Kostproben. Damals war man sehr nobel mit diesen Sachen, denn es war die erste Messe, und man wollte etwas Besonderes bringen.

Direkt im Prater gab es auch zwei Kinos. Das eine brachte Kriminalfilme, Indianer- und Trapperfilme, und das andere eher seriöse Liebesfilme. Für uns Buben waren damals die Indianer und Trapper interessanter. Im Kino arbeitete ein Billeteur, der nicht sehr gut sah. Wenn wir – immer in einer größeren Gruppe – ins Kino gehen wollten, kauften wir ein oder zwei Karten und suchten alte Karten zusammen. Wir hielten die Karten an dem Ende fest, wo der Kupon war, und der Billeteur zählte sie, meinte »Ja, stimmt« und riß die Karten ab. Dem fiel nie auf, daß wir bei zwanzig Karten nur zwei Kupons hatten. Im Saal besetzten wir natürlich gleich ein paar Reihen. Jung waren wir, klein waren wir auch – also besetzten wir die besten Plätze. Wenn dann Leute hereinkamen, fanden sie keinen Sitzplatz. Schließlich kam dann jemand von der Kassa dahinter: »Das gibt es doch nicht, ich hab' doch nicht so viele Karten verkauft!« Sie schmissen uns dann hinaus, oder wir gingen von selbst. Meistens hatten wir den Film ja schon gesehen, weil wir uns ja alles immer zwei-, dreimal hintereinander anschauten.

Ich war ein Kinofan. In Wien wurde oft gefilmt. Bei einem Film mit Harry Piel wurden die Außenaufnahmen im Prater gedreht. Da konnte man zusehen, wie Harry Piel mit jemandem oben auf der Rotunde am Turm raufte. Gefilmt wurde von der obersten Galerie. Das war sehr interessant für uns, da konnte man doch nicht in die Schule gehen! Was mich an den Filmen auch interessierte, speziell an den amerikanischen Filmen – die Leute waren so schön gekleidet! Sie waren wirklich Vorbilder für mich, Vorbilder in eleganter Kleidung. Besonders gefiel mir Fred Astaire, der konnte tanzen! Die Gangsterschauspieler interessierten mich aber auch.

Zwischen Kino und Heimweg ging man gerne ein bißchen durch die Gassen. In der Gegend um den Prater waren sehr viele Straßen, wo die »freien Mädchen« gingen, die Huren. Da schaute ich zu, wie angebandelt wurde – ich war ja neugierig, wie das so vor sich ging! Oft beschimpften mich die Mädchen dann: »Geh weg, geh z' Haus!« Ging ich eben in die nächste Gasse und schaute dort. Die Neugierde eines Zwölf-, Dreizehnjährigen ist ziemlich intensiv. Natürlich konnte man da nicht mit vier Burschen zusammenstehen und blöd schauen. Da war es schon besser, man war allein und ging fadenscheinig gleichgültig auf der Seite vis-à-vis. Die

Mädchen absolvierten ihre Geschäfte nach Einbruch der Dunkelheit in ihren Wohnungen, Stundenhotels gab es keine in der Umgebung.

Ich hielt mich also oft und gerne im Prater auf, ein Praterstrizzi war ich aber nicht. So nannte man die Zuhälter und Raufbolde. Damals gab es im Prater unzählige Wirtshäuser. Da und dort wurde getanzt, und es gab natürlich viel Wirbel. Wir Buben schauten gerne zu, wie die Leute tanzten. Aber meist mußte man nur eine halbe Stunde warten, bis zwei rauften oder einer das Messer zog. – »I stich di ab.« Das waren primitive Menschen, die mit den Dienstmädchen tanzen gingen und auf Aufriß eingestellt waren. Einer hat dem anderen »die Katz' obigmacht«, wie man so schön sagte, ihm also die Freundin ausgespannt. Da kam es dann natürlich zu Raufereien. Überfälle und solche Sachen gab es im Prater ständig.

Alle diese Sachen interessierten mich sehr. Ich war für den Prater aufgeschlossen. Man könnte sagen, daß ich damals mein Praktikum machte, um eines Tages Praterdirektor zu werden.

Nachher wurde ich ein sehr guter Lehrling
Lehrjahre

Einen Berufswunsch hatte ich eigentlich nie. Solche Flausen konnte man sich zur damaligen Zeit nicht leisten. Man war froh, wenn man überhaupt Arbeit fand. Wenn man Lehrling werden wollte, war es damals üblich, sich am Samstag das *Tagblatt* zu kaufen. Im Inseratenteil konnte man dann schauen, wo ein Lehrling gesucht wurde. Eines Montags zog ich los, um mir eine Lehrstelle zu besorgen und bekam einen Posten in der Sonnenfelsgasse bei der Firma Gutmann, Saudeck & Co. Das war ein Großhandel mit Schneiderzubehör, Zwirn, Knöpfen, Hafterln, Druckerln. Die hatten einige Vertreter, die in Wien bei den Schneidern herumgingen und jeden Tag die Order in die Sonnenfelsgasse brachten. Wir waren vier, fünf

Leute, die mit nichts anderem beschäftigt waren, als nach diesen Aufträgen die Waren zusammenzustellen und Pakete zu machen. So lernte ich, wie man aus runden, eckigen, langen oder kurzen Stücken ein ebenmäßiges Packerl zusammenstellt.

Bei dieser Firma blieb ich nur zweieinhalb Monate, weil ich sah, daß ich dort nichts werden konnte. Ich nahm wieder die Zeitung in die Hand, und zufällig war in der Köllnerhofgasse, auch im ersten Bezirk, wieder ein Posten ausgeschrieben. Es muß eine Konfektionsfirma gewesen sein, aber genau erfahren habe ich das nie. Ich wollte dort nämlich gerade die Türschnalle in die Hand nehmen, als ein Herr herauskam. Er hatte wohl drinnen gehört, daß man einen Lehrling suchte, und so konnte er sich denken, was ich hier wollte. Er ließ mich gar nicht hinein, machte die Tür zu und sagte zu mir: »Was ist, Kleiner?« Ich sagte darauf: »Nix ist, schön ist es heute.« Was sollte ich sonst sagen? Darauf er: »Du wolltest dich doch da vorstellen? Na, komm mit.«

Wir gingen dann den Laurenzerberg hinunter zur Schwedenbrücke. Nach der Schwedenbrücke, links in der Taborstraße, war ein großes Eckhaus. »Siehst du da oben die Tafel am zweiten Stock? M. Bermann & Co. Das bin ich. Komm morgen mit deinem Vater. Dann werden wir einen Lehrvertrag machen.« Am nächsten Tag wurde der Vertrag unterschrieben. Bei der ersten Firma war das nicht so, die waren gar nicht interessiert, daß ich mit dem Vater kam. Aber mein neuer Chef wollte das korrekt machen, und so trat ich im November in die Firma Bermann & Co., Pelzgroßhandel, ein.

Damals wurde ein Lehrling ganz schön hergenommen. Wenn man beispielsweise einen Lehrling beim Fensterputzen gesehen hat, hieß es am nächsten Tag: »Ich hab' dich gestern gesehen beim Auslagenarrangieren!« Wenn man Packeln zu tragen hatte, gab es dafür kein Papier, sondern Einbindtücher. Das waren große, viereckige, grüne Tücher. Da wurden die Sachen hineingelegt und von allen Seiten verknotet. Manches Mal schleppte man sich schon schwer ab. Wenn ich mit einem solchen Packerl durch die Kärntner Straße ging und Freunde sah, bückte ich mich gleich, damit mich ja keiner erkannte!

Mein Chef hatte den Gewerbeschein für Pelzwarenmanipulation und Verkauf. Das heißt, er kaufte Felle ein und brachte sie nach Wien. Zur Verarbeitung beschäftigte er Stückmeister, die ein eigenes Meisterrecht haben mußten. Die kamen dann jede Woche und brachten die fertigen Stücke. Mit der Zeit bekam ich die Aufgabe, zu überprüfen, was die Kürschner brachten. In der Pelzbranche legte man die Mäntel übers Pult und schlug die Ärmel zurück, denn dort wurden oftmals alte Stücke hineingenäht. Da entdeckte ich einmal, daß etwas nicht stimmte. Zur damaligen Zeit waren sehr lange Mäntel in Mode, einen Meter zwanzig oder dreißig. Ich nahm den Maßstock und maß die Mantellängen – nur einen Meter zehn! Also rief ich den Chef. »Herr Bermann, da stimmt etwas nicht.« – »Was ist los?« – »Die Mäntel sind alle zu kurz.« Der Stückmeister lief natürlich gleich hochrot an: »Nein, ich hab' ehrlich gearbeitet. Genau die Schnitte, die Sie mir gegeben haben, nach denen hab' ich gearbeitet.« – »Bringen Sie die Schnitte!« Er brachte die Schnitte, und sie maßen tatsächlich einen Meter zehn. Es war ganz klar – er hatte sie abgeschnitten! Daraufhin bekamen alle Stückmeister neue Schnitte, die wir aber jetzt überall am Rand mit dem Firmenstempel abstempelten.

Die Stückmeister bekamen von uns die Schnitte und dementsprechend viel Felle. Viele kamen dann daher: »Das geht sich nicht aus. Die Felle waren zu klein.« – Da sagten wir dann: »Bringen Sie den Mantel, aber ohne Wattelin.« Die Kürschner mußten Wattelin unter die Felle arbeiten, nur das Seidenfutter mußten sie nicht einnähen, das machte eine Hausmeisterin im Nebenhaus. Die Kürschner brachten also den jeweiligen Mantel, er wurde umgedreht, und auf der Lederseite konnte man genau auszählen, wieviel Felle verarbeitet worden waren. Wenn beim Nachzählen Felle fehlten, hieß es: »Das gibt es nicht. Na, muß ich die zu Hause noch irgendwo liegen haben!«

Tricks gab es auf allen Seiten. Wollte man sich im Geschäft behaupten, mußte man tüchtig sein und die Finessen der Handwerker kennen.

Die Schnitte wurden von meinem Chef gekauft. Dann bekamen wir – zumeist aus Paris – die Modellmäntel, die aus ziemlich steifem Leinen gemacht waren. Die wurden dann vom Mannequin, das war meistens eine Buchhalterin mit guter Figur, ausprobiert und gezeigt. Es gab verschiedene Moden damals, hochstehende Krägen, Stuartkrägen, Glockenmäntel und so weiter. Alles wurde in Leinen ausprobiert. Der Chef schaute sich das an, maß die Längen und sagte dann: »Ja, das geht in Ordnung, da brauchen wir die Schnitte.« Dann wurden von Größe 38 bis 46 die Schnitte bestellt und die Mäntel erzeugt.

Wir führten vor allem Pelzmäntel für Frauen. Es gab auch Kunden, die uns Stoffmäntel schickten, damit wir ein Pelzfutter hineinarbeiteten. Heute trägt so etwas kein Mensch mehr, die Leute fahren heute mit dem Auto, ein Mantel ist da nur lästig, und darum trägt man viel weniger Pelzmäntel. Wir führten auch Kragenware. Wenn sich eine Frau einen Stoffmantel kaufte und gerne einen Pelzbesatz haben wollte, maß der Geschäftsmann aus, wieviel Pelz sie dazu brauchte. Wir führten verschiedene Pelzimitationen aus Lammfell als Meterware, die sich die Frauen selber auf ihre Mäntel nähen konnten. Das war für uns ein gutes Geschäft.

Im Jänner oder Februar fuhr mein Chef zum Einkaufen nach Leipzig, das war damals die Pelzstadt. In der Zeit ging es uns gut! Wir hatten ein schönes, helles Geschäftslokal, da ließen wir uns von der Sonne braten. Aber ich mußte jeden Tag mit einem Brief an den Chef zum Westbahnhof hinausfahren und den Brief in den Postwagen hinter der Lokomotive einwerfen, damit er ihn ja am nächsten Tag hatte.

Es gibt aus meiner Lehrlingszeit ein paar Geschichten, die zeigen, wie geschäftstüchtig ich schon als Bub war.

In der Rahlgasse in Wien war Vorverkauf für Strecken- und Netzkarten der Wiener Verkehrsbetriebe. Es gab fünf Teilstrecken. Aus einem mir nicht verständlichen Grund bekam ich meine Streckenkarte bis nach Hietzing hinaus ausgestellt. Ich mußte immer für die Firma Fahrscheine im Vorverkauf holen und bekam für diesen Weg zwei Fahrscheine, die ich schön einsteckte. Ich brauchte sie ja nicht, ich hatte meine Streckenkarte. Das schaute dann so aus: »Max, wir brauchen Fahrscheine.« – »Ja, wieviele soll ich holen?« – »Zehn Stück.« – »Da haben Sie acht, denn zwei müssen Sie mir jetzt geben, damit ich zum Westbahnhof fahren kann.« So kassierte ich jeden Tag Fahrscheine für Wege, die ich durch Wien zu machen hatte. Das war ein schönes Geschäft für mich. Zehn Fahrscheine kosteten achtundzwanzig Schilling.

Außerdem stiftete mich gleich zu Beginn meiner Lehrzeit ein Angestellter, er hieß Ludwig, zu einem anderen lukrativen Geschäft an. Es war Dezember, kurz vor Weihnachten. »Paß auf, du kaufst jetzt ein paar Weihnachtskarten, und dann gehst du vis-à-vis« – im Haus neben dem Schwedenplatz war ein großes Industriehaus, dort saß eine Firma, Pelzhandel en gros, mit einem jüdischen Besitzer – »gehst dort hin und sagst, du wünscht frohe Weihnachten.« Für die Glückwünsche bekam man immer ein bißchen Geld, und ich sammelte ganz ordentlich ab. Der Pelzhändler dort war sehr, sehr großzügig, und es gab noch andere Firmen, wo man hinging, um frohe Weihnachten zu wünschen. So bekam ich ein schönes Taschengeld zusammen!

Damals war es üblich, daß Lehrlinge zwei Tage in der Woche in der Berufsschule waren. In der Berufschule schwänzte ich nicht mehr wie vorher in der Bürgerschule. Das hätte mein Chef nicht gerne gesehen. Es war auch nicht mehr notwendig, da ich mittlerweile schon älter war und auch zur Abendvorstellung ins Kino gehen konnte. Aus meinem »Geschäft« mit den Fahrscheinen hatte ich immer wieder genug Geld beisammen, um ins Kino gehen zu können, und eine Zeitlang ging ich jeden Abend!

Mein Chef stellte eines Tages fest: »Max, das mit der Berufsschule geht so nicht. Ich brauche dich mehr im Geschäft.«

Ich sagte darauf: »Was soll ich machen? Ich muß doch in die Schule gehen.« – »Glaubst du, daß du die Prüfung schon jetzt machen kannst?« Da sagte ich »ja« und bestand tatsächlich.

Bei der Firma Bermann blieb ich genau fünfeinviertel Jahre. Nach zweieinviertel Jahren war meine Lehrzeit um, dann bekam ich statt des Gehilfenlohns des dritten Jahres, ungefähr achtzig Schilling, einen Monatslohn von hundertdreißig Schilling. Das war ein schönes Gehalt, mit dem man gut zurechtkommen konnte.

Das ging so bis zum 1. März 1932. An diesem Tag wurde ich entlassen und zwar aus folgenden Gründen: Damals wurde die Devisenverordnung in Österreich sehr streng gehandhabt. Mein Chef konnte seine Felle aus Leipzig nur mehr gegen Devisen kaufen, nicht gegen Schilling. Devisen gab die Nationalbank aber nicht heraus. Man hätte sie sich »schwarz« besorgen können, was aber zwanzig bis dreißig Prozent mehr gekostet hätte. Wir exportierten damals zwar sehr viel nach Holland und in die Schweiz, aber die Devisen aus der Schweiz mußte man der Nationalbank abliefern und bekam dafür Schillinge, für die man wiederum im Ausland nichts erhielt. So ging der Export der Firma ein.

Dazu kam noch, daß die Firma zu dem Zeitpunkt übersiedelte. In Wien war es vornehmer, im ersten Bezirk eine Firma zu haben. Der Firmensitz von Bermann & Co. lag aber, wenn auch an der Ecke zum ersten Bezirk an der Schwedenbrücke, im zweiten Bezirk. Per 1. März 1932 wurde also übersiedelt und ich gekündigt. Damals waren außer mir in der Firma noch eine Buchhalterin – die Nichte vom Chef – angestellt, und einer, der die Kürschnerei führte. Die konnte ich alle nicht ersetzen. Ich war als einziger entbehrlich, also mußte ich gehen. Ich ahnte es schon im Winter 1931, als der Chef sagte: »Ich glaube, diesmal fahr' ich nicht nach Leipzig, ich kann die Felle nicht bezahlen.« Da schwante mir schon: Jetzt platz' ich!

Man wußte schon, wie gut unter den Brücken zu schlafen ist
Arbeitslosigkeit

Am 1. März 1932 wurde ich entlassen, ich war arbeitslos. Als Arbeitsloser mußte man sich melden und bekam drei Monate hindurch die Arbeitslosenunterstützung. Das waren, so glaube ich, achtzehn Schilling pro Woche. Einmal in der Woche mußte man in der Heinestraße am Arbeitsamt stempeln gehen und bekam dann in der Thaliastraße die achtzehn Schilling ausgezahlt. Davon verfraß man zwei oder drei Schilling, denn rund um den Auszahlungsort waren lauter Würstelstandln!

Seit 1927 war die Arbeitslosigkeit in Österreich ständig angewachsen. Man wußte schon, und die Zeitung beschrieben es auch, wie gut unter den Brücken zu schlafen ist. Damals konnte auch ein Bankdirektor innerhalb von sechs Monaten unter einer Brücke landen. Es gab keine soziale Absicherung, pleite war pleite, da konnte man nichts machen. Ich ging also jede Woche zum Arbeitsamt, und als ich schon ausgesteuert war, hieß es dort: »Ich habe was für Sie!« Ich schaute ganz blöd: »Sie haben was für mich? Wo?« – »In der Favoritenstraße sucht ein Konfektionsgeschäft einen Verkäufer.« – Ich bekam eine Fahrkarte und fuhr zu dem Geschäft. Damals kamen die Bauern mit Fuhrwerken von außerhalb, vom Süden nach Wien herein, wenn sie etwas kaufen wollten. Sie scheuten sich, in ein Geschäft hineinzugehen, und deshalb stand in der Straße vor jedem Geschäft ein sogenannter »Chaper«. Das Wort kommt aus dem Jiddischen: »Chapn« für greifen, fangen, fassen. Kundenfang würde man auf deutsch sagen. Der »Chaper« mußte die Leute überreden, in das Geschäft zu kommen. »Kommen Sie herein, schauen Sie sich das an, das kostet nichts!«

Ich kam also zur Firma Neumann, Damenkonfektion, sagte: »Ich komme vom Arbeitsamt« – und wurde ein »Chaper«! Das war natürlich verboten. Wenn man erwischt wurde, bekam man eine Vorstrafe und wurde im Strafregister eingetragen.

Bestraft wurde nur der »Chaper«, nicht der Chef! Komische Gesetze, die wir in Österreich hatten. Ich hatte damals aber keine Ahnung, was passierte, wenn sie einen erwischten – bis sie mich erwischten. Ein Polizist tauchte plötzlich auf und beobachtete mich. So war ich dann vorbestraft, und erst einige Jahre später wurde mir die Strafe über den Bundespräsidenten im Gnadenweg erlassen. Nach kurzer Zeit brauchte man mich bei Neumann nicht mehr und vertröstete mich auf den Herbst.

Von Versprechungen konnte ich nicht leben und arbeitete dann mal da, mal dort und schließlich als Vertreter für flüssige Seife. Meine Brüder, mein Vater und ich arbeiteten alle für diese Firma, das dürfte der Vater eingefädelt haben. Die Firma hieß Cuprum, das lateinische Wort für Kupfer. Einmal fragte ich den Besitzer: »Wie kommen Sie bei Flüssigseife eigentlich auf Cuprum?« – Seine Antwort war: »Weil mir der Kupferberg geraten hat, ich soll damit handeln!«

So war ich also Vertreter für die Firma Cuprum und ging jeden Tag arbeiten. Obwohl ich immer spät nach Hause kam, stand ich um sechs oder sieben Uhr früh auf – ich war immer schon ein Frühaufsteher –, nahm mein Flascherl Flüssigseife und mein Auftragsbuch, fuhr irgendwo hinaus und begann zu arbeiten. Sobald ich ein paar Liter verkauft hatte, fuhr ich zum Büro der Firma in der Singerstraße, gab meine Aufträge ab, kassierte einen Schilling pro verkauftem Liter, und das war für den Tag genug!

Es war eine angenehme Vertretertätigkeit, weil man weder Aktentasche noch Koffer brauchte. Das Flascherl hatten wir in der Hosentasche, das Orderbuch in der Brusttasche. Das war wichtig, denn wenn man damals als Vertreter erkannt wurde und irgendwo hineinkam, hieß es noch bevor man den Mund aufmachte: »Wir brauchen nichts!« Das war in meinem Fall besser.

Ich ging in Wäschereien und zeigte, wie wunderbar die Seife war, daß damit beispielsweise auch Tintenstift wegging. Der Schmäh war, wenn mit einem nassen Tintenstift ein Strich gemacht wurde, konnte man den nur noch rausschneiden, aber bei trockenem Stift ging das mit Seife leicht weg. Aufs Flecken putzen verstehe ich mich heute noch. Den Rauchfangkehrern offerierte ich die flüssige Seife, weil sie nicht in den Augen brannte. Und den Malern verkaufte ich sie, weil die Seife stark kalkhältig war und man zum Ausmalen von verrauchten Wirtshäusern gute Kalkpräparate brauchte. Wenn ich mir einmal eine Straße ausgesucht hatte, konnte ich von Haus zu Haus gehen und überall dieselbe Seife offerieren – jedes Mal für einen anderen Zweck!

Die ersten Rauhlederschuhe in Wien – nach dem Windsor!
Mode

Daß ich mich um Mode kümmere, wurde mir offenbar schon in die Wiege gelegt. Obwohl meine Erinnerungen aus der Zeit des Ersten Weltkriegs sonst sehr gering sind, kann ich mich an eines wohl erinnern: an die Uniform meines Vaters! Hohe Schuhe und Gamaschen aus Leder, das auf Pappendeckel aufgezogen war, und Breecheshosen dazu. Noch in späteren Jahren hatten wir diese Gamaschen daheim.

Für meinen Vater war ich immer der Butler. Ich war der einzige, der seine Hose bügeln durfte, der einzige, der seine Schuhe putzen durfte. Aus einem gewöhnlichen Lederschuh machte ich einen Lackschuh! Schuh putzen war wirklich eine Spezialität von mir. Es war ja eine staubige Zeit damals, und wie staubig! Wir wohnten in der Lassallestraße, und erst in späteren Jahren wurden dort die Gehsteige asphaltiert. Da pendelte ich auf der Straße immer hin und her, ein Stück war asphaltiert, dann wieder eines nicht. Am liebsten ging ich auf den Straßenbahngleisen, damit die Schuhe nicht dreckig wurden. Sobald ich zur Venediger Au kam, kehrte ich um, weil die überhaupt nur ein Schotterweg war – da wären doch die Schuhe staubig geworden! Heute vergehen drei, vier Wochen, bis ich drei Paar Schuhe zum Putzen habe. Aber damals mußten die Schuhe jeden Tag mit Paste geputzt werden. Ohne glänzende Schuhe wäre ich nicht aus dem Haus gegangen!

Mein täglicher Spaziergang am Abend ging von der Lassallestraße, über die Praterstraße, die Adlergasse, die es heute nicht mehr gibt, die Rotenturmstraße, den Stephansplatz und die Kärntner Straße, über den Ring bis zum Café Schwarzenberg und zurück. Dabei konnte ich mir die noblen Leute und Auslagen anschauen. Ich ging an den Hotels vorbei und schaute natürlich immer, was die Leute trugen. Einmal sah ich in der Kärntner Straße einen Windsor, Eduard den Achten. Er trug einen grauen Anzug mit weißen Streifen, Tennisstreifen nannte man das, zweireihig. Genau so einen hatte ich auch schon! Ich schaute ihm auf die Füße – die ersten braunen Rauhlederschuhe, die ich gesehen habe. Das war damals das Höchste, so etwas besaß noch keiner in Wien. Das mußte ich auch haben!

In unserem Wohnhaus gab es einen tschechischen Schuster. Ich ging zu ihm hin und erklärte: »Ich will so etwas.« – »Nein, so etwas gibt es nicht.« Da ich aber aus der Pelzbranche kam und mich mit Leder auskannte, sagte ich ihm: »Zeigen Sie mir ein braunes Leder!« Er zeigte es mir. »Na«, sagte ich, »Oberleder in braun.« Das war nicht ungewöhnlich. Aber dann drehte ich das Leder um, auf die Fleischseite. »Und mir machen Sie den Schuh aus der Seite!« – »Glauben Sie, daß Sie das werden tragen können?« – »Ich kann es tragen.« So hatte ich die ersten Rauhlederschuhe in Wien – nach dem Windsor!

Von meiner Mutter lernte ich das Stopfen – bis zum heutigen Tag stopfe ich mir meine Socken selbst! Wenn ich in meiner Zeit in Italien Wäsche in die Putzerei gab und es waren Socken mit Löchern dabei, nahmen die einen schwarzen Zwirn und nähten das Loch zusammen. Damals waren aber blaue und weinrote Socken modern! Also besorgte ich mir Nähseide mit doppeltem Faden, weinrote Stopfwolle gab es nicht, und stopfte das selber, und sehr schön. Den ersten Preis fürs Stopfen hätte ich damals gekriegt! Alle diese Näharbeiten lernte ich von meiner Mutter. Ich wollte immer etepetete angezogen sein.

In der verlängerten Kärntner Straße, auf der anderen Seite vom Ring, war ein Herrenmodengeschäft. Da wartete ich immer auf den Ausverkauf – zweimal im Jahr –, wo man für fünf Schilling Reinseidenkrawatten bekam. Ich holte mir so eine Krawatte, trug sie zwei- oder dreimal, bis irgendeiner meiner Freunde sagte: »Die Krawatte mußt du mir geben!« – »Kannst sie haben, fünf Schilling, ich will nichts verdienen bei dir.« So bekam ich für eine Krawatte, die ich schon ein paarmal getragen hatte, meine fünf Schilling wieder und konnte mir eine andere dafür holen.

Ich versuchte, immer so gut wie möglich gekleidet zu sein. Im zweiten Lehrjahr mußte ich einmal mit schwarzen Fellen arbeiten. Das waren billige Kaninchenfelle, die abfärbten. Ich trug einen schönen karierten Anzug und ging entsprechend vorsichtig an die dreckigen Felle. Der Chef sah, daß ich nicht richtig zugriff. »Max, ich hätte schon lieber, wenn Sie weniger elegant zur Arbeit kommen würden!«

Eines Tages sprach mich bei meiner abendlichen Promenade durch die Stadt ein Amerikaner an. Er war gerade bei Knize gewesen – damals der teuerste Schneider, das teuerste Modegeschäft Österreichs. Dort hatte er um ein Vermögen einen Anzug bestellt, mit dem er aber nicht zufrieden war. Also wollte er wissen, wer meinen Anzug gemacht hatte. Ich mit meiner großen Gosch'n antwortete: »Na, ich bin der Schneider!«

Er war ein Tänzer und mit einer Partnerin in einer Bar in der Kärntner Straße engagiert. Er trug beim Auftritt eine Art Frack, und so einer sollte nun auch für die Partnerin gemacht werden. Ich antwortete ihm in meinem Schulenglisch: »Das ist gar keine Kunst, das kann ich machen.« Wir einigten uns also, daß ich am nächsten Abend in die Bar kommen und Maß nehmen sollte.

Damals hatten wir im Haus einen arbeitslosen Schneider. Den nahm ich mit und sagte ihm: »Du halt'st die Papn, du kommst mit, wir werden schon schauen, wie wir zu Geld kommen.« Ich verlangte insgesamt zweihundertfünfzig Schilling für das Gewand. Da war ich noch verhältnismäßig billig, aber für uns war es ein Bombengeschäft. Außerdem kassierte ich gleich ein Akonto von fünfzig Schilling, da war schon der Stoff, der Zwirn, das Futter dabei. Der Schneider machte die Näharbeit, und ich mußte dabeisitzen, sonst hätte er nicht genäht. Also doppelte Arbeitszeit! Zwischendurch bekamen wir noch einmal ein Akonto von hundert Schilling, sodaß der Tänzer noch hundert Schilling schuldig war.

Aber dann hätte es fast ein Malheur gegeben: Das Gewand war fertig, aber der Tänzer fing an herumzukritisieren. Das paßt nicht, und das paßt nicht. Auf einmal kam ein Sir im Frack herein – der Oberkellner. Das waren damals wirklich Sirs. Er kam herein und sagte zu mir in richtigem Wiener Dialekt: »Lassen's Ihna net am Schmäh halten von eahm, der hängt bei unserem Chef schon in starkem Vorschuß. Der hat ka Geld, der muaß sagn, des paßt net, weil er kann's Ihna heut net bezahlen. Aber ich garantier Ihna, wann Sie am Ersten kumman, kriagn Sie das Geld von mir. Nehmen's des Gwand mit.«

Ich kam am nächsten Ersten, und das Geld war da. Man kann sich vorstellen, wie gut ich angezogen war zur damaligen Zeit, wenn ich auf der Straße gefragt wurde, wer mir den Anzug gemacht habe! Meine Liebe zur Mode bildete mich aus und bereitete mich vor auf mein späteres Geschäft.

Chic anziehen und tanzen gehen
Vergnügungen für wenig Geld

Meine Geschwister und ich waren nie in Vereinen. Wir waren nicht politisch, keine Zionisten, betrieben keinen offiziellen Sport. Nur mit elf, zwölf Jahren war ich manchmal bei den Roten Falken, die hatten einen Hort in der Ausstellungsstraße. Später fehlte mir ganz die Zeit dazu. Bei diesen Vereinen gab es Unterhaltungen, sportliches Zusammensein. Ausflüge wurden inszeniert. Das interessierte mich alles nicht – wenn ich einen Ausflug machen wollte, hab' ich ihn allein gemacht. Da konnte ich gehen, wie ich wollte, schneller, langsamer, mich hinsetzen oder weitergehen.

Außerdem waren die Jugendlichen, die Sport und Natur verehrten, keine Partner für mich, der mehr auf das Tanzen eingestellt war – chic anziehen und tanzen gehen.

Ich begann schon zeitig, mit fünfzehneinhalb Jahren, die Tanzschulen zu besuchen, und entwickelte mich zu einem sehr guten Tänzer. Nie hätte ich damals geglaubt, daß ich jahrzehntelang aufs Tanzen verzichten würde können, wie das jetzt der Fall ist. Ein Freund von mir hatte einen Onkel und eine Tante, die in der Ausstellungsstraße eine Tanzschule führten. Dort gingen wir natürlich oft hin. Diese Tanzschule hatte den Vorteil, daß man am Sonntagvormittag zur Matinee, das war von elf bis eins, tanzen konnte, dann von vier bis sechs und von acht bis elf. Wir waren also den ganzen Tag dort! Einmal in der Woche gab es Seniorenperfektion. Da forderte die Tante meinen Freund auf: »Ihr müßt's morgen kommen. Da kommen ein paar Damen, mit denen müßt ihr tanzen!« Die Tanzschule kostete mich schon nichts, und wenn wir außerdem noch mit den alten Weibern herumhüpften, hieß es beim Nachhausegehen: »Kommt's her! Das hat die Frau Sowieso für euch zurückgelassen.« So bekamen wir oft ein paar Schilling für das Herumschleifen der alten Damen. Da waren wir also auch Gigolos, es gibt nichts, wo wir nicht beteiligt waren!

Ich ging auch oft ins Theater, mit sogenannten »Claquekarten«. Jedes Theater, aber auch die Komikerbühnen und Varietés, hatte einen »Claquechef«, der diese Karten vergab. Wenn er zehn Karten hatte, waren meistens zwanzig oder dreißig Leute da, die verbilligt ins Theater gehen wollten. Das waren nicht nur Jugendliche, durchwegs auch ältere Leute, die sich das Theatergeld nicht leisten konnten oder nicht soviel ausgeben wollten. Von allen möglichen Himmelsrichtungen kamen die Leute. Gut angezogen mußte man natürlich sein, weil man ja sehr gute Plätze bekam. Solche Claquekarten kosteten zumeist die Hälfte einer Kinokarte, also ungefähr fünfzig Groschen, aber auf Rängen, die regulär zehn Schilling gekostet hätten. Dafür mußte man nur an den richtigen Stellen zu klatschen beginnen.

Da hieß es von prominenten Künstlern: »Im dritten Akt beim zweiten Aufzug, wenn ich hinauskomme, möchte ich, daß geklatscht wird!« Meist muß ja nur einer im Publikum anfangen, dann klatschen alle mit. Wenn da also zehn Leute waren, die auf verschiedenen Plätzen saßen und gleichzeitig zum Klatschen anfingen, war das natürlich eine Geschichte, die den Künstler hochbrachte. Das Publikum freute sich, und kein Mensch wußte, daß alles abgesprochen war.

Mit den Claquekarten konnte ich wunderbare Theateraufführungen sehen. Eine Vorstellung ist mir heute noch im Kopf: Ein Gastspiel im Sommer, bei dem Hans Albers den »Liliom« gab, ganz, ganz hervorragend! Auch viele andere große Künstler konnte man so sehen. Das hätte ich mir sonst nicht leisten können, vielleicht ein oder zweimal im Jahr, aber nicht öfter.

Die Claquechefs kannte man natürlich schon. Einmal sagte mir der Claquechef eines Varietés: »Nein, dir gebe ich keine Karte.« »Warum?« – »Na, du lachst mir zuviel! Da kommst du ja nicht zum Klatschen.« Sag' ich: »Lachen ist doch dasselbe wie klatschen!«

Solche Komiker wie damals gibt es heute nicht mehr! Die alten Komiker brauchte ich manchmal nur anschauen und mußte schon lachen. Da erinnere ich mich beispielsweise an eine Szene mit Fritz Grünbaum und Armin Berg. Berg war ein Riesenlackel, und da gab es folgenden Sketch: Fritz Grünbaum geht weg, nach einer Weile kommt er zurück, seine Frau hat inzwischen ihren Freund empfangen, sie versteckt ihn und Grünbaum kommt herein: »Wer ist denn hier? Ich bring dich um!« Er sucht. Da ist er nicht. Er macht ein Schrankl auf, dort ist er auch nicht. Macht den Kasten auf, steht der Riesenlackel da drinnen. Grünbaum macht schnell die Tür zu: »Da ist er auch nicht!« – Muß man da nicht lachen?

Wir hatten ja eine Unmenge von Komikern in Wien, den Fritz Grünbaum, den Karl Farkas. Den Hermann Leopoldi habe ich auch gesehen, diese Sachen behagten mir natürlich am besten. Das einzige, wo ich nicht hinging, war die Oper. Da konnte man nur Karten für Stehplätze bekommen, und darauf war ich nicht neugierig. Ins Burgtheater ging ich zwar schon, aber die leichte Muse war mir trotzdem lieber. Man lacht halt gern.

Von den Strichkatzen konnte man viel lernen
Bekanntschaften, Liebschaften und das Grabencafé

Nach den Tanzschulen kam das berühmte Grabentanzcafé, wo ich ab dem achtzehnten Lebensjahr Abend für Abend hinging. Um sechs Uhr war im Geschäft Schluß, um halb sieben war ich zu Hause, aß Nachtmahl, und um sieben Uhr war ich schon unterwegs. Zuerst Promenieren, dann ins Grabencafé. Im Grabencafé war vorne ein Tagescafé und hinten ein sehr großer Saal. Es gab mexikanische und amerikanische Kapellen, die jeweils einen Monat auf Gastspiel kamen, wunderbare Sänger und Sängerinnen, Musikshows, Tanzmusik. Tango, Foxtrott, Slowfox, der Rumba kam dann auch auf. Ich war eigentlich in allen Tänzen gut, aber den English Waltz tanzte ich besonders gerne. Bei den schnellen Tänzen wie Tango, Shimmy oder Foxtrott wurde einem so schnell heiß, und ich wollte ja mein Vergnügen haben und keinen Temperaturwechsel!

Unser Stammtisch im Grabencafé befand sich direkt bei der Eingangssäule. Dieser Platz hatte einen großen Vorteil: Die Damen mußten alle an dem Tisch vorbeigehen, und so wußten wir schon, wie jede ausschaut von Kopf bis Fuß! Sonst konnte es passieren, daß hinten im Lokal eine Dame saß, die einem sehr schön vorkam, dann ging man hin, sie stand auf und – na ja! Da mußte man vorsichtig sein. In dieser Hinsicht hatten wir also einen sehr guten Platz und wußten immer schon genau, wo die eine oder andere sich hinsetzte.

Wir waren drei, vier Burschen, die regelmäßig ins Grabencafé gingen. Konsumiert haben wir immer einen Einspänner. Nicht die Würstel, den Kaffee mit Schlagobers! Ein Einspänner kostete einen Schilling achtzig. Wir gaben dem Ober zwei Schilling, dafür verrechnete er uns keinen Musikschutz, der einen Schilling gekostet hätte. Die zwei Schilling versuchte ich jeden Tag zusammenzukriegen. Ich verkaufte Flüssigseife als Vertreter, und für zwei, drei Kilo bekam ich drei Schilling Provision. Das ging sich aus für ein billiges Mittagessen und für das Grabencafé. Mehr brauchte ich nicht, sobald ich das beisammen hatte, stellte ich die Arbeit ein.

Im Grabencafé trafen sich die verschiedensten Bevölkerungsschichten. Man kam, um etwas zu erleben. Männer und Frauen, sehr viele Ausländer, und »Tunten« tauchten auch immer wieder auf. Aufgeklärt wie wir waren, akzeptierten wir das als die Natur eines Menschen. Ich fand dabei nichts Abstoßendes, nur Liebschaften waren es keine für mich. Das waren oft sehr intelligente Leute, man konnte sich sehr gut mit ihnen unterhalten. Ich hatte viele Bekannte unter den Homosexuellen, auch einen weitläufigen Verwandten, der schwul war. Man hat die Leute damals schon so deklariert und gekannt. Vor allem wenn Männer in fortgeschrittenem Alter noch nicht verheiratet waren, ahnte man das schon. So offen, daß Männer miteinander getanzt hätten im Café, wurde das aber nicht ausgelebt. Das hätte es nicht gegeben.

Manchmal sah man eben, daß einer Zeichen gab und ein anderer hinausging. Dann trafen sie auf der Toilette Vereinbarungen. Es gab ein paar Strizzis, die sich mit den »Warmen« befaßten und dafür bezahlt wurden.

Bis Mitternacht waren im Grabencafé Ehepaare, Freundinnen, aber kaum einzelne Frauen. Um zwölf Uhr nachts kamen die Nachtwandlerinnen, die auf den Strich gingen. Die wollten auch gerne tanzen. Es war sehr schön, mit ihnen zu tanzen. Sie waren sehr anschmiegsam und auch nicht so heikel. Sie brauchten natürlich auch etwas fürs Herz, und da bahnte sich so manches Mal eine Freundschaft für eine gewisse Zeit an. Das war gar nicht so schlecht. Man darf ja eines nicht vergessen: Damals konnte man im allgemeinen ein Mädchen nicht herumkriegen, oder zumindest sehr selten. Die Mädchen wurden ja damals schon vom Anschauen schwanger. Die besonders behüteten Mädchen kamen nur mit Anstandsdamen ins Grabencafé, mit der Mutter, mit der Tante, mit dem Onkel. Das waren Außenseiterinnen, mit denen man nur tanzte oder sich ein Rendezvous ausmachte, wenn sie sehr, sehr hübsch waren und man schon sehr viel mit ihnen kokettiert hatte. Aber meistens wurde nichts daraus, man kam an kein Ziel.

Oft gab es noch ein anderes Problem: Man tanzte mit einem Mädchen und wollte sie nach Hause begleiten. Vorher fragte man schon vorsichtshalber: »Na, wo wohnen Sie denn eigentlich?« Sie sagte dann irgendeine Adresse, und man dachte sich, dorthin könnte man sie begleiten. Kaum war man aus dem Café heraus, wohnte sie ganz woanders. »Aber Sie haben doch gesagt ...« – »Ja, dort hab' ich gewohnt, aber jetzt bin ich bei meiner Großmutter.« Damit hatte man nicht gerechnet – also hübsch ein paar Kilometer mehr zum Nachhausegehen! Man mußte gute Füße haben, um diese Strecken zurückzulegen.

Für die »anständigen« Frauen mußte natürlich auch immer mitbezahlt werden. Die Mädchen hatten keinen Beruf, entweder studierten sie oder waren zu Hause und wurden auf die Ehe vorbereitet. Wenn man mit solch einem Mädchen ausging, mußte man immer für beide die Zeche zahlen. Für die »Katzen« wiederum, wenn ich mich ordinär ausdrücke, brauchte man kein Geld, im Gegenteil, sie luden einen noch ein!

Sie waren immer sehr elegant, hatten meistens eine sehr gute Figur und tanzten gut und gerne. Nur – wo sollte eine Frau allein um zwölf Uhr in der Nacht tanzen gehen? Im Grabencafé das wußten sie alle schon, sind ein paar Burschen, mit denen man tanzen kann. Wenn sie kamen und man gerade nicht hinschaute, bekam man schon ein Tatschgerl: »Ah, bist auch da.« Wir kannten sie schon von der Kärntner Straße, sahen oft, wie sie an einer Ecke standen oder von einem Mann angesprochen wurden. Unsereins war ja hellseherisch, wir sahen alles, was sich in der Straße abspielte. Wir waren da immer orientiert.

Dann hörte man sich natürlich ihre Geschichten an, wieso sie auf dem Strich gelandet waren. Die eine erzählte, daß sie irgendwo angestellt gewesen war, sich im Laufe der Woche immer einen Vorschuß genommen hatte, und wenn der Freitagabend kam und die Mutter zu Hause auf die fünf Schilling wartete, hatte sie kein Geld mehr. Dann tänzelte sie halt über die Kärntner Straße, wurde angesprochen, machte sich ein Rendezvous aus und ließ sich das Fahrgeld dafür geben! Zwei, drei Männer, und sie hatte die fünf Schilling beisammen. Einmal ließ sie sich natürlich doch zu mehr verleiten, und so fing das Geschäft an.

Die Mädchen, die damals auf den Strich gingen, kamen aus ärmlichen Verhältnissen. Durch den Strich konnten sie sich was leisten, wurden immer eleganter und eleganter und stiegen somit auf. Ich schaute auf die Frauen vom Strich nicht hinunter. Für mich waren sie ebenbürtige Partnerinnen, auch wenn sie einen Beruf hatten, der nicht standesgemäß war. Sie waren oftmals sehr, sehr sympathisch und nicht unintelligent.

Viele Dinge, die heute ganz selbstverständlich sind, lernten wir Burschen damals von den Strichkatzen. Es gab zum Beispiel nichts gegen das Transpirieren, keine Deos, wie man sie heute überall kaufen kann. So mußte man sich selbst helfen. Wenn diese Mädchen sich wuschen, steckten sie danach die feuchte Seife unter den Arm. Das war in zwei Minuten trocken, und man schwitzte nicht mehr. So lernte ich viel, was ich im späteren Leben brauchen konnte.

Nur einmal traf ich ein jüdisches Mädel, das auf den Strich ging. Das war ganz selten. Man hatte sie mir im Kaffeehaus vorgestellt, bildhübsch, neunzehn oder zwanzig Jahre alt, lange, schöne, schwarzgelockte Haare, mit einer wunderbaren Figur. Sie war aus einer sehr guten jüdischen Familie. Wir kamen zusammen, und es stellte sich heraus, daß sie auf den Strich ging.

Ich muß zugeben, ich mied jüdische Gesellschaft. Es lag mir nicht so, zum Kokettieren in Kaffeehäuser zu gehen, in denen viele jüdische Frauen waren. Bei Juden in Wien war das am Samstagnachmittag aber so üblich. Ich ging da lieber zum Fünfuhrtee in den Herrenhof.

Warum das so war, weiß ich nicht, aber ich fühlte mich einfach nicht wohl in jüdischer Gesellschaft. Ich ging auch nicht gerne in Tanzschulen, wenn sehr viele Juden dort waren. Ich ging lieber in andere, christliche Tanzschulen, die in den äußeren Bezirken lagen. Ich verstand mich mit Frauen oder Mädchen anderer Religionen besser. Das Eigene kannte ich bereits, auf das war ich nicht neugierig.

Wenn ich doch manchmal bei jüdischen Frauen landete, war es eher Zufall.

Ich dachte damals nicht daran, eine ernsthaftere Bindung einzugehen. Erstens war ich immer auf Reisen, und zweitens hatte ich auch nicht die finanzielle Möglichkeit zum Heiraten, zum Gründen eines Hausstands. In der damaligen Zeit eine Freundschaft aufzubauen, eine Lebensgemeinschaft einzugehen, war schwierig, weil alles so unsicher war. Wenn man nur ein bißchen Charakter hatte, konnte man sich mit niemanden einlassen, weil es nicht auf Dauer sein konnte. Was sollte ich tun, wenn ich einmal zwei Tage hintereinander nichts verdiente?

Heute denke ich oft nach, was wohl gewesen wäre, wenn man damals schon, so wie heute, bald an eine sichere Existenz hätte denken können. Aber das war damals keine Frage. Zu neunundneunzig Prozent hätte ich eine Jüdin geheiratet, etwas anderes hätte ich meinen Eltern nicht antun können. So gab es überhaupt keine Möglichkeit zu einer Ehe, denn bei Juden wird in Heiratssachen immer die Existenzfrage gestellt.

Wenn jemand eine Tochter hat, ist für sie schon mit einer Mitgift vorgesorgt, mit einem Hausstand, mit einer Aussteuer. Da will man dann natürlich wissen, was hat der, dem wir das alles geben? Nix? Ein »Lejdikgejer« – ein Habenichts! Es war also zwecklos, in dieser Hinsicht etwas zu planen.

Nur bei einem bestimmten Mädchen wäre es möglicherweise etwas Ernsteres geworden, aber da hätte ich 1933 mit der ganzen Familie nach Israel gehen müssen. Das Mädchen hieß Gina Zimmermann, war sehr hübsch und hatte eine schöne Windstoßfrisur, wie das damals so üblich war. Ihr Vater besaß ein Textilgeschäft und roch schon damals, daß man nicht in Österreich bleiben konnte. Außer ihrer Emigration gab es aber noch ein Problem: Wie das in jüdischen Familien üblich ist, mußte zuerst die ältere Tochter heiraten. Damit gab es aber in dieser Familie Schwierigkeiten, und das Mädchen gab mir also zu verstehen, daß es keinen Sinn habe, daß es besser sei, sie in Ruhe zu lassen.

Verliebt war ich natürlich öfters. An die erste Liebe kann ich mich gut erinnern. Sie hieß Grete. Sie war keine Fürstin, hatte auch keinen edlen Beruf, nahm ihn aber sehr ernst. Sie stand jeden Morgen sehr zeitig auf und ging schon um acht Uhr in der Mariahilfer Straße auf den Strich. Ich lernte sie im Grabencafé kennen. Sie kam zum Tanzen dorthin, und dann tanzten wir eben sehr engagiert miteinander! Ein guter Tänzer war ich ja, und wenn man so schön tanzt und zwei Körper sich berühren, kann schon was zustande kommen. So nahm sie mich eben mit – ohne Bezahlung. Mit Unterbrechungen dauerte das fast zwei Jahre. Ich sah es natürlich nicht gern, daß sie auf den Strich ging. Aber was hätte ich ihr bieten können, daß sie den schönen Beruf aufgibt? Da hätte ich schon Millionär sein müssen, um den Standard aufrechtzuerhalten, den sich diese Mädchen mit »Leichtigkeit« verdienten.

Grete verdiente schön und hatte ihr eigenes Geld. Ich brauchte für sie nichts zu bezahlen – eher war es so, daß sie mir ab und zu aushalf. Das war zwar nicht der Grund, daß wir miteinander gingen, aber ich hätte nicht soviel Geld gehabt, daß ich mit einem anderen Mädchen das gleiche hätte unternehmen können. Wenn man beispielsweise zum Fünfuhrtee oder am Abend in die Herrenhofbar ging, kostete das ungefähr zweieinhalb Schilling. Das wären für zwei Personen fünf Schilling gewesen, und soviel hatte ich nicht. Fünf Schilling entsprachen in etwa fünf Mittagessen. Da war ich also mit meiner Freundin besser dran, wenn es auch nicht mein Lebensziel war, sondern nur für eine gewisse Zeit.

Wir unternahmen alles mögliche gemeinsam. Es gab in der Umgebung Wiens viele Tanzlokale, wo im Sommer im Freien getanzt wurde. Da fuhren wir am Sonntag gern hin, oder wir gingen zum Baden. Die meisten Mädchen arbeiteten ja am Sonntag nicht, weil sie so katholisch waren. Am Sonntag hätte man in der Kärntner Straße Schwierigkeiten gehabt, eine Frau aufzureißen, da hat man kaum eine gefunden. Sie hatten alle Ruhetag.

Es gab dann oft Schwierigkeiten, wenn ich im Grabencafé war und Grete ein bißl später kam. Wenn ich da zufällig mit einer anderen tanzte, bekam ich Grobheiten zu hören. Wegen solcher Grobheiten gingen wir dann schließlich auseinander, und das war auch gut so. Es war klar, daß unser Verhältnis keine Zukunft hatte.

Zwischendurch lernte ich natürlich auch andere Frauen kennen, so gingen die Jahre dahin. Es war eine lange Zeit, die Junggesellenzeit! Übrigens gibt es da noch ein lustiges Detail: Ich glaube nicht an Sternbilder, aber fast alle Frauen, die ich in meinem Leben kennengelernt habe, waren Steinböcke. An Horoskope glaube ich aber trotzdem nicht.

Zwei Rotzlöffel gondeln durch die Weltgeschichte
Als Vertreter in Italien

In Österreich wurde es immer schwieriger, etwas zu verdienen. So kamen wir auf die Idee, nach Italien zu gehen. Der Vater hatte es vor uns schon einmal versucht, war aber in San

Remo gelandet und hatte sein ganzes Geld verspielt. Mein Bruder Ernst und ich gingen 1933 nach Italien, zuerst vor allem in Gebiete, in denen man Deutsch verstand. Ich verlegte mich vor allem auf Istrien, dort kam man bei den älteren Leuten mit Deutsch ganz gut durch. Meinen Bruder zog es mehr nach Bozen hinauf, aber dort wütete schon Mussolini, der die deutsche Sprache quasi verbot. Alle Beamten sprachen schon italienisch, es wurden Sizilianer heraufgeholt, die kein Wort Deutsch verstanden. Das einzige, was in Bozen noch deutschsprachig war, war der Obstmarkt.

Die erste Vertretung, die mein Bruder Ernst und ich übernahmen, war für Maßhemden, bei einer Textilfirma, die von deutschen Juden in Triest betrieben wurde. Wir bekamen einen schönen Katalog mit Stoffmustern, und einen, in dem die Kunden sich die Façon aussuchen konnten. Einer von uns redete viel, und der andere nahm Maß – das war ich.

Eines Tages entdeckten wir etwas Wunderbares: Am großen Platz in Triest, der Piazza Unità, gab es ein riesiges Bürogebäude des Lloyd Triestino. Wir gingen in dieses Haus und wurden förmlich von Zimmer zu Zimmer weitergereicht. Wenn wir am Morgen kamen, um weiterzuarbeiten, hieß es: »Die Mutandine sind da!« Wir wußten zuerst nicht, was das bedeutet, bis wir im Wörterbuch nachschauten: »Mutandine«, das sind die Unterhosen! So nannten sie uns dort.

Wir holten also Aufträge, und das ging relativ gut, bis wir einmal am Bahnhof von einem furchtbar erbosten Mann aufgehalten wurden: »Schauen Sie, was Sie aus mir gemacht haben, die Ärmel gehen nur bis da her!« Wir stellten sofort die Arbeit ein und gingen zu unserem Chef: »Wie können Sie uns das antun? Gerade, daß uns der am Bahnhof nicht erschlagen hat!« Der Chef meinte darauf: »Na, glauben Sie, ich kann für so einen kleinen Betrag wirklich Hemden nach Maß machen? Die Hauptsache ist, die Halsweite hat gestimmt!« Ich bin nicht einmal überzeugt, daß die immer stimmte ...

Wir stellten die Arbeit jedenfalls ein, denn nach diesem Erlebnis am Bahnhof fürchteten wir, wenn noch zwei, drei geprellte Kunden zusammenkämen, würden sie aus uns Hackfleisch machen.

Danach landeten wir bei einem Berliner namens Grünthal. Jemand, der wußte, daß wir schon mit flüssiger Seife gearbeitet hatten, verwies uns an ihn: »Da gibt es einen, der arbeitet in Chemikalien, gehen Sie zu ihm hin!« Damals wollte uns gerade der Polizeidirektor von Triest loswerden. Das war ein Exösterreicher mit dem Namen Freddi. Freddi kam von »freddo«, das bedeutet kalt, er hieß nämlich eigentlich Kaltenbrunner. Der gute Mann wollte keine Juden in Triest haben, speziell keine Emigranten. Der Besitzer des Kaffeehauses Miramar in Triest war ein Altösterreicher namens Löwenherz, ein richtiger Sabbadofaschist – am Samstagnachmittag immer mit schwarzer Hose und schwarzem Hemd! Wenn man Schwierigkeiten hatte mit den Behörden, hieß es immer: »Geh zum Löwenherz! Der wird das in Ordnung bringen.« Freddi wollte uns zwei also loswerden, mußte aber in Rom anfragen, was er mit uns tun solle. Der Grünthal war mit dem Löwenherz irgendwie befreundet, und der ließ seine politischen Verbindungen spielen. Zurück kam die Antwort: »Gib ihnen einen ständigen Aufenthalt!«

Wir bekamen ein Papier, auf dem stand, daß wir das ständige Aufenthaltsrecht in Italien hätten, uns den Wohnort aussuchen könnten, aber keine Anstellung annehmen dürften. Als freie Vertreter konnten wir aber ohne weiteres arbeiten, und so begann unsere Arbeit für den Grünthal. Einmal fragte er mich: »Herr Feingold, warum wollen Sie unbedingt Seife verkaufen? Nehmen Sie doch Bohnerwachs!« – »Nein, wir wollen die Seife.« Von dem Bohnerwachs produzierte er aber auch Verkaufsmuster. Wir überprüften das Zeug und stellten fest, das haut hin. Als erstes fuhren wir nach Venedig. Er gab uns zu den Seifen ein Flascherl Bohnerwachs und ein paar Geruchsproben mit – das Wachs konnte nämlich auch mit Rosenduft oder Mandelduft bestellt werden. Als wir in den Hotels die Seife anboten und nur auf unfreundliche Leute stießen, probierten wir das Wachs. Da stellten wir fest, bei der

Seife können wir vielleicht fünf oder zehn Kilo verkaufen, aber bei dem Bohnerwachs schlugen die ersten Kunden gleich mit fünfzig oder sechzig Kilo zu! Die gleiche Arbeit – und wir verkauften das Zehnfache! Wir begannen also intensiv mit dem Bohnerwachs zu arbeiten, und das ging sehr gut.

Wir schickten dem Grünthal an einem Tag die Aufträge, am nächsten Tag waren sie in seinen Händen, und am darauffolgenden Tag schickte er eine Geldüberweisung. Der Liter Bohnerwachs kostete sechzehn Lire und die Seife zwölf Lire, pro verkauftem Liter bekamen wir 6 Lire als Provision. Zum Vergleich: Für fünf bis sechs Lire bekam man damals ein ausgezeichnetes Mittagessen mit Spaghetti, einer Fleischspeise, Beilagen, Wein, Brot und Obst oder Käse als Nachtisch. Ein komplettes Essen mit Leinentischtüchern – die Italiener waren nicht so schofel, wie man es noch heute in Österreich ist! Das Essen war wirklich ganz ausgezeichnet. Unsere Provision mußte aber auch so hoch sein, da wir alle Kosten zu tragen hatten und die Hotels verhältnismäßig teuer waren. Außerdem: Ein Vertreter geht am Montag nicht arbeiten, nur am Dienstag, Mittwoch, Donnerstag und manchmal auch am Freitag. Überanstrengt haben wir uns nicht, das wäre gelogen.

Der Grünthal war ein richtiger Berliner. Er traf sich gerne mit uns, um irgendwo gut essen zu gehen. Ab und zu war er nämlich froh, wenn er von seiner Frau und den zwei Töchtern wegkam. Ich vermutete, daß seine Frau davon ausging, daß wir für die zwei Töchter bestimmt waren. Für uns waren diese Essen aber eher Gelegenheiten, dem Grünthal vorzurechnen: »Schauen Sie, wir brauchen die Provision. Sie sehen doch, was das kostet!« Manchmal konnten wir tatsächlich etwas von ihm herausholen, und bei diesen Essen konnten auch kleinere Unstimmigkeiten zwischen uns planiert werden.

Mit der Zeit nimmt man Vertretergewohnheiten an. Wenn man hier ist, meint man, dort ist es besser. Ist man dort, glaubt man, woanders ist es noch besser. Wir fuhren immer zu schnell aus einem Ort weg. Wir waren beispielsweise fünf-

oder sechsmal in Rom, und jedesmal, wenn wir wegfuhren, glaubten wir, keine möglichen Kunden ausgelassen zu haben. Dann mußten wir nach einigen Monaten wiederkommen, weil wir vergessen hatten, da- und dorthin zu gehen. So war es in vielen Städten. Es hätte sich gelohnt, in Städten wie Rom, Mailand und Neapel länger zu bleiben. Wir hätten dazu nicht einmal im Hotel wohnen müssen, sondern ein Privatquartier nehmen können, um es billiger zu haben. Aber wir blieben oftmals nur einen Tag an einem Ort! Sobald wir ankamen, klapperten wir die Hotels in der Nähe des Bahnhofs ab, gingen mittags essen und fuhren schon wieder weiter. In den Hotels konnten wir noch dazu nur von neun bis zwölf arbeiten, nach Mittag erwischte man keinen Hoteldirektor mehr!

Wir bearbeiteten Italien kreuz und quer. Einmal fuhren wir von Rom aus nach Neapel. Wir arbeiteten ein paar Tage in Neapel und fuhren dann mit dem Schiff über Nacht nach Palermo. Wenn einer als Tourist unterwegs war und sich überall nur das Wichtigste anschaute, brauchte er länger als wir inklusive unserer Geschäfte! Wir schafften Sizilien in einer Woche! Wir suchten uns eben immer ein großes Hotel heraus, machten dort einen Auftrag und sagten: »Na, für heute haben wir genug, fahren wir gleich weiter.«

In Siracusa passierte uns allerdings etwas. Wir kamen am Abend an, übernachteten, zogen frühmorgens los, besuchten ein paar Hotels, und als wir am Abend ins Hotel zurückkamen, sahen wir schon zwei italienische Kiberer, Kriminalbeamte. Der Portier gab ihnen ein Zeichen, und sie sprachen uns an: »Kommen Sie mit uns auf die ›questura‹!« Man hatte uns beobachtet, daß wir dahin und dorthin gegangen waren. Siracusa hatte einen großen Militärhafen, und die nahmen an, wir spionieren am Hafen. Wir konnten ja nichts dafür, daß sich dort die guten Hotels befanden, und zeigten ihnen unsere Auftragsbücher und die Aufenthaltsgenehmigung. Wir waren gut eine Stunde auf der »questura«, bis sie uns laufen ließen, und fuhren gleich darauf zurück nach Rom.

In Italien gab es damals eine »Direzione dei grandi alberghi«, eine Zentrale der großen Hotels, mit Sitz in Venedig. Wir waren schlau und gingen dorthin in der Meinung, von da aus zentral das große Geschäft machen zu können. Leider wurde nichts daraus, da jedes Hotel unabhängig für sich selbst einkaufte. Wir hatten allerdings einen anderen Trick, der gut funktionierte. Wir baten in den großen Hotels immer um einen Stempel in unser schönes Orderbuch: »Geben Sie uns bitte einen Stempel hier herein, wegen der genauen Adresse!« Wenn wir dann zu den kleineren Hotels kamen, zeigten wir ihnen die Stempel und sagten: »Ja, glauben Sie, die sind deppert? Alle Direktoren der ›grandi alberghi‹ haben gekauft!« Wenn die Kleinen »grandi alberghi« hörten, hieß es gleich: »Die haben auch gekauft?« – »Ja, ich kann Ihnen zeigen, wie viel die gekauft haben. Aber Sie werden doch keine zweihundertfünfzig Liter wollen. Ich kann Ihnen höchstens ein halbes Faß liefern, aus Gefälligkeit!«

Mit den Stempeln arbeiteten wir schon in Wien, als wir noch Flüssigseife verkauften. Allerdings hatten wir damals mehrere Orderbücher, weil ich ja den Stempel vom Rauchfangkehrer nicht gut in einer Wäscherei oder bei einem Zahnarzt vorzeigen konnte!

Das waren die Tricks, anders hätten wir wenig verkauft. Wir hatten noch einen anderen wunderbaren Schmäh, der uns in den Hotels half, bis zum Direktor vorzudringen. Mein Bruder machte das Entrée, ich wartete mit der Aktentasche draußen, damit man mich nicht sah. Mein Bruder ging hinein, sagte, er käme von den Kali-Werken. Ein schöner, eindrucksvoller Firmenname, nicht? Er käme also von den Kali-Werken, wir hätten einen Brief geschickt, der bei ihnen aufliegen müßte. Jetzt begann man in der Hotelleitung, den Brief zu suchen, der natürlich nie geschickt worden war. Es kam der Herr Direktor: »Sie müssen entschuldigen, wir finden das nicht. Was stand denn in dem Brief?« Dann fingen wir an: »Wir kommen, um etwas vorzuführen. Wir wollen nichts verkaufen, wir wollen nur vorführen.« Auf diese Art drang mein Bruder überall zum Direktor vor, ansonsten wäre er schon vom Portier abgewimmelt worden. Vertreter gab es zur damaligen Zeit noch und noch!

So machten wir unser Entrée, boten eine Vorführung an, sagten ihnen, sie würden Geld und Arbeit sparen. Sie willigten ein, und ich kam mit der Tasche herein. Meistens kam die Hotelgouvernante dazu, bei der es wichtig war, sich einzuschmeicheln. Das fiel uns nicht schwer, wir waren ja zwei fesche Burschen. Wichtig war außerdem, das Vertrauen des Hoteldieners zu gewinnen. Damals wurden in Italien die Parkettböden nur mit Metallspänen bearbeitet. »Ich weiß doch, wie schwer das ist, wie Sie schwitzen bei der Arbeit, bis Sie so ein Zimmer abgezogen haben. Mit diesem Wachs ist das in ein paar Minuten erledigt!« Ich zeigte ein Stück vor, natürlich nicht den ganzen Boden. Dann sahen alle, wie schön das glänzte. Das war meine Spezialität, die Leute so hinzuführen, daß das Licht besonders gut auf den Boden schien und das geputzte Stück richtig schön glänzte, während der übrige Boden überall dreckig war. Nach meiner Vorführung hieß es dann: »Wie kommt man zu der Ware? Wie kann man das machen?« – »Na ja, wir könnten ausnahmsweise einen Auftrag aufnehmen.« Dann kam noch die Geschichte mit der Menge: »Hundert Liter, das ist ja viel zu viel!« – »Nein, das werden Sie schon brauchen, das ist ein großes Haus.« – »Nein, das ist zuviel.« – »Wissen Sie was, wir haben da noch ein anderes Hotel, wir könnten ein Faß halbieren, dann könnten Sie fünfzig Liter bekommen und das andere Hotel auch.« – »Ja, einverstanden. Fünfzig Liter.«

Fünfzig Liter bedeuteten für uns dreihundert Lire. Von dreihundert Lire konnte einer von uns zwanzig Tage leben! Für den anderen mußten wir noch einmal arbeiten gehen, und das Geschäft war erledigt! So war es für uns auch verhältnismäßig leicht, ab und zu der Mutter hundert Lire nach Wien zu schicken. Dabei gab es einen großen Vorteil: Wenn hundert Lire von Italien weggeschickt wurden, war dort der offizielle Kurs zweiundzwanzig Schilling, in Wien wurden aber vierundvierzig ausbezahlt.

Wenn wir nach einer halben Stunde Arbeit aus einem Hotel rauskamen, war es uns eine Genugtuung, dreihundert, fünfhundert oder gar tausend Lire verdient zu haben. Das waren schöne Summen. Wir konnten beim nächsten Konfektionsgeschäft nicht nur in die Auslage hineinschauen, sondern auch hineingehen und etwas kaufen. Das taten wir auch rege! Leider wurde dabei unser Gepäck immer größer und größer. Es war richtig unheimlich, was da zusammenkam! Es wäre vernünftig gewesen, ein Privatzimmer zu nehmen, die Sachen dort zurückzulassen und nur mit einem Koffer herumzufahren. Wir aber reisten immer mit dem gesamten Gepäck. Oft mußten wir zwei Taxis nehmen, um mit dem Gepäck zum Hotel zu kommen. Zwei Rotzlöffel mit zweiundzwanzig und vierundzwanzig Jahren gondeln durch die Weltgeschichte und spielen die großen Herren! Dabei ging viel Geld verloren. Wenn ich nach Wien kam, wurde ich immer triumphal empfangen. Alle schauten gleich, welche Schuhe, welches Gewand ich anhatte. Ich war »g'schalnt« wie ein Graf!

Zwischen meinem Bruder und mir kam es natürlich auch oft zu Spannungen. Ich erinnere mich an San Remo! Wir vereinbarten, am Nachmittag ins Kaffeehaus zu gehen. Er ging voraus, ich sagte: »Ich bleibe noch liegen. Ich gehe um halb vier, vier ins Kaffeehaus.« Dort gab es immer Konzertnachmittage, und da wir nach Mittag nicht mehr arbeiten konnten, hatten wir ja nichts zu tun! Mein Bruder ging weg, ich ging ins Kaffeehaus und saß dort herum bis um sechs. Dann machte ich mich auf den Weg zurück ins Hotel, um mich zum Abendessen umzuziehen. Das war in Italien so üblich. Wir wohnten in einer sehr schönen Pension, französisch geführt, sehr gute Gäste. Plötzlich kam mein Bruder: »Ich wollte nicht in das Kaffeehaus kommen, weil ich mir dort mit einer Frau etwas ausgemacht hatte, und ich wollte ihr nicht begegnen.« – »Na und?« – »Na, bin ich halt ins Casino gegangen.« – »Na und?« – »Ich hab' alles verloren.« – »Morgen ist die Hotelrechnung fällig! Gut, ich werde deinen Teil bezahlen.« – »Ich geh' nicht wieder.« – »Noch einmal, und ich fahr' weg!«

Ein paar Tage später, wir hatten Geld gefaßt, und er hatte mir gerade meinen Teil zurückgegeben – wieder genau dasselbe! Sein Satz war: »Du kannst ruhig wegfahren.« Da wußte ich schon, was los war! Wir übersiedelten dann nach Alassio. Das war in den Wintermonaten ein sehr bekannter Kurort mit hervorragend geführten Hotels – aber ohne Casino.

Die bekannten Kurorte rund um Genua – San Remo, Alassio, Savona, Nervi, Santa Margarita, Rapallo – waren somit unsere »Winterfrische«. Wir mußten uns die Arbeit nach der Saison einteilen, denn mit diesem Bohnerwachs konnte man im Winter nicht in kalten Regionen arbeiten, da wurde es steif. Ich erwärmte das Wachs zwar frühmorgens in heißem Wasser im Waschbecken und hielt die Aktentasche immer unter dem Arm wegen der Körperwärme, aber das half nicht viel. Wir mußten uns also immer warme Gegenden aussuchen. Die italienische Riviera konnte man den ganzen Winter hindurch bearbeiten. Im Februar oder März fuhren wir nach Wien zurück. Im Juni schrieb ich dem Grünthal und bekam die Antwort: »Ich warte schon auf Sie. Ich hab' mit dem Freddi schon alles abgesprochen.« Ich weiß nicht, was er mit dem Polizeidirektor abgesprochen hatte, jedenfalls fuhren wir wieder nach Italien zurück.

So ging das die ganze Zeit weiter, wir setzten immer wieder einmal aus. Natürlich hätten wir reicher werden können, wenn wir ständig gearbeitet hätten! In den Hotels waren wir als Vertreter im großen und ganzen immer nur einmal. Man wußte ja nicht, ob der Schmäh inzwischen nicht durchgesickert war! Da wollte man sich nicht wieder anschauen lassen. Aber Italien war ein großes Land, und wir wurden nie fertig.

Mit der Sprache ging es uns sehr gut. Schon nach den ersten vierzehn Tagen konnten wir uns über das Notwendigste verständigen und eine Speisekarte richtig lesen. Wir lernten Sachen, die anders waren als zu Hause. Zum Beispiel: Bei uns kennt man Dekagramm, aber im Italienischen gibt es »un etto«, zehn Deka. Da mußten wir natürlich umlernen. Aber der Mensch hat doch seinen Zeigefinger! Darum heißt er ja Zeigefinger, wir zeigten auf etwas und sagten »Questo, questo«. Das war der Beginn. Ich lernte nur nach Gehör, sah nie eine Grammatik, aber es haute hin. In der ersten Zeit hatte ich immer ein kleines Wörterbuch dabei zum Nachschauen, aber bald schon sprach ich sehr flüssig italienisch.

Wir dachten nicht an die Zukunft
Mussolinis Italien

1935 oder 1936 machten wir den Versuch, nach Jugoslawien zu gehen, da mein Vater und mein Bruder Fritz dort als Vertreter arbeiteten. Wir stellten allerdings fest, daß sie dort einen sehr schwierigen Stand hatten, denn die Leute, die ihre Produkte erzeugten, waren Beamte der Staatspolizei, die mit illegalen Geschäften hinten herum viel Geld machten. Wir gingen trotzdem kurze Zeit auch für sie auf Reisen und kamen bis nach Sarajewo und Belgrad. Dann ertrugen wir den Druck, den die Beamten ausübten, nicht mehr. Außerdem bekamen wir dort plötzlich ein Telegramm von meiner Schwester: Die Mutter sei krank und liege im Spital.

Ich fuhr Freitag abend von Agram mit dem Zug nach Wien, war Samstag früh in Wien. Als ich die Mutter im Spital aufsuchte, hieß es, sie würde am Montag entlassen. Also vereinbarte ich mit Ernst, daß wir uns am Sonntag abend in Triest treffen würden. Der Zustand meiner Mutter verschlechterte sich jedoch am Sonntag abend, und am Montag starb sie. Meine Schwester telegrafierte uns nach Venedig, wo wir aber nicht mehr waren. Das Telegramm wurde uns als normaler Brief nachgeschickt, und wir erhielten es erst an dem Tag, an dem in Wien die Beerdigung stattfand. Es war nichts mehr zu machen.

Wir gingen damals in Italien nie in die Synagoge, aber wenn ein naher Verwandter stirbt, muß man das Gebet für den Verstorbenen ein Jahr hindurch am Abend und am Morgen einhalten. Am Morgen, muß ich ehrlich sagen, vergaßen wir es meist, aber am Abend gingen wir immer in die Synagoge. Wir hatten ja nichts zu tun.

Von den vielen Synagogen, die wir besuchten, erinnere ich mich besonders an jene in Neapel. Wir fragten als erstes den Hotelportier, wo die Synagoge sei. Der sagte: »Wenn Sie hinausgehen, die zweite Gasse links.« Wir schauten uns um, fanden nichts. Wir fragten jemanden: »Ah ja, dort!« Wir gingen dorthin, wieder nichts. Wir fragten einen Polizisten. »Una chiesa per gli ebrei? Questo esiste anche? Das gibt es auch?« Der wußte gar nicht, daß es »ebrei« gab. Die Italiener hatten von Juden überhaupt keine Ahnung. Erst durch das gelobte »Dritte Reich« wurden sie darauf aufmerksam gemacht, daß es auch andere Religionen gab. In Italien wurde nicht danach gefragt, welcher Religion man angehörte. Antisemitismus bekam ich dort nicht zu spüren.

Die Österreicher waren in Italien damals sehr gut angeschrieben, die Deutschen weniger, obwohl Diktaturen sonst ja durchaus Sympathien füreinander haben. Wenn wir sagten, daß wir Österreicher seien, war das immer schon ein gutes Entrée. Es bestand ein gutes Freundschaftsverhältnis zwischen den Familien Dollfuß und Mussolini. Die kamen eine Zeit hindurch oft nach Cattolica oder Riccione. Sie hatten direkt am Meer eine kleine niedrige Villa. Hunderte Kriminalbeamte waren im Ort verteilt, wenn Mussolini zu Besuch war. Am Sand in der größten Hitze lag dann plötzlich einer mit einem schwarzen zweireihigen Anzug – ein Kriminalbeamter!

In Riccione kamen wir Benito Mussolini einmal sogar ziemlich nahe. Mein Bruder hatte ein Mädchen aus dem Sudetengau kennengelernt und ich eine Wienerin. Wir machten mit den beiden eine Kanufahrt hinaus aufs Meer und plötzlich sahen wir Mussolini in einem Boot sitzen und Fische fangen! Er hörte uns deutsch sprechen und sagte: »Bitte geben Sie acht auf meine Leine!« Er sagte nur den einen Satz, aber er sprach sehr gutes Deutsch.

Ich kannte damals einige Faschisten, denn viele der Hoteliers waren Faschisten. Mussolini beeindruckte mich schon. Man darf nicht vergessen, das Land erlebte eine gewisse Blütezeit. Abessinien hätte er sich aber sparen können, er erbte dort nicht soviel, wie es ihn kostete. Und was brachte ihm der Zweite Weltkrieg? Gar nichts. Er verlor das Leben, wurde erschossen, seine Freundin auch. Italien verlor Istrien, ein wunderbares Gebiet. Ich war des öfteren noch dort, als es schon zu Jugoslawien gehörte, aber so schön, wie es bei den Italienern war, ist es heute nicht mehr. Das Niveau ist nicht mehr dasselbe!

Ich möchte nicht behaupten, daß mir der Faschismus imponiert hat, aber einige Sachen fand ich schön. Erstens beeindruckten mich die Uniformen. Die Italiener haben ein Talent, sich zu kleiden, selbst bei den Uniformen. Das ist bis heute so. Da gab es eine wunderbare Kompanie, die »bersaglieri«, eine schnelle Einsatztruppe, immer entweder im Laufschritt oder auf dem Fahrrad. Für den Abessinienkrieg bekamen sie Schuhe aus Leder und Segelleinen und die entsprechenden Uniformen dazu. Diese »bersaglieri« mit langen Federn hinten am Hut, das sah einfach gut aus!

Neben der Kleidung beeindruckte mich auch die Ordnung. Alles war sehr kontrolliert, die Leute hatten Respekt oder auch Angst. Fremde wurden nicht übervorteilt, und Hotelpreis war Hotelpreis. Eine Preisüberschreitung hatte Konsequenzen, die ich keinem vergönne! Derartige Dinge waren unter Mussolini in Ordnung.

Positiv fand ich auch, daß die Eisenbahnkosten verhältnismäßig gering waren. In einer Diktatur wird so etwas immer heruntergedrückt. Wir fuhren zum halben Preis mit der Bahn. Wir nahmen immer von Wien eine Fahrkarte nach Tarvis und von Tarvis zu einem Ort, der mindestens 120 Kilometer von der Grenze entfernt sein mußte. Mit dieser Karte – Hin- und Rückfahrt – konnte man zwei Monate hindurch zum halben Preis fahren und ein- und aussteigen, wo man wollte. Darum achteten wir darauf, alle zwei Monate entweder nach Wien oder von der Riviera aus nach Frankreich zu fahren und wieder eine neue Fahrkarte zu lösen.

Natürlich war ich nicht bei den Pontinischen Sümpfen, wohin man die politischen Gefangenen deportierte und sie dort für fünfzehn Lire am Tag arbeiten ließ. Ich weiß nicht, wie dort die Preise waren, aber fünfzehn Lire waren eigentlich nicht so wenig, daß man sagen könnte, es reichte nur zum Verhungern, wie im KZ. Schlecht und recht konnte man für fünfzehn Lire wohl leben. Die Gefangenen wurden dorthin gebracht, um die Pontinischen Sümpfe trocken zu legen, etwas, was heute noch für Italien von Vorteil ist.

Es gab natürlich viele Schwierigkeiten in der damaligen Zeit. Die Leute kauften bei uns ja deshalb flüssige Seife, weil es keine normale Seife gab! Es gab auch kein Blech für Emballagen. Wenn jemand fünfzig Liter kaufte, bekam er zehn alte Kannen zu je fünf Liter. Es existierte auch eine Verordnung, daß die Leute einmal in der Woche Fisch essen mußten. Freitag war fleischlos, so kam man auch der Kirche näher.

Immer wieder gab es für uns auch Pleiten mit geschlossenen Geschäften wegen des Abessinienkriegs. Wir kamen in eine Stadt – alle Rollbalken unten! Ein höherer Offizier war irgendwo gefallen, und es wurde ein Trauertag abgehalten. Nächstes Mal waren wiederum alle Rollbalken unten, Fahnen wurden geschwenkt, die Menschen sangen in den Straßen. Irgendein Dorf mit ein paar Blechhütten war überrannt worden, die Leute dort wußten wohl gar nicht, daß es Italiener waren, die da kamen. Abessinien – das war wirklich das Letzte vom Letzten, was man überfallen konnte. Aber weil alle Kolonien hatten, wollte Mussolini auch eine! Was wäre denn das für eine Diktatur, die keine Kolonien hat. Das kostete Mussolini schließlich den Kopf.

Zu der Zeit gab es in Italien in jeder Stadt Bordelle. Die Frauen wurden über Artistenorganisationen von Stadt zu Stadt vermittelt. Wir waren junge Burschen, und wir hatten Geschmack. Wir unterhielten uns gerne mit der Besitzerin eines Puffs und wurden von ihr oft gefragt: »Schaut's her, man offeriert mir die, was halten Sie von denen?« – »Na«, sagten wir, »die und die, die sind in Ordnung.« Die Bordelle waren sehr preiswert und sauber. Das war anders als der inoffizielle

Strich, den man heute sieht, wenn man zum Beispiel nach Mailand hineinfährt. Schon zehn Kilometer vorher ist die Straße links und rechts mit Mädchen bepflanzt – wie eine Allee mit Bäumen. Was ist richtiger? Man kann nicht sagen, daß es so etwas gar nicht geben soll, daß man es nicht braucht, das wäre gelogen. Aber damals war es aufrichtiger und ehrlicher. Viele dieser Mädchen, die aus armen Häusern kamen, waren ein paar Jahre in einem Bordell, gingen dann nach Hause und wurden ehrliche, würdige Hausfrauen. Die verdienten sich auf diese Art und Weise eine Mitgift, um einen Hausstand gründen zu können.

Es war damals normal, Bordelle zu besuchen. Und: Es war fast die einzige Abendunterhaltung, die es unter Mussolini gab. Die meisten Kinos brachten zwei Filme, dazwischen mußte mindestens zwanzig Minuten Artistenprogramm gebracht werden. Das war vorgeschrieben, weil man die Artisten beschäftigen wollte. Das war nicht sehr teuer, und es gab auch überall sehr große Kinos, aber sonst gab es keine Unterhaltung. Wir gingen abends essen, dann eventuell ins Kino. Wenn wir alle Programme gesehen hatten, war Feierabend. Dann gingen wir halt irgendwo in eine Gasse, wo mehrere solche Häuser nebeneinander waren. Die Mädchen waren natürlich froh, einmal etwas anderes zu sehen. Man konnte sich sehr gut mit ihnen unterhalten und einen Abend verbringen. Manchmal gingen wir auch mit ihnen mit, es tat ja nicht weh. Es kostete fünf Lire, soviel wie ein Mittagessen. Heute bekommt man kein Mädl mehr für hundert Schilling.

Wir konnten die Mädchen ja nicht einfach auf der Straße ansprechen, denn in Italien ging ein Mädchen nie alleine. Wenn man in eine Bar oder ein Café kam, standen vierzig Männer herum, aber keine Frau. In den Urlaubsorten war es leichter, in Sommerkurorten wie Abbazia war die Bevölkerung etwas lockerer. Tanzen konnte man in Städten auch kaum, nur beim Fünfuhrtee in den großen Hotels war es möglich, mit Frauen zu tanzen. Da konnten wir manchmal einen richtigen Aufriß machen.

So vagabundierten wir durch die Welt und dachten nicht an die Zukunft. Es ging uns gut, es fehlte uns an nichts. Ich bin überzeugt, wir hätten in Italien Plätze gefunden, wo wir uns den Krieg über hätten verstecken können, wo wir nicht als Juden bekannt waren. Daß wir im Februar 1938 nach Wien fuhren, brach uns das Genick. Das war unser Fehler. Aber wer konnte das voraussahnen? Wer konnte wissen, was da kommen würde?

Selbst die Kellner im Kaffeehaus trugen schon die Hakenkreuzbinde am Arm
Der Anschluß in Wien

Die Wintersaison in Italien war schlecht, und als unsere Pässe abzulaufen drohten, entschieden wir uns, im Februar 1938 nach Wien zu fahren. Wir wollten die Pässe verlängern, daheim ein bißchen Urlaub machen und wieder einmal mit den Freunden zusammenkommen. Mit dem Paßverlängern ließen wir uns allerdings Zeit, denn wir hatten ja noch genug Geld zum Leben und keine Eile. So vertrödelten wir leider unsere Zeit, aus Dummheit und aus Oberflächlichkeit. Wir konnten aber natürlich auch nicht wissen, daß die Nazis am 13. März kommen würden! Und dann war es zu spät. Die Pässe waren noch nicht verlängert, und das war unser Unglück. Wir blieben in Wien hängen.

An den Anschluß kann ich mich gut erinnern. Als ich frühmorgens ins Kaffeehaus zum Frühstücken kam, war in der Stadt bereits alles in Bewegung, und man hörte es von allen Seiten – sie waren schon da! Selbst die Kellner im Kaffeehaus trugen schon die Hakenkreuzbinde am Arm. Mein Bruder und ich liefen in der Stadt herum, mußten dabei aber sehr vorsichtig sein. Wenn eine Razzia gemacht und Juden zusammengefangen wurden, konnte es gefährlich werden. Nur wenn es nicht ersichtlich war, daß man Jude war, konnte man ungeschoren davonkommen. Ich hatte nicht das Gefühl, jüdisch auszuschauen. Hinzu kam, daß insbesondere die Deutschen einen nicht für einen Juden hielten, wenn man im Wiener Dialekt loslegte. Wenn die jemand Dialekt sprechen hörten, hieß es: »Das kann kein Jude sein.« Von den Nazis wurde immer behauptet, die Juden seien leicht erkennbar, aber niemand fragte hinterher, wozu sie dann einen gelben Stern tragen mußten.

Ich sah, wie Juden Plakate mit ihren Fingernägeln von den Wänden kratzen mußten. Das waren die letzten Aufrufe von Schuschnigg, die noch überall hingen. Ich stand ein bißchen abseits, damit man mich nicht auch dazunahm. Rundherum stand die johlende Bevölkerung, und zwei, drei SA-Leute hielten die Juden fest, damit sie nur nicht davonliefen. Die Leute rundherum schauten zu: »Ja, geschieht euch recht, ja, habt's es ja auch hinaufgeklebt!« Biedere Leute, denen man das nie zugetraut hätte, schimpften, spuckten und lachten. Das waren sicherlich Leute, die das heute bestreiten würden. Man war ja nirgendwo dabei. Viele Österreicher behaupten doch heute, Österreich wäre überfallen worden. Da hätte die österreichische Bevölkerung damals eigentlich eine andere Stellung einnehmen müssen! Es ist alles nicht wahr, der Bockerer hat recht.

Mein Bruder und ich gingen in die Lassallestraße, wo wir früher gewohnt hatten, um zu sehen, was dort los war, und um mit den früheren Nachbarn darüber zu sprechen, was sie jetzt tun wollten. In unserem Stockwerk gab es außer uns noch eine jüdische Familie und drei nichtjüdische. Früher hatten wir oft überlegt, welchem politischen Lager die Nachbarn wohl angehörten: Bei den Juden wußte man eh, was sie im allgemeinen wählten, nämlich leicht rötlich. Und von den anderen mochte einer ein Roter sein, der andere ein Schwarzer, und den dritten hielten wir für einen Kommunisten. Am Tag X trugen alle drei die Hakenkreuzbinde!

Man kann das wirklich als »typisch Wienerisch« bezeichnen. Damals kam ein sprechender Name für diese Leute auf: Märzveigerln. Gleich im März als die Nazis kamen, traten viele sofort der Partei bei, um sich Vorteile zu verschaffen, irgendwo schneller ein Geschäft arisieren zu können oder eine größere Wohnung zu bekommen. Das Volk spürte gleich, es wird jetzt besser – aber natürlich auf Kosten der Unterdrückten! Man fing sofort an, zu räubern und reiche Juden zu überfallen. Schon am ersten Tag wurde damit begonnen, Geschäftsleute aus ihren Geschäften hinauszuwerfen. Insbesondere im zweiten Bezirk, auf der sogenannten Mazzesinsel, begannen SS-Leute bei religiösen Juden wilde Raubzüge zu vollziehen. In Wien gab es auch viele Restaurants und Kaffeehäuser, die jüdische Besitzer hatten oder vorwiegend von Juden besucht wurden. Das wußte die SA sehr genau, und das waren dann die Plätze, wo sie sich die Leute für Putzaktionen holten. Das Schwedencafé, in dem ich gerne war, galt als »halbjüdisch«. Einer der Ober war ein großer Nazi. Er verhielt sich aber den Gästen gegenüber nicht unbedingt antisemitisch, wir kannten seine Art und wußten, von ihm ist nicht viel Besseres zu erwarten. Solche Lokale wurden eigentlich bis zu einer gewissen Grenze verschont, denn wenn SA-Leute hereinkamen, zeigte der Kellner sein Abzeichen und sagte ihnen: »Nicht jetzt das Geschäft stören, kommt's nachmittags, da habt's mehr Leute als jetzt in der Früh.«

Es fing also an, in den jüdischen Restaurants und Kaffeehäusern sehr gefährlich zu werden. Am ersten Tag gingen wir aber trotzdem noch ins Kaffeehaus. Natürlich war jeder wütend und hatte schon Pläne, wie er abhauen und wohin er fahren könnte. Mein Bruder und ich waren sicher, wir könnten zurück nach Italien fahren, eine Möglichkeit würde sich ergeben. Das war aber nicht der Fall. Wir hätten selbst mit unseren noch wenige Tage gültigen Pässen nicht nach Italien fahren können, denn Mussolini hatte die Grenze gesperrt. Es gab zwar einmal eine Vereinbarung zwischen ihm und Dollfuß, die besagte, daß Mussolini Österreich zu Hilfe kommen würde, falls Hitler nach Österreich einmarschierte, aber Dollfuß war tot, und Mussolini hielt sich nicht mehr an diese Vereinbarung.

Ich war auch am Heldenplatz. Ich hatte doch genug Zeit, und neugierig war ich außerdem. Der Platz war voll mit Menschen, und ich versuchte erst gar nicht, mich zwischen den Leuten durchzudrängen, denn da wäre ich aufgefallen. So stand ich am äußersten Rand, um nicht beobachtet zu werden und den Führer trotzdem zu hören. Hitler hatte die Gabe, die Bevölkerung mit seinen Sprüchen zu fesseln. Was immer er bei solchen Reden sagte, es kam eigentlich immer auf dasselbe heraus, nämlich daß der Versailler Vertrag nichts tauge, der Germane der wertvolle Mensch und alles Übrige nichts wert sei. Das brachte er dem Volk auf verschiedene Weise zur Kenntnis. Wenn ich nicht Jude gewesen wäre, wäre ich vielleicht auch fasziniert gewesen. Zwar nicht mehr in dem Alter, in dem ich damals war, aber in die Rolle eines zwölf-, dreizehnjährigen Buben, hätte ich mich sehr gut hineindenken können. In diesem Alter ging man gerne zu den Pfadfindern – und an die HJ kam die Pfadfinderjugend gar nicht heran. Erstens war die Kleidung faszinierend, und dazu konnten sie den Buben noch etwas ganz Besonderes bieten: einen Holzprügel, der aussah wie ein Gewehr. Damit war man doch ein kleiner Soldat! Die Kinder hatten Spaß. Auch die Mädchen mit der Einheitskleidung, das war bestechend – und man hatte damit Macht!

Mein Bruder und ich wohnten damals im Hotel Central in der Taborstraße, da unsere Mutter nicht mehr lebte und wir nicht bei der Schwester wohnen konnten. Wir blieben auch nach dem Anschluß im Hotel, wo sich in den ersten Tagen nicht viel veränderte. Aber schon bald wollte man uns draußen haben. Es mußten ja viele von den deutschen Obernazis in Wien untergebracht werden, die großen Hotels waren für die »oberen Zehntausend« reserviert, und so sollten auch Zimmer in den kleinen Hotels vergeben werden. Man fragte uns dann fast jeden Tag, wie lange wir noch bleiben wollten. Das Problem löste sich von selbst, als wir verhaftet wurden.

Schläge, Prügel und Schreibpapier
In Gestapohaft

Die Gestapo hatte offensichtlich nach den Meldeauszügen erfahren, wo wir wohnten. Es muß Anfang April gewesen sein, als wir geholt wurden. Man brachte uns zuerst ins Hotel Metropol, wo sich die Gestapozentrale befand, und von dort ins Polizeigefängnis auf der Roßauer Lände.

Meiner Meinung nach wollten die Nazis eine politische Abrechnung mit meinem Vater. Er hatte ja Mitte der zwanziger Jahre an die Öffentlichkeit gebracht, daß amerikanische Spendengelder von der christlichsozialen Studentenschaft für politische Zwecke mißbraucht wurden. Die Studentenschaft, die sich als christlichsozial ausgab, war damals sicher schon zu sechzig Prozent nationalsozialistisch. Man sagte uns, wir sollten dem Vater schreiben, daß er nach Wien käme. Dann könnten wir sofort gehen. Wenn wir halbdeppert gewesen wären, hätten wir das gemacht! Er befand sich damals in Agram, im heutigen Zagreb, und kam zum Glück nicht nach Wien, da es ohnehin nichts genützt hätte. Wir waren überzeugt, sie könnten uns nicht ewig hier behalten, weil sie ja nichts gegen uns in der Hand hatten. Damals glaubte man noch an eine gewisse Gerechtigkeit. Wir wußten noch nicht, daß man auch ohne Begründung auf Nimmerwiedersehen eingesperrt werden konnte.

Wir bekamen Schläge, Schläge und wieder Schläge. Schläge, Prügel und Schreibpapier, um dem Vater zu schreiben. Sie sagten uns: »Ihr könnt ruhig alles schreiben, wir werden nicht zensurieren.« Natürlich schrieben wir so vorsichtig wie möglich, aber es war sehr schwierig. Einerseits hätten wir Hiebe gekriegt, wenn wir die Wahrheit geschrieben hätten, andererseits verlangten sie ja von uns, alles zu schreiben. Es kamen ziemlich verdrehte Sätze dabei heraus.

Die Briefe an den Vater schrieb mein Bruder Ernst, ich diktierte. Unterschrieben haben wir sie beide. Das war bei uns so üblich, weil mein Bruder eine wesentlich schönere Schrift hatte als ich. Der Vater reagierte nicht auf die Briefe. Nachdem weder er selbst noch eine Antwort kam, wurden wir nach einigen Wochen unter folgender Bedingung entlassen: »Sie müssen so schnell wie möglich Österreich verlassen!« Es war Ende April 1938.

Wieglwogl
Auf der Flucht

Wir mußten Österreich also verlassen, und weil wir wußten, daß die italienische Grenze gesperrt war, hatten wir keine andere Möglichkeit, als in die Tschechoslowakei zu gehen. Einen neuen Paß gab es für uns nicht, der alte galt noch für wenige Tage im Mai. Nach Prag konnte man mit dem österreichischen Paß noch reisen, da zu der Zeit die Grenze noch offen war. Man wurde dort erst später wählerisch, weil das Land nicht von Emigranten und Flüchtlingen überlaufen werden sollte, die alle kein Geld hatten und irgendwem zur Last fallen würden.

Wieder einmal reisten wir mit dem ganzen Gepäck. Im Hotel Central konnten wir keine Koffer zurücklassen, es bestand auch keine Chance, in den nächsten paar Tagen oder in absehbarer Zeit nach Wien zurückzukommen. So nahmen wir alles mit.

In Prag wohnten Ernst und ich in der Pension Fischer, nicht direkt im Zentrum, aber auch nicht sehr weit davon entfernt, sodaß wir immer zu Fuß in die Stadt gehen konnten. Nachdem uns das Geld ausgegangen war, fing ich an, Anzüge auf das Versatzamt zu bringen. Weil es Frühjahr war, versetzte ich natürlich die Sachen, die ich im Moment nicht brauchte. Ein weißer Leinenanzug war das erste, dann folgten andere Sachen, um uns besser über Wasser halten zu können. Wir mußten doch die Hotelrechnung wenigstens teilweise bezahlen!

Im Wiener Prater gab es ein Ringelspiel, das hieß Wieglwogl. Das ist ein guter Ausdruck dafür, wie es mir in der Zeit vor unserer Verhaftung in Prag ging. Mein Bruder und ich wußten nicht, was wir tun sollten. Wir glitten da und dort hinein, ohne zu wissen, was der morgige Tag bringen würde. Wir wußten nur, daß es keinen Ausweg gab. Ursprünglich kamen wir ja gern nach Prag, weil wir dachten, wir könnten dort unser Geschäft neu organisieren. Es wurde aber nichts daraus – die Zeiten waren nicht danach. Niemand wollte sich in einem Geschäft engagieren, und so blieben wir in der Luft hängen. Dazu kamen noch Berichte, daß ohnehin alles in ein paar Wochen vorbei sein würde. Tschechisch-kommunistische Zeitungen, von denen einige auch in deutsch erschienen, schrieben beispielsweise, beim Einmarsch in Wien wären von den Deutschen Autos aus Pappendeckel und Blech verwendet worden, die nur so aussahen wie Panzer. Ich las das natürlich alles. Man sah ja als Wiener nur, was sich in Wien abspielte! Ob diese Artikel daher rührten, daß die Deutschen bei Manövern in den zwanziger Jahren solche Attrappen verwendet hatten oder ob nur das deutsche Militär herabgesetzt werden sollte, weiß ich nicht. Aber der Flüchtling, der Leidende, klammerte sich an solche Dinge! Täglich standen Durchhalteparolen in den Zeitungen: »Das hält sich nicht lange, nur noch ein paar Wochen.« Es herrschte damals im Ausland die allgemeine Meinung, daß das NS-System bald zusammenbrechen würde.

Zu der Zeit, es war Mai 1938, schaffte man von Prag aus junge Leute per Flugzeug nach England. Da ich eigentlich nach dem damaligen Stand in der Tschechoslowakei geboren war, hätte ich auch mit solch einem Flugzeug nach England fliegen können. Man hätte mich möglicherweise mitgenommen, aber wozu sollte ich nach England fliegen, wenn doch alles in ein paar Wochen vorbei sein würde? Heute verurteile ich die kommunistischen Zeitungen, die diese Propaganda machten. Außer mir blieben noch Hunderte in Prag, um »die paar Wochen« zuzuwarten. Und dann war es zu spät.

Bald schon wurden wir von der tschechischen Polizei geholt, weil unsere Pässe abgelaufen waren. Man brummte uns eine Art Verwaltungsstrafe auf, die wir absitzen mußten, und anschließend kamen wir in Schubhaft. Uns wurde vorgeworfen, daß wir uns mit einem ungültigen Paß im Land aufhielten, obwohl wir noch vor Ablaufen der Pässe hätten wegfahren können. Als politische Flüchtlinge konnten wir uns auch nicht ausgeben. Das war erst später möglich, als die österreichischen Pässe eingezogen und keine neuen ausgegeben wurden.

Wir saßen zunächst unsere Polizeistrafe ab. In der Nachbarzelle war ein Deutscher, mit dem wir uns durch Klopfzeichen verständigen konnten. Er überließ uns immer sein Essen, weil er vom deutschen Konsul versorgt wurde und daher auf die Gefängnisverpflegung nicht neugierig war. Wir waren allerdings auf diese Kost angewiesen, und wenn man Hunger hat, frißt man alles! Unser Essensaustausch mit dem Deutschen funktionierte folgendermaßen: Wenn die Zellen aufgesperrt wurden, mußten alle in einer Reihe hinunter in den Hof marschieren. Beim Zurückgehen tat ich so, als ob ich ein offenes Schuhband hätte, und reihte mich dann nach dem Zuknüpfen ein paar Mann vor dem Deutschen ein. Dann schlüpfte ich geschwind in seine Zelle. Die Zellentüren waren offen, er hatte mir immer schon am Tisch vorn an der Ecke das Essen hingelegt, ich schnappte es, ging wieder hinaus und weiter zu meiner Zelle.

Nachdem wir die Polizeistrafe abgesessen hatten, kamen wir in Schubhaft. Die Schubstation war in einem Gebäude untergebracht, in dem sich im Erdgeschoß ein Altenheim befand. Wir machten natürlich immer Geschäfte mit den alten Leuten: Wenn wir von ihnen was zu essen haben wollten, gaben wir ihnen dafür Zigaretten. Dieser Handel spielte sich immer im Stiegenhaus ab. Das Gebäude, in dem wir gemeinsam mit den Pensionisten untergebracht waren, sah zwar nicht aus wie ein Gefängnis, aber eine Flucht wäre nicht möglich gewesen. Die Pensionisten konnten zwar hinaus, aber die hatten wahrscheinlich einen Ausweis dazu. So einen Ausweis hatte ich nicht, ich war ja noch kein Pensionist!

In diesem Schubgefängnis saßen mein Bruder und ich

ziemlich lange und wurden ganz gut behandelt. Wir konnten jeden Tag vormittags oder nachmittags eine Stunde im Hof herumspazieren, und das Essen war zufriedenstellend. Wenn man nichts zu tun hat, hat man natürlich immer größeren Hunger, aber wir bekamen ja von den Pensionisten zusätzlich etwas.

Natürlich verständigten wir den Vater, der daraufhin mit unserem älteren Bruder und der Schwester nach Prag kam, um uns herauszuholen. Sie fanden auch tatsächlich eine tschechisch-jüdische, sozialistische Abgeordnete, die für uns intervenierte. Den Namen der Abgeordneten hatte mein Vater von der Kultusgemeinde. Ich vermute, daß es dann zu einem Gentlemen-Agreement mit den Tschechen kam. Es dauerte aber immerhin noch fast drei Monate, bis man uns aus dem Schubgefängnis herausließ und an die Grenze nach Polen brachte.

Bevor ich verhaftet worden war, hatte ich in Prag eine Frau kennengelernt, eine Wienerin, die mit einem Tschechen verheiratet war. Ihr Mann war während der Woche als Vertreter auf Tour, und so lernten wir uns »näher« kennen. Die beiden gingen am Samstagnachmittag immer ins Café Savarin, ein sehr schönes, feines Prager Kaffeehaus. Nachmittags um vier Uhr bekam man dort keinen Sitzplatz mehr, und so vereinbarte ich mit der Frau, daß ich etwas früher hingehen, mich an einen Tisch setzen und schauen würde, daß noch zwei, drei Stühle frei blieben. Wenn sie dann mit ihrem Mann kam, war nur bei mir Platz, und sie mußten sich zu mir setzen. So wurde ich auch mit ihrem Mann bekannt. Er war ein sehr guter Witzerzähler, konnte stundenlang Witze erzählen. Ich dachte immer, der kann eigentlich die Woche über gar nicht arbeiten, weil er immer Witze sammeln muß. Nachdem wir uns im Kaffeehaus kennengelernt hatten, unternahmen wir öfter etwas gemeinsam.

Bei dieser Frau hatte ich in weiser Voraussicht in der Wohnung einen Anzug, ein paar Schuhe, ein Hemd und eine Krawatte zurückgelassen für den Tag X. Ich hatte gefürchtet, daß wir eines Tages aus dem Hotel fliegen würden, weil wir die

Rechnung nicht mehr bezahlen konnten. Für diesen Fall wollte ich wenigstens einen Anzug zum Wechseln haben. Nachdem ich verhaftet worden war und die Polizeistrafe abgesessen hatte, konnte ich tatsächlich das Gepäck aus der Pension nicht auslösen. Aber wenigstens gestattete man mir am letzten Tag meiner Haft, bevor man mich auf die Schubstation überstellte, mit einem Kriminalbeamten in die Wohnung meiner Freundin zu gehen und mir dort mein Kleiderpaket zu holen. Sie gab es mit Ach und Krach heraus, als ob ich ein Ganove gewesen wäre. So gehen Liebschaften in die Brüche! Ich schnappte also das Packerl und ging aus dem Haus, als gerade ihr Mann um die Ecke kam – ein sehr unangenehmer Moment! Wir sahen uns nur gegenseitig an, grüßten aber nicht. Mein Vertrauen zu ihr wurde auch bitter enttäuscht. Denn als ich mit dem Paket zurück in den Häfn kam, mußte ich feststellen, daß sowohl die Schuhe als auch die Krawatte fehlten! Es war mir schon beim Tragen etwas klein und leicht vorgekommen. Da ihr Ehemann ungefähr meine Größe hatte, nehme ich an, daß ihm meine Schuhe sehr gut gepaßt haben müssen. Und gefallen haben sie ihm sicher – es waren sehr schöne Schuhe, schwarz mit einem hellen Ledereinsatz, der genau zu meiner beigen Gabardinehose und dem zweireihigen Hahnentrittsakko paßte. Ich war eben ein Geck.

Die wollen dich alle verheiraten
Abgeschoben nach Polen

Nach unserer Haft im Polizeigefangenenhaus und drei Monaten Schubhaft wurden wir abgeschoben. Zunächst verlegte man uns an die Grenze ins Gefängnis nach Tschechisch-Teschen. Damit uns nichts geschah, wurden wir mit Polizeibegleitung hingebracht. Dort besuchten mich zwei Herren von der Israelitischen Kultusgemeinde. Die Polizisten in Tschechisch-Teschen waren sehr nett und ließen sie mit uns sprechen. Ich bekam etwas zu essen und Geld für eine Fahrkarte.

Im Gefängnis von Tschechisch-Teschen blieben wir nur für eine Nacht. Unter den Leuten, mit denen ich an die Grenze gebracht wurde, waren nicht nur Flüchtlinge, sondern auch eine Taschendiebin, ein Ladendieb – eben verschiedene Leute, die von Polen in die Tschechoslowakei gekommen waren, um »Unregelmäßigkeiten« zu begehen. Es war bekannt, daß man in der Tschechoslowakei bei solchen Vergehen vierzehn Tage oder drei Wochen bekam, abgeschoben wurde und am nächsten Tag zurückkehren konnte, wohingegen man in Polen drei oder vier Jahre bekommen hätte. Die Berufsganoven stahlen also lieber in der Tschechoslowakei. Ich wußte in solchen Dingen gut Bescheid, weil ich schon im Schubgefängnis in Prag mit diesen Leuten zusammengekommen war. Dort erzählte jeder seine Kunststückln. Man muß einmal in einem Gefängnis gewesen sein, da kann man etwas lernen! Die Taschendiebe erzählten von ihren diversen Methoden: In Prag war ein großer Bahnhof, wo immer viele Trickdiebe aus Polen hinkamen. Deshalb wurde dort immer ausgerufen: »Pozor na kapsaři«, »Achtung vor Taschendieben«. Daraufhin griff natürlich jeder gleich dorthin, wo er die Geldtasche hatte, um zu schauen, ob sie noch da war. Aber so wußten die Diebe auch gleich, wo die Leute ihre Geldtaschen hatten! Für einen anderen Trick mußte man in der Straßenbahn ein Gedränge verursachen, dann konnte man den Leuten die Taschen aufschlitzen und die Geldtasche ziehen. Ein anderer berühmter Trick war, einen Mantel über den Arm zu legen und damit dem nächsten in der Straßenbahn die Sicht zu nehmen, indem man sich mit der Hand bei den Haltegriffen oben anhielt. Mit der anderen Hand fischte man dann die Geldbörse aus der Brusttasche.

So lernte ich verschiedene Tricks, natürlich ohne sie anzuwenden! Die Taschendiebe zeigten mir oft auch praktisch, wie die Tricks funktionieren. »Gehört das vielleicht dir?« – Sag' ich: »Woher hast du das?« – »Gerade hab' ich dir's gezogen.« Einfach jemandem die Hände festhalten und die Brieftasche wegnehmen? So wurde nicht gearbeitet, das war schon alles raffinierter! Die hatten wirklich eine unheimliche Fingerfertigkeit. Sonst hätten sie ja auch keine Taschendiebe sein können! Es waren vorwiegend Polen und – aber nicht weitererzählen – fast ausschließlich Juden! Die anderen hatten die Geschicklichkeit nicht.

In Tschechisch-Teschen, wo mein Bruder Ernst und ich noch gemeinsam inhaftiert waren, trennten sich unsere Wege kurzfristig. Mein Bruder hatte von der tschechischen Polizei einen Grenzübertrittsschein bekommen, einen Ausweis für vierundzwanzig Stunden, und fuhr damit nach Krakau. Ich wurde in der Nacht ohne Ausweis einfach an die Grenze gestellt. Vom Kommissariat aus wurde ich mit anderen Schubhäftlingen mit einem Kleinbus an die Grenze gefahren, wo man uns die Richtung nach Polen zeigte. Gleich über der Grenze war Polnisch-Teschen. Ich ging zur nächsten Bahnstation und kaufte für das Geld von der Kultusgemeinde eine Fahrkarte nach Bielitz.

In Bielitz ging ich zur Israelitischen Kultusgemeinde, wo man sehr nett zu mir war. Ich war ja auch ein sehr netter Bursch! Ich klagte ihnen mein Schicksal, daß ich als Österreicher von der Tschechoslowakei ausgewiesen worden war und zu meiner Tante nach Lemberg fahren wollte, aber kein Fahrgeld hatte. Da gab man mir ohne weiteres das Geld für die Fahrkarte. So landete ich bei meiner Tante Esther, der Schwester meiner Mutter. Die Wohnverhältnisse bei ihr waren ein bißchen beengt, ihr Mann und sie lebten wie die Sardinen. Ich blieb nur wenige Tage dort. Die Tante hatte mir empfohlen, ich sollte zum Onkel nach Sambor fahren. So landete ich als nächstes bei meinem Onkel Moritz Boretz, dem Bruder meiner Mutter, der in Sambor Professor für Mathematik und Deutsch war.

Ich war erst wenige Tage bei ihm, als ich an einem Samstagnachmittag mit ihm durch die Stadt spazierenging. Am nächsten Morgen standen schon vor dem Mittagessen ungefähr zehn Leute vor der Tür. Einer gab dem anderen die Türklinke in die Hand. Beim Mittagessen fragte ich den Onkel: »Sag einmal, ist das jeden Sonntag so bei dir? Was machen die Leute da? Kommen die wegen deiner Schüler oder was?« Sagt er: »Nein, die sind alle wegen dir da.« Sag' ich: »Wegen mir, was wollen die von mir?« – »Die wollen dich alle verheiraten, es sind lauter Heiratsvermittler.« Als ich das hörte, muß ich sehr blaß geworden sein. Auf der einen Seite wäre es ja schön gewesen, vielleicht reich einzuheiraten, aber als Emigrant hatte ich doch nicht einmal Papiere! Heiraten ging auf keinen Fall. So ein Betrüger war ich nicht. Ich wußte, wenn ich heiratete, erhielt die Frau meine Staatsbürgerschaft, und ich hatte doch gar keine! Das Mittagessen verdaute ich also eher schlecht, und am Nachmittag sagte ich dem Onkel: »Weißt du was, ich hab' mir das überlegt. Ich muß nach Warschau. Der Vater ist jetzt in Warschau, ich möchte auch hin.« – »Na ja, wenn du nicht bleiben willst, dann fahr schon.« So geschwind rennen habe ich noch niemanden gesehen, wie ich damals gerannt bin!

Der Onkel hatte mich noch gut mit Geld versorgt, sodaß ich anstandslos zu meinem Vater nach Warschau fahren konnte, der zu der Zeit bei meinem Onkel Leo wohnte. Ernst, der ja über einen anderen Weg als ich nach Polen abgeschoben worden war, fuhr zunächst nach Krakau, kam aber dann auch nach Warschau. Vorher hatte er aber noch mit folgendem Problem zu kämpfen: Er hatte so wie ich auch in Prag einen Anzug hinterlegt und ließ sich dieses Paket nach Krakau nachschicken. Dazu mußte er aufs Zollamt gehen, um nachzuweisen, daß es sich um sein eigenes Gewand handelte und nichts Neues war. Der Beamte auf der Zollstelle fragte ihn: »Wie können Sie nachweisen, daß Sie in Prag waren?« Mein Bruder zeigte den Grenzübertrittszettel vor, den er bei der Abschiebung von den Tschechen bekommen hatte. Der Schein war aber nur für 24 Stunden gültig. Der Zollbeamte rief die Polizei, und mein Bruder wurde eingesperrt. In der Zelle lernte er einen Mann kennen, einen gewissen Hirsch, der die polnische und die österreichische Staatsbürgerschaft – und sehr viel Geld – besaß. Mein Bruder und er beschlossen, miteinander ins Geschäft zu kommen. Hirsch wollte unser Geschäft mit chemisch-technischen Artikeln, Seife und Bohnerwachs, finanzieren.

Ich animierte meinen Bruder, trotzdem nach Warschau zu kommen, weil ich gehört hatte, daß man sich hier falsche Ausweispapiere machen lassen konnte. Er kam, und tatsächlich hatten wir nur wenige Tage später sehr gute Papiere. Es war bekannt, daß es in jedem Kaffeehaus in Polen Banknotenfälscher, Scheckfälscher und verschiedenste Dokumentenfälscher gab, zu denen man hingehen und mit denen man besprechen konnte, was man haben wollte. Diese Leute fragten uns nach einem alten Ausweis mit Foto, und am übernächsten Tag hatten wir zwei Ausweise und waren polnische Staatsbürger. Was es kostete, weiß ich nicht mehr. Der Vater bezahlte für die Papiere. Ich mußte mir nicht einmal den Kopf darüber zerbrechen, wie ich momentan hieß: Wir behielten unsere Namen, nur die Staatsbürgerschaft war polnisch!

Es waren sehr lausige Zeiten
Als Flüchtling in Warschau und Prag

Anfangs wohnten wir in Warschau alle beim Onkel Leo. Aber man konnte ja nicht gut die Wände hinausschieben, um die Wohnung zu vergrößern! So wurden wir anderswo einquartiert. Das ergab sich durch folgende Geschichte: Es muß im Oktober 1938 gewesen sein, als von Deutschland ein paar tausend polnische Staatsbürger an die Grenze gestellt wurden. Die Polen ließen sie nicht herein, die Deutschen nicht zurück. Das war die Geschichte mit dem Grünspan. Sie kamen aber schließlich frei und landeten zum Großteil in Warschau. Dort organisierten sich jüdische Hilfskomitees, und weil ich nicht viel zu tun hatte, half ich mit. Die Flüchtlinge bekamen zu essen, es wurden Säle freigemacht, wo sie zum Mittagessen, zum Frühstück und zum Abendessen kommen konnten. Dabei war ich behilflich, insbesondere was das Butterbrotstreichen in aller Früh betraf. Die Frauen, die sich um die Flüchtlinge bemühten, waren froh, einen jungen Mann als Hilfe zu bekommen. Sie verwendeten mich auch gern als Dolmetscher zwischen den Deutschen und den Polinnen. Was auf polnisch nicht klappte, ging auf italienisch, da in Polen sehr viele Leute Italienisch sprachen. Die Flüchtlinge waren zunächst in Heimen untergebracht worden, dann bemühte man sich aber, für alle Privatquartiere zu organisieren, da ein Zurück nach Deutschland ausgeschlossen war. Es meldeten sich viele Polen, vorwiegend Juden, die Flüchtlinge aufnehmen wollten. Auf diese Weise kamen auch mein Bruder und ich bei solchen Leuten unter, jeder von uns unter einer anderen Adresse, aber beide bei etwas besser situierten Leuten. Wir hatten damit ein Quartier, das sehr wenig kostete, und konnten uns polizeilich einwandfrei anmelden.

Ich lernte dann eine sehr reiche Familie kennen, die mir half. Sie verschafften mir sogar eine Beschäftigung: Ohne eigentlich Polnisch zu sprechen, unterrichtete ich Deutsch. Es ging dabei nicht wirklich um den Unterricht, sondern um die zwei Zloty, die ich für die Stunde bekam. Ich war jeden Tag bei dieser Familie zum Mittagessen. Es gab immer ein gutes Essen an einem schön gedeckten Tisch. Die Familie hatte eine riesige Wohnung, ein ganzes Stockwerk mit sechs oder acht Zimmern. Die Tochter und ihr Mann sprachen gerne mit mir, weil sie ihr Deutsch perfektionieren wollten.

Ernst und ich einigten uns dann aber doch noch darauf, nach Krakau zu gehen und mit unserem Geschäft zu beginnen. So erschien ich eines Tages bei ihnen, um mich zu verabschieden, und bekam noch ein schönes Geldgeschenk für unterwegs. Ich muß zugeben, daß ich extra hingegangen war, weil ich mit einem Geschenk zu rechnen hatte! Aber ich war Emigrant, hatte nicht viel Geld und wollte nach Krakau.

Es war Jänner oder Februar 1939, als wir von Warschau nach Krakau kamen und begannen, gemeinsam mit dem erwähnten Herrn Hirsch Flüssigseifen und Bohnerwachs zu produzieren. Hirsch hatte außerhalb von Krakau in einem

Bauernhaus eine alte Kuchl aufgetrieben, wo wir unsere Produkte herstellen konnten. Wir wußten ungefähr, wie man diese Sachen zusammenpanschte, und wenn einmal ein paar Prozent mehr Petroleum oder Naphtha drinnen war, spielte das auch keine Rolle. Man mußte nur achtgeben, nicht zuviel Fett hineinzumischen. Das Wachs mußte ja rasch trocknen, um es gleich polieren zu können. Ich konnte schließlich beim Vorführen schlecht sagen, daß ich am nächsten Tag zum Polieren wiederkäme! Man muß das Eisen schmieden, solange es heiß ist. Wegen des Sprachproblems fuhr ich zum Verkaufen nach Krynica, einem Ort an der tschechischen Grenze, wo die älteren Leute noch Deutsch sprachen. Aber auch in Krakau sprachen viele Leute Deutsch, das war kein allzu großes Problem. Das Geschäft lief ganz gut an, und wir brachten gerade die ersten Aufträge ein, als uns plötzlich eine Vorladung zum Militär erreichte.

Wir waren polizeilich gemeldet, und unsere Papiere waren so gut, daß keiner bemerkte, daß sie falsch waren. Ich konnte doch aber dem Militär nicht sagen: »Damit Sie es wissen, das bin ich gar nicht, das sind falsche Papiere!« Wir empfahlen uns also ohne Handschlag und verschwanden einfach. Der Herr Hirsch hatte ein Vermögen ausgegeben für unser Geschäft, und wir hauten einfach ab! Aber was hätten wir ihm sagen sollen? Wir mußten einfach weg. Der Stellungsbefehl war uns zu brenzlig.

Also fuhren wir Ende Februar 1939 zurück nach Prag. Mit den polnischen Papieren kamen wir problemlos über die Grenze und mieteten uns in einer kleinen Prager Pension ein. In die Pension Fischer, in der wir bei unserem ersten Aufenthalt wohnten, konnten wir ja nicht mehr. Da hätten wir unsere zurückgelassenen Koffer auslösen müssen, und soviel Geld besaßen wir nicht. Mein Herz blutete allerdings beim Gedanken an das viele Gewand!

Wir lebten also wiederum in Prag und schauten, wie wir uns mit sogenannten »Luftgeschäften« über Wasser halten konnten. Wir fanden Firmen, die Bettzeuggarnituren erzeugten und

Vertreter brauchten. Mit einer kompletten Garnitur, zwei Steppdecken, zwei Pölstern, schön verpackt, fuhren wir hinaus aufs Land und versuchten, das zu verkaufen. In Wirklichkeit war alles aber eine große Gaunerei des Fabrikanten: Wenn man mit der Hand in diese Bettwäsche hineinfuhr, konnte man sehen, daß der untere Teil der Steppdecke aus einem billigeren Material gemacht war. So etwas zu verkaufen, war sehr schwer. Wir mußten ein Taxi nehmen, um aufs Land hinauszukommen, was meistens schon den ganzen Erlös schluckte. Dann kamen wir zu den Bauern und hörten sie schimpfen: »Ah, das kennen wir schon! Wenn du nicht gleich draußen bist, erschlag' ich dich!« Die waren alle schon von anderen hereingelegt worden. Ich wollte aber nicht die Schläge einstecken, die einem anderen gehörten. Hinzu kam, daß man auch noch auf die Gendarmerie achtgeben mußte. Wenn man in so ein Dorf fuhr und ein Gendarm unterwegs war, schaute er gleich in das Auto, ob er nicht etwas finden würde, was verkauft werden sollte. Damals waren so viele Leute unterwegs mit soviel Dreck, den sie den Leuten anhängen wollten!

Unser Verdienst war das, was wir selber auf den Preis aufschlugen. Der Erzeuger rechnete mit uns beispielsweise zweihundert Kronen pro Garnitur ab – die Mehreinnahmen gehörten uns. Das war die Zeit, als ich nur Kraut und Kartoffeln aß. In Prag gab es damals Gasthäuser, wo man für zwei Kronen essen konnte, das waren Stehbierhallen, in denen auch stehend gegessen wurde. Für zwei Kronen bekam man Würstl, Kraut und Kartoffeln, für eine Krone nur Kraut und Kartoffeln. Auf das Würstl mußte ich verzichten. Es waren sehr lausige Zeiten.

Wir flogen auf und wurden verhaftet
Im Dienste der deutschen Besatzer

Rechtzeitig zur Besetzung der Tschechoslowakei waren wir also wieder in Prag. Wir haben wirklich nichts ausgelassen! Die Besetzung verlief in Prag recht sang- und klanglos, es war nicht soviel Militär dabei wie in Österreich. Die Stimmung in der Stadt war sehr deprimiert. Alle gingen traurig, mit Tränen in den Augen, durch die Gassen. Eines Tages, als Ernst und ich gerade den Wenzelsplatz hinaufgingen, kam uns ein SS-Offizier in schicker Uniform entgegen. Ich dachte mir, den kenne ich doch! Es war der blonde Jüngling, der in Wien in der Favoritenstraße als »Chaper« gearbeitet hatte – vis-à-vis von dem Geschäft, bei dem ich als »Chaper« angestellt gewesen war! Wir waren damals nicht direkt befreundet gewesen, hatten uns aber doch öfter ein paar Minuten unterhalten oder gemeinsam in der Billigausspeisung der Wiener öffentlichen Küche, der WÖK, zu Mittag gegessen. Wir schauten uns an, und er hatte dabei sicher nicht soviel Angst wie ich! Als wir aneinander vorbeigingen, hatte ich das Gefühl, er schaut mir nach. Ich drehte mich um, er gab mir ein Zeichen, in ein Haustor hereinzugehen. Dort fragte er mich: »Wie kommst denn du nach Prag?« Ich erzählte mein Unglück. – »Na, und was machst jetzt?« – »Wir haben nichts zu tun.« – »Ich habe Arbeit für euch.«

Ob er uns helfen wollte, weiß ich nicht, er brauchte wohl jemanden für eine Beschäftigung, für die wir ihm geeignet erschienen. Er bestellte uns für den nächsten Tag in ein Büro der Wirtschaftsabteilung der deutschen Besatzung. Wir bekamen jeden Tag Adressen, zu denen wir mit einem tschechischen Polizisten gehen mußten. Das waren Wohnungen, die von ihren Bewohnern fluchtartig verlassen worden waren, und wir mußten diese Wohnungen inventarisieren, die Möbel wertmäßig beschreiben und taxieren. Es waren durchwegs gute Wohnungen, Mittelstand. Sehr gute Wohnungen bekam ich aber nicht zu sehen. Entweder beurteilten die Deutschen die Luxuswohnungen selber, oder sie waren gleich bei der Besetzung übernommen worden.

Der tschechische Polizist, der mich immer begleitete, und auch die Hausmeister, von denen wir die Wohnungsschlüssel bekamen, nahmen natürlich an, ich sei ein deutscher Beamter. Der Polizist war wohl nur zu meiner Begleitung mit, damit das Ganze mehr Autorität hatte. Ich schrieb eine Inventarliste und setzte für die Möbel einen bestimmten Wert an. Große Expertisen waren das natürlich nicht! Husch, husch, dreißig Mark, hundert Mark, achtzig Mark. Die Preise hatte ich schneller im Kopf, als ich den Gegenstand auf der Liste hatte! Bei manchen Möbeln schrieb ich dazu, guter oder sehr guter Zustand, bei anderen wieder fehlerhaft. Ich kann mich nicht genau erinnern, was mir die Deutschen dafür bezahlten, aber man konnte davon leben. Es war eigentlich nicht schlecht für den Unsinn, den ich da machte. In den ersten zwei, drei Wochen arbeitete ich noch sehr seriös, das heißt seriös im nationalsozialistischen Sinn, nachher arbeitete ich seriös im Sinne der Tschechen. Unabhängig voneinander, wie durch Gedankenübertragung, machten mein Bruder und ich das gleiche: Jeder von uns dachte sich, das werden die Deutschen doch einmal bezahlen müssen. Also setzten wir so hohe Preise für die Möbel ein, daß das hervorragende Antiquitäten aus dem achtzehnten Jahrhundert hätten sein können! Den Namen nach zu schließen waren das großteils jüdische Wohnungen, für mich spielte das aber keine Rolle. Ich bewertete alles gleich falsch. Ich fand an dem Job auch nichts Hinterfotziges oder Gemeines. Schließlich entwendete ich die Sachen ja nicht den Tschechen, um sie den Deutschen zu übergeben. Im Gegenteil, durch die Höherbewertung versuchte ich, den tschechischen Besitzern, ob Juden oder Nichtjuden, etwas Gutes zu tun. Hätte ich allerdings auch nur die leiseste Ahnung von den Folgen gehabt, hätte ich mich sofort aus dem Staub gemacht.

Es geschah nämlich folgendes: Ein hoher Offizier wollte sich in Prag häuslich niederlassen. Was tat er also? Er ging zu »unserer« Wirtschaftsabteilung, ließ sich ein Orderbuch geben und schaute nach, in welcher Wohnung die kostbarsten Möbel standen. Dann ging er dorthin und fand wunderbares Brennholz, aber kein wertvolles Mobiliar. Daraufhin machten sie aus uns Brennholz.

Wir flogen auf und wurden am 6. Mai 1939 verhaftet. Der Grund für die Verhaftung war, daß wir falsche Bewertungen der Möbel angegeben hatten und man uns nicht glaubte, daß das nicht abgesprochen gewesen war. Aber man hätte uns hundertmal gegenüberstellen können! Wir hatten nämlich wirklich nie darüber gesprochen! Wir hatten einfach beide den gleichen Gedanken. Damals dachte man ja noch an ein Ende des Dritten Reichs, die ganze Welt war erbost über die Besetzung der Tschechoslowakei, und so glaubten wir, die Deutschen müßten alles bald einmal zurückzahlen.

An diesem 6. Mai kamen wir von der Arbeit zurück und wurden von zwei Gestapobeamten nach Pankrac gebracht, in das Hauptgefängnis von Prag. Dort nahm man uns alle Sachen ab und sperrte uns in eine Zelle. Kurz darauf kamen zwei SS-Leute und versetzten uns erst einmal Prügel, damit wir auch wußten, wie wir sie zu begrüßen hatten. Zelle sowieso, zwei Brüder Feingold, die Vornamen dazu, das war die vorgeschriebene Begrüßung. Das mußte laut gesprochen werden, sodaß man es im ganzen Haus hörte. In jedem Zuchthaus hatte man sich so zu melden, wenn die Zelle aufgesperrt wurde und so ein Depperter hereinkam.

In der Zelle stand ein Tisch, einer mußte sich darüber beugen. Die beiden SS-Männer stellten sich hin und fingen an zu schlagen. Jeder SS-Mann hatte einen Stecken, ein Rohrstaberl oder etwas Ähnliches bei sich. Beim erstenmal sagten sie nach vier oder fünf Schlägen: »Mitzählen!« Mein Bruder oder ich, ich weiß nicht mehr, wer als erster dran war, sagte daraufhin bei den nächsten Schlägen: »– sechs, sieben, acht.« – »Nein, von vorne anfangen! Gleich mitzählen.« So bekam man noch um fünf Schläge mehr. Sie verpaßten jedem fünfundzwanzig Schläge. Das tat ordentlich weh.

»Ja«, dachten wir uns, »das ist die Begrüßung.« Am nächsten Tag kamen die zwei Figuren wieder. »Tisch vorziehen!« – Da wußten wir schon, was passiert. »Über den Tisch beugen!« Wir wußten mittlerweile, daß wir gleich beim ersten Schlag mitzuzählen hatten, und bekamen wieder jeder fünfundzwanzig Schläge. Am dritten Tag dasselbe. Da konnten wir schon nicht mehr sitzen. Im Bett liegen war auch nicht sehr günstig, noch dazu hatten wir zu zweit nur ein Bett, und es tat gefährlich weh, wenn man sich beim Umdrehen berührte. Sechs Tage gingen so dahin.

Am siebenten Tag kamen sie wieder herein wie immer: »Tisch vorziehen, drauflegen!« Aber plötzlich verschwanden sie ganz leise. Wir bekamen keine Hiebe mehr. Dafür begannen die Verhöre, bei denen wir auch ab und zu einen Tritt oder eine in die Gosch'n bekamen. »Es muß euch doch jemand dazu beauftragt haben, das gibt es doch nicht, daß zwei den gleichen Blödsinn machen!« Für sie war das ja ein Blödsinn, was wir getan hatten. Ihrer Meinung nach mußte uns jemand, ein Jude, ein Tscheche, ein Deutscher, angestiftet haben. Die Verhöre gingen wochenlang dahin. Manches Mal zweimal in der Woche ein Verhör, dann wieder nur einmal, dann drei Wochen überhaupt nichts. Das war im Mai oder Juni 1939, den ganzen Sommer über saßen wir dort. Dann begann der Feldzug gegen Polen, und sie überstellten uns im Winter in das Militärgefängnis nach Krakau.

Immer auf und ab, auf und ab
Im Krakauer Militärgefängnis

Man transportierte uns mit der Bahn in einem separaten Coupé unter Begleitung von zwei SS-Offizieren nach Krakau, dort wurden die Verhöre noch intensiver fortgesetzt. Ich war wieder mit meinem Bruder zusammen in einer Zelle. Nebenan saßen zwei Kapuziner-Patres. Wir hörten, wie sie geschlagen wurden, und sahen, wie sie beim Gehen wankten, weil sie kaum noch auf die Füße treten konnten. Das waren Gestapomethoden. Wir kamen relativ glimpflich davon, es gab noch weit ärgere Torturen.

In der Früh gab es eine Scheibe Brot, zu Mittag Suppe und am Abend auch eine Scheibe Brot. Einmal pro Woche gab es allerdings einen Wecken mit Wurst, der wohl von Angehörigen der Gefängnisinsassen organisiert wurde! Mein Bruder und ich konnten in der Zelle miteinander sprechen, trotzdem gingen wir ständig auf und ab. Daher kommt noch heute meine Angewohnheit, daß ich nicht lange sitzen kann. Immer auf und ab, auf und ab.

Verhört wurden wir meistens gemeinsam, manchmal auch einzeln, der andere mußte dann jeweils draußen warten. Da konnte man dann hören, wie es drinnen knallte, und sich darauf vorbereiten, bis man selber drankam. Die Verhöre bezogen sich immer noch auf die Prager Geschichte. Was hätten wir sagen sollen? Es hatte uns niemand angestiftet, wir taten das aus eigenem Antrieb, und wir sahen das große Verbrechen nicht, das wir begangen haben sollten. Das wiederholten wir ziemlich gleichlautend immer und immer wieder. Wenn sie im Aktenberg nachschauten, fanden sie immer die gleichen Aussagen. Sie verhörten uns trotzdem weiter. Wahrscheinlich meinte jeder, er könnte tüchtiger sein als der andere, wäre kräftiger oder könnte an anderen Stellen schlagen. Dann gaben sie aber doch auf.

Wir waren von November 1939 bis März 1940 in Krakau. Zu der Zeit wurde gerade mit dem Bau des KZ Auschwitz begonnen. Meiner Vermutung nach war es von vornherein geplant gewesen, uns deshalb von der Tschechoslowakei nach Krakau zu bringen, um uns von dort weiter nach Auschwitz zu deportieren. Sie hatten wohl die Überlegung: »Die schieben wir ab nach Auschwitz, da sind sie in drei Monaten erledigt, und wir ersparen uns einen Prozeß.« Sie ahnten wahrscheinlich, daß sie in einem öffentlichen Prozeß als die Gefoppten dastehen würden, die sich von uns zwei hatten hereinlegen lassen. Also deportierten sie uns lieber stillschweigend.

Meine Schwester und mein ältester Bruder wußten zu dieser Zeit über Monate nichts von uns. Sie dachten sich natürlich schon, daß etwas schiefgelaufen sein mußte. Sie vermuteten, daß man uns bei der Besetzung Prags nach Wien oder sonstwohin gebracht hatte. Schreiben durften wir erst von Krakau aus. Wir schrieben der Schwester, die uns daraufhin

Sachen brachte, die aber nicht unsere eigenen waren. Wieder einmal waren unsere Sachen alle weg. So verging Tag für Tag, und uns blieb nur Tag für Tag zu hoffen, daß etwas geschehen würde. Worauf wir hoffen sollten, wußten wir aber selber nicht. Man hörte natürlich auch im Gefängnis, wie mit den Juden umgegangen wurde und daß man Ghettos einrichtete. Wir hatten keine Hoffnung mehr herauszukommen. Aber daß wir kaltblütig umgelegt werden würden, glaubten wir auch nicht. Wenn soviel Verhöre gemacht wurden, mußte es wohl irgendwann eine Verhandlung geben, die vielleicht eine Lösung bringen würde.

So ging es dahin, bis eines Tages das Gefängnis fast zur Gänze geleert und alle Häftlinge zum Abtransport befohlen wurden. Wir mußten uns mit dem Gesicht zur Wand im Hof aufstellen. Ich trug damals eine grüne Jacke mit einer Spange hinten. Die SS-Leute hatten einen Hund, der sich in meiner Spange verbiß und sie herunterriß. Das war mir aber lieber, als wenn er mich erwischt hätte. Nach einer ziemlich langen Zeit wurden wir auf Lastautos verladen. Die Lastwägen hatten nur eine Bordwand ohne Plane. Wir stiegen hinauf und stellten uns hin. Die SS kam mit Gewehrkolben von vorne und von hinten auf den Wagen und prügelte uns: »Nieder, nieder, nieder!«, bis wir auf dem Boden knieten. Wenn die Wagen durch die Stadt fuhren, sollte niemand sehen, was los war.

Wir kamen zum Frachtenbahnhof, der etwas außerhalb der Stadt lag. Dort warteten schon SS-Leute mit Hunden, wie das üblich war bei solchen Transporten. Waggontüren auf, Leute hinein, noch und noch. Man konnte nur stehen und das ziemlich eng. Die Waggons dürften schon für Häftlingstransporte oder Gefangenentransporte verwendet worden sein, denn durch die Fensterluken waren zusätzlich zu den Stangen Stacheldrähte gezogen. Zum Herauskriechen wären die Luken zwar sowieso zu klein gewesen, aber durch den Stacheldraht konnte man auch nichts herausreichen oder den Kopf hinausstrecken. Wir fuhren los. Ungefähr nach einer Stunde schlichen sich Ortskundige zu den Fenstern und schauten hinaus, und da fing ich das Wort auf: »Oswiecim« – Auschwitz.

Als wir das hörten, wußten wir schon, was los war. Es war zu diesem Zeitpunkt schon überall bekannt, daß das ein furchtbares Lager sein sollte. Solche Nachrichten sickerten immer durch.

Die ganze Menschlichkeit ging verloren
Auschwitz

Es war helllichter Tag, als wir in Auschwitz ankamen. Der Zug kam außerhalb des Lagers zum Stehen, denn die Rampe, die es ab 1941 gab, existierte zu diesem Zeitpunkt noch nicht. Wir wurden mit viel Geschrei und viel Lärm empfangen. SS-Leute und Hunde, ein paar Maschinengewehre waren entlang des Weges aufgestellt. Schießerei, Ballerei, großes Geschrei. »Aufstellen! Fünferreihe!« Wir stellten uns auf in Fünferreihen, ich stand neben meinem Bruder. Dann hieß es: »Rechts um!« Dadurch kam mein Bruder vor mir zu stehen. Das Ganze dauerte vielleicht eine Stunde. Dann kam ein SS-Mann und brüllte: »Feingold, Feingold!« Ernst und ich hoben die Hand. Er kam auf uns zu, sagte noch einmal »Feingold!«, schaute auf seine Liste, und ehe mein Bruder reagieren konnte, bekam er einen Tritt in den Bauch, und wir fielen beide um. Das war die Begrüßung. Da wußten wir schon, wie es uns ergehen würde.

Wir standen wieder auf und marschierten ins Lager. Am Lagereingang waren Tische aufgestellt, an denen volksdeutsche Häftlinge saßen und unsere Daten aufnahmen: Nationalität, Geburtstag, eventuelle Adressen. Wir mußten uns anstellen, einer nach dem anderen. »Alles abgeben!« Ich konnte meinen Ring nicht abziehen, einen Silberring mit einer Innenschiene aus Gold, also wurde er aufgesägt. Das wurde natürlich so gemacht, daß ich das Aufsägen auch spüren konnte. Eine goldene Füllfeder hatte ich, die war auch gleich weg: »Brauchst sie eh nicht, wir brauchen sie dringender.« Geld, Uhr, Schmuck, alles wurde mir weggenommen. Diese Volksdeutschen waren wirklich sehr feine, sehr angenehme Leute! Wir nannten sie die »Beutedeutschen«. Wo die Deutschen hinkamen und ihre Volksgruppe vorfanden, eigneten sie sich die gleich an.

Inzwischen wurde es dunkel. Wir kamen weiter zu einem Duschraum. Davor war ein Raum, in dem einem ein Friseur den Kopf kahlscherte. Ratzekahl. Auch unter den Achseln. Überall. Geschlechtsteile. Überall, wo Haare sind. Man steht pudelnackt da, überall werden die Haare abrasiert oder mit der Maschine ausgeschnitten. Das ist so demütigend, man kann es schwer erklären. An keiner Stelle störte es mich so sehr wie am Kopf. Mein Bruder und ich schauten uns an, beide hatten wir Tränen in den Augen, als wir uns mit der Glatze sahen. Das war einer der schrecklichsten Momente. Man hatte ein Gefühl der Nutzlosigkeit, der Wertlosigkeit, die ganze Menschlichkeit ging damit verloren. Später wurden dann nur mehr die Kopfhaare geschnitten. Alle paar Tage kam dazu ein Friseur, oder wie immer man den Haarschneider bezeichnen sollte, denn zum Glatzenschneiden mußte man ja kein Friseur sein.

Danach gingen wir unter die Dusche. Als wir fertig waren, hatten wir keine Ahnung, wohin wir jetzt gehen sollten. Wir kamen im Halbdunkel heraus, es war schon finster, irgendwo war ein Lichtschein, vorne sah man einen rennen. Der erste wurde geführt – alle anderen wußten dann schon, wohin. So ging einer dem anderen nach in ein Haus hinein. Türen, Fenster, alles fehlte in dem Gebäude. Im ersten Stock gab es einen großen Saal, wo man gerade dabei war, Strohsäcke aufzulegen. In einer Ecke war ein bißchen Licht, dort hatte sich der Stubendienst eingerichtet. Da und dort wurde eine Decke hingeschmissen, und wir legten uns hin. Kleidung hatten wir keine mehr, die war weggenommen und registriert worden. Die Schuhe durften wir behalten, aber ich konnte sie nur drei Tage tragen, dann hatte ich so dicke Füße, daß ich gar nicht mehr hineinkam. Ich schnitt sie dann hinten auf wie Pantoffeln, damit ich hineinschlüpfen konnte.

In der ersten Nacht waren wir also nackt, wir bekamen nichts, kein Hemd, gar nichts. Wir legten uns auf die Strohsäcke und deckten uns mit den hingeworfenen Decken zu. Es wurde elf, zwölf, eins und immer enger, immer mehr Häftlinge kamen, immer mehr Häftlinge legten sich hin. Wenn man sich umdrehen wollte, mußte man einen anderen mitnehmen zum Umdrehen, so eng war das. Wir lagen wie die Sardinen. Manches Mal schrie jemand auf, aber entweder beruhigte sich derjenige wieder, oder es ging jemand vom Stubendienst hin und gab ihm eine.

Am nächsten Morgen, es dämmerte noch, kam das Signal »Aufstehen! Strohsäcke zusammenlegen!« Im unteren Eck des Saals hatte man Kübel hingestellt für die Notdurft. Das Haus war ein Rohbau, hatte keine Wasserleitung, kein Klo, gar nichts. Es war grauslich! Ein Häftling nahm sehr viel flüssige Kost zu sich, man hätte berechnen können, daß von jedem so und so viel kommt und dementsprechend viele Kübel aufstellen können, aber entweder gab es nicht genug oder man wollte sich darum einfach nicht kümmern. So war jeden Morgen unten in der Ecke der Sumpf. Die Strohsäcke neben den Kübeln waren total durchnäßt. Am nächsten Abend, als es wieder hieß »Strohsäcke auflegen!«, wollte sich da unten natürlich keiner hinlegen. Der Stubendienst hat das natürlich auch überzogen, und so mußten wir uns dann aufstellen und marschieren. Sie ließen uns ein paarmal im Saal rundherum gehen. Wer gerade unten am Eck vorbeikam, drängte natürlich, schneller vorbeizukommen, denn wenn ein Pfiff kam, mußte man sich hinlegen, wo man gerade war.

Am ersten Tag nach dem Aufstehen mußten wir uns waschen gehen. Wir bekamen ein blau-weiß-grau-kariertes Handtuch und mußten damit vor den Block hinauslaufen. Bloßfüßig, denn die Schuhe konnte man so geschwind gar nicht anziehen. Unten war ein Waschtrog, an dem sich dreihundert bis vierhundert Leute waschen mußten, mit zehn Meter Länge und nur einer Wasserleitung an einem Ende. Wenn der letzte drankam, war alles schon ganz trocken. Jeder mußte versuchen, einen Zipfel von dem Handtuch naß zu machen und damit im Gesicht herumzufahren. Wir hörten, wie Häftlinge geschlagen wurden, die zurückliefen, weil ihnen kalt war. Die Häftlinge, die als erste zurückkamen, bekamen Schläge, weil sie jetzt schon kamen, und ein paar Minuten später bekamen Häftlinge Schläge, weil sie erst jetzt kamen. Geschlagen wurde ununterbrochen, man fand immer einen Grund dazu. Dann wurde kontrolliert: »Du hast dich ja nicht gewaschen!« Wie sollte man erklären, daß es kein Wasser gegeben hatte?

Anschließend wurde mit der Kleiderverteilung begonnen. Wir bekamen eine lange Unterhose, ein Hemd, eine gestreifte Zebrahose und irgendeine Jacke, ob sie paßte oder nicht. Wenn man sie vorne nicht zuknöpfen konnte, mußte man sie schräg anziehen und irgendwie zuhaften. Dann gab es Frühstück. Es wurde im selben Raum ausgeteilt, in dem wir geschlafen hatten. Es gab für uns nur diesen einen Raum. Im oberen Stock des Gebäudes war noch ein zweiter Raum, aber es kam nie jemand dazu, zu berichten, wie es dort aussah. Von dort kam keiner lebend zurück. Das war das Krankenzimmer, und sich krank melden bedeutete gleichsam den Tod. Das Frühstück wurde von Häftlingen oder vom Stubendienst geholt, in den Saal hinaufgebracht und ausgeschenkt. Für den Kaffee bekamen wir ein Blechhäferl, in das ein halber Liter reingegangen wäre, aber es gab nur die Hälfte. Aber Eichelkaffee konnte man ohnehin höchstens zum Mundausspülen verwenden. An einem Morgen gab es diesen Kaffee und am anderen eine dünne Mehlsuppe. Da wartete man beim Ausschenken gerne bis zum Schluß, weil man die Suppe lieber von unten haben wollte, wo sich ein paar Mehlklümpchen angesammelt hatten. Der Häftling wird mit der Zeit schlau, aber trotzdem nicht fett.

Nach dem Frühstück bekamen wir Nähnadeln und mußten unsere Nummer und die Zeichen auf die Jacke nähen. Mein

Bruder und ich bekamen zusätzlich zu dem roten Winkel für politische Häftlinge und dem gelben Winkel für Juden und der Nummer auch noch das Zeichen für die Strafkompanie und den Fluchtpunkt. Wir hatten das Vergnügen, das alles untereinander annähen zu dürfen.

Strafkompaniehäftlinge bekamen schwerere Arbeiten zugeteilt. Wir sollten als Strafkompaniehäftlinge drei Monate nicht überleben, und der Fluchtpunkt bedeutete, daß auf uns besonders achtgegeben werden sollte. Ich sah sonst nie einen Häftling mit Fluchtpunkt. Nicht daß die Häftlinge nicht versucht hätten zu flüchten – nur kamen die dann nicht dazu, den Fluchtpunkt zu tragen. Flucht war theoretisch möglich, zum Beispiel konnten Polen aus Auschwitz flüchten, weil sie von der polnischen Bevölkerung aufgenommen wurden, aber als Jude hatte man in Polen gar keine Chance zu flüchten. Gelang also jemandem die Flucht, war er weg. Wurde er erwischt, nahm man ihn gefangen, er bekam fünfundzwanzig Schläge über den Hintern und wurde am nächsten Tag vor den Häftlingen zur Abschreckung gehenkt. In beiden Fällen kam der Häftling nicht dazu, den Fluchtpunkt anzunähen. Nur mein Bruder und ich rannten mit dem Fluchtpunkt herum, ohne daß wir vorher geflüchtet wären oder auch nur den Versuch dazu unternommen hätten. Er diente nur dazu, daß wir von den »grünen« – den kriminellen – Kapos und von der SS entsprechend behandelt wurden. Wir sollten eine wirklich verschärfte, erniedrigende Haft haben und nicht lange überleben. Schläge gab es in Auschwitz immer – aber besonders wenn einer sah, wie reich dekoriert wir waren.

In den ersten drei Tagen bekamen wir im Hof von Block 11 eine Art vormilitärische Erziehung. Aufstellen, marschieren, in Fünferreihen in der Kolonne gehen, Mützen ab und halten, links um und rechts um, alle diese Schikanen mußten wir üben, damit das klappte. Das Heer übt so etwas sechs Wochen lang, wir mußten das nach zwei, drei Tagen können. Die Kommandos waren nur deutsch, aber viele Häftlinge verstanden kein Deutsch und wußten nicht, was es heißt, wenn einer

»rechts um!« brüllte. Das Kommando »Mützen ab!« kam immer am Ende des Abendappells. Jeder mußte sich mit der Kappe auf den Schenkel schlagen, das mußte einen Knall geben, sonst mußten wir es immer wieder wiederholen.

In die Postenkette laufen und erschossen werden oder seinem Befehl folgen
In der Strafkompanie

Ein Großteil der Häftlinge, ungefähr fünfhundert Leute, kam automatisch in die Strafkompanie. Der ganze Judenblock galt als Strafkompanie. Das war der Block Nummer 11, in dem auch die SS ihre Räume hatte. Darum war es in Auschwitz ja so furchtbar, weil ständig SS am Block war. Das gab es sonst nirgendwo. Im Hochparterre waren die SS-Kanzleien und unten war der SS-Bunker. Da ging die SS natürlich im Block ein und aus. Man mußte immer vier, fünf Meter von ihnen weg stehen, sonst wurde man niedergetreten oder geschlagen. Die SS in Auschwitz schlug, wann und wohin es nur ging.

Wenn einen die SS nicht erwischte, schlugen einen die anderen Häftlinge. Ich erinnere mich noch an den Stubendienst, den wir in Auschwitz am Block hatten. Für den Stubendienst nahm der Blockälteste Leute, die ihm sympathisch waren. Im Stubendienst waren Häftlinge, aber keine Juden, sie hatten leichtere Beschäftigungen, machten tagsüber nur Aufräumarbeiten, Strohsäcke hinlegen, Kessel von der Küche holen. Vom Stubendienst in Auschwitz blieb mir folgendes in Erinnerung: Wir hatten im Block einen tschechischen Ringer namens Fischer, Schwergewichtsklasse. Eines Tages kam der Blockälteste mit dem Stubendienst, und sie suchten den Ringer. »Komm her, zeig einmal, wie macht man die ›Krawatte‹?« »Krawatte« nennt man beim Ringen einen Griff, bei dem man jemanden in den Schwitzkasten nimmt. Die nächsten Tage waren wir eingedeckt mit »Ringkämpfen«. Der Stubendienst beschäftigte sich mit der »Krawatte«, und schon nach einem Tag hatten wir drei Tote. Sie sagten zu jemandem »Komm her!«, packten ihn am Kopf und würgten ihn ab. Das waren alles Häftlinge!

Ungefähr fünfzig Meter rechts von unserem Block waren die Latrinen. Es war ein Dach darüber, aber wenn es regnete, wurde man trotzdem naß. Wenn ein SS-Mann vorbeiging, war es sehr gefährlich dort. Aus jedem KZ wird von den Latrinen erzählt, daß so mancher Häftling von der SS in den Kot hinuntergestoßen wurde und unten erstickt ist. Das passierte auch bei uns.

Zwei, drei Tage mangelnde Ernährung, manches Mal verweigerte man uns das Essen am Abend aus nichtigen Gründen, dann wieder konnte man riechen, das Essen war sauer, denn der Stubendienst machte sich eine Hetz daraus, saures Essen auszugeben, kurz – die Scheißerei bekam jeder! Man hätte den ganzen Tag am Häusl sitzen können! Wir durften aber nur einmal am Tag gehen. Durch die flüssige Kost hätte man zumindest jede Stunde einmal auf die Toilette gehen müssen, wir durften aber nirgendwo hingehen! Furchtbare Zustände, man kam auf die absurdesten Ideen. Während der Arbeit konnte man höchstens, wenn niemand zuschaute, die Hose vorne aufmachen, so tun, als ob man den Krampen hielt, und dabei pinkeln. Es war furchtbar.

Wenn wir frühmorgens zur Arbeit ausrückten, blieben oft Häftlinge im Hof zurück. Sie waren wohl schon verrückt und kletterten an der Wand herum, an der während unserer Abwesenheit immer Häftlinge erschossen wurden. Sie wurden dann in den Krankensaal hinaufgeschafft, in dem der »Herr Doktor«, wie man den Häftling mit dem weißen Mantel nannte, sie zu Tode trat. Zuerst nahm er sie aber als Kranke auf und kassierte ihre Essensrationen. Einige Portionen blieben gleich beim Stubendienst – die wußten schon, daß der »Doktor« im Laufe des Tages noch zehn, zwanzig Häftlinge erledigen würde und sie deshalb ruhig etwas von den Rationen zurückhalten konnten. Das restliche Essen der Häftlinge blieb aber für ihn und die zwei Häftlinge, die er als Helfer hatte. Den Funktionären in den Konzentrationslagern ging es gut.

Als wir von der Strafkompanie das erste Mal zur Arbeit ausrückten, führte man uns zu einer schäbigen Baracke, wo verschiedene Tragen gelagert waren. Das waren Holzkästen mit längeren Stangen, die vorne und hinten je einer nehmen mußte. Mein kundiges Auge sah gleich, daß etwas Besonderes dabei war: eine Trage mit einem Draht, den man sich über die Schulter spannen und somit die Last leichter tragen konnte. Der SS-Mann sah das aber auch und – »Zange!« Der Vorarbeiter brachte eine Zange, und der Draht war weg. Man war nicht interessiert, daß Arbeit verrichtet wurde. Man war nur daran interessiert, Häftlinge zu schädigen, sie zu schwächen, sie krank zu machen, sie sterben zu lassen. Nachschub gab es ja genug.

Ich ging nicht mit meinem Bruder gemeinsam an einer Trage, was mir sehr recht war, weil ich wußte, daß ich von uns beiden der Schwächere war. Diese Tragen waren an sich schon sehr schwer, und wir mußten damit Kies aufnehmen und transportieren. Wir holten den Kies von der Kiesgrube, trugen ihn zur Baustelle, kippten den Kies dort aus und gingen wieder zurück. Das Ganze mußte sehr schnell gehen, eine Runde dauerte vielleicht eine Viertelstunde. Das Holz der Tragen war grob, kantig, aufgerissen, nicht gehobelt oder abgerundet. Nach einer Viertelstunde hatte ich nicht einfach Wasserblasen, sondern offenes Fleisch an beiden Händen. Ich hatte keine Kraft mehr, die Trage zu halten, sie rutschte mir aus den Fingern. Ich konnte sie einfach nicht mehr halten. So fing der erste Tag dort an.

Dann hörte ich auch schon, wie ältere Häftlinge sagten: »Siehst du, dort drüben, da tragen sie die Toten«. »Schöne Zukunft«, dachte ich mir. So rannten wir herum, und gegen halb elf waren meine Hände kaputt. Das sah ein Vorarbeiter, der oben bei der Kiesgrube knapp an der Kante stand. Er war einer von den Deutsch-Polen, ein politischer Häftling. »Herauf!« Als ich oben auf dem Hügel ankam, ließ er mich mit dem Rücken zum Gefälle Habtacht stehen. In Auschwitz, das war in keinem anderen Lager so, mußte man vor jedem Vorarbeiter genauso wie vor der SS die Mütze abnehmen und Habtacht stehen. Ich bekam eine rein. Von Abwehren konnte keine Rede sein, ich taumelte rückwärts hinunter, überschlug mich ein paarmal. Als ich unten war, hörte ich: »Herauf!« – Es gab nur zwei Möglichkeiten: In die Postenkette laufen und erschossen werden oder seinem Befehl folgen und hinauf. Ich ging wieder hinauf. Vier-, fünfmal machte er das mit mir. Als ich schon blutüberströmt war, kam mir ein »grüner« Kapo entgegen. Er war verhältnismäßig klein und sah nicht unbedingt wie ein Schwerverbrecher aus. Er war ein Deutscher, den sie aus irgendeinem Zuchthaus geholt hatten, wie das zu Beginn in den Lagern üblich war. Sobald irgendein neues Lager geschaffen wurde, wurden kriminelle Häftlinge aus den Zuchthäusern als Funktionshäftlinge eingesetzt. Er fragte: »Wie schaust denn du aus?« Ich gab keine Antwort. »Wovon hast du das?« Ich dachte mir, den Schmäh kenne ich! »Ich bin hingefallen.« – »Wovon hast du das?« – »Ich bin hingefallen.« Drei- oder viermal fragte er mich, dann dachte ich mir, das ist mir jetzt zu blöd. »Der da oben hat mich zusammengehaut.« Der Kapo sagte darauf: »Du hast ja einen Bruder.« – Das hatte sich in der Zwischenzeit schon herumgesprochen, daß zwei Brüder mit besonders verschärfter Haft da waren. Wahrscheinlich hatte der Kapo ein gutes Herz und wollte uns helfen. – Ich sagte darauf: »Ja.« – »Na, wo ist der?« – »Da drüben geht er.« Er holte meinen Bruder her, und wir mußten gemeinsam ein Tragl nehmen. Er ging mit uns zur Kiesgrube und sagte zu uns: »Paßt auf, ihr geht jetzt zu der Kiesgrube und arbeitet weiter, bis zur Mittagspause kann ich nichts für euch machen.« Er sagte aber denen in der Kiesgrube, die den Kies einfüllten, daß sie nur wenig einfüllen sollten. »Und um halb eins nehmt ihr euch eine Schaufel oder einen Krampen und stellt euch dahin, wo der Damm gemacht wird, und arbeitet dort weiter!« Das war meine erste Lebensrettung. Ich glaube nicht, daß ich den Tag sonst überlebt hätte.

Wir mußten nun also Schaufelarbeiten machen, Erde auflockern und umschaufeln. Unsere Vorarbeiter sahen, daß der »grüne« Kapo uns half, ließen deswegen von uns ab, und wir hatten diesbezüglich unsere Ruhe. Um halb eins hatten wir mit der Schaufleri begonnen, und das ging mit Ach und Krach bis gegen fünf Uhr, im März wurde nicht länger gearbeitet.

Sonntag war Ruhetag. Da konnten wir unsere Sachen herrichten, die Schuhe waschen, Kleidung flicken. Wir bekamen Nadeln und Zwirn, und wenn er auch in der Farbe nicht paßte, konnte ich mir doch Verschiedenes zusammennähen. Nach ein paar Tagen wurden uns die Schuhe abgenommen, und wir bekamen die ersten »Holländer«. Anfangs hatte ich noch Socken und konnte daher leidlich mit den »Holländern« gehen, insbesondere weil sie alt waren und schon jemand vor mir versucht hatte, die Kanten ein wenig abzuhobeln. Die »Holländer« waren ja aus ganz rohem Holz, in das man mit dem nackten Fuß ohne Socken hineinfahren mußte. Ohne Socken hatte man nach einer halben Stunde furchtbare Wasserblasen! Die Haut gewöhnte sich einfach nicht daran.

Auch meine Hände waren von der Arbeit bald voller Wunden. Als wir nach zweieinhalb Monaten von Auschwitz in das Lager Neuengamme kamen, mußten sie dort jeden Finger einzeln bandagieren. Fast alle, die von Auschwitz nach Neuengamme kamen, wurden dorthin transportiert, um Schachtarbeiten und Erdarbeiten zu verrichten. Dabei konnte kaum einer von uns noch eine Schaufel in die Hand nehmen! Alle hatten wunde Hände. In Neuengamme sagten sie uns, daß sie für uns an einem Tag mehr Verbandstoff verbraucht hätten als sonst in einem ganzen Jahr. In Auschwitz gab es keine Verbandstoffe. Wenn man Taschentücher hatte, zerriß man sie in Streifen und wickelte sie um die schlimmsten Stellen. Es war schrecklich. Am Morgen wachte man mit steifen Händen auf und wußte nicht, wie man sich waschen sollte.

Wenn wir am Abend ins Lager einrückten und dann in die Stube hinaufgingen, mußten die Schuhe draußen stehenbleiben, die Bekleidung auch. Hose zusammenlegen und in die Jacke hineinlegen, die Jacke so zusammenlegen, daß man die Häftlingsnummer sah. Wir behielten nur die lange Unterhose und ein Hemd an. Von Händewaschen konnte keine Rede sein. Dann gingen wir hinein, es gab Essen. Es herrschte ein Mangel an Schüsseln, und die, die das bereits wußten, gaben die Schüsseln nicht weiter. »Wenn du die Schüssel willst, mußt du mir etwas vom Essen lassen.« Schon gab es Balgereien, Gedränge, Gestoße. Die Routinierten wußten sich zu helfen, arbeiteten zu zweit. Wenn jemand in einer Hand eine Schüssel und in der anderen ein Stück Brot hielt, kam einer von hinten, gab dem einen Stoß, dem fiel das Brot aus der Hand, der andere hob das Brot auf und war schon weg. Mit solchen Gaunereien wurde gearbeitet. Wir waren alle Häftlinge. Es wird immer von der »schönen Kameradschaft im KZ« gesprochen, in Auschwitz sah ich keine Kameradschaft. Da war der Selbsterhaltungstrieb, wie bei Wölfen, die sich als einzige Tiere gegenseitig auffressen. In Auschwitz war jeder auf sich selbst gestellt. Jeder gegen jeden.

Ich wollte auf alle Fälle aus Auschwitz weg
Der Transport nach Neuengamme

So verging Tag für Tag, der März, der April. Es kam der 20. April, Führers Geburtstag, an dem die Juden nichts zu essen bekamen und fasten durften. Mitte Mai, als es anfing, ein bißchen wärmer zu werden, wurde ein Transport nach Neuengamme zusammengestellt.

Mein Bruder wurde für diesen Transport ausgesucht. Er hatte ein kräftigeres Aussehen als ich und wurde deshalb für die Erdarbeiten in Neuengamme bestimmt. Wer auf einen Transport mitkam, bestimmten die Kapos und Vorarbeiter, im Auftrag der SS, die nur eine bestimmte Zahl an Häftlingen für einen Transport vorgab. Was Neuengamme bedeutete, wußten wir nicht, von diesem Lager hatte man damals überhaupt noch nichts gehört, da es noch nicht lange in Betrieb war. Obwohl ich also nichts darüber wußte, wollte ich mit auf diesen Transport, denn ich wollte auf alle Fälle aus Auschwitz weg.

Schlimmer konnte es nicht kommen. Außerdem wollte ich auch mit meinem Bruder zusammenbleiben, auch wenn wir uns gegenseitig nicht viel helfen konnten. Er konnte nicht für mich schaufeln und ich nicht für ihn, nur wenn es zum Hinlegen kam, half uns, daß wir gemeinsam auf einer Seite liegen konnten. Wir lagen immer zusammen und arbeiteten auch immer zusammen. Das war unser Vorteil den anderen gegenüber.

Mein Bruder war der Stärkere von uns beiden. Er hielt sich etwas kräftiger als ich und dürfte auch schon von Haus aus ein paar Kilo mehr Gewicht gehabt haben. Wir hatten uns eigentlich kaum je gewogen, nur einmal 1937 in Rom. Dort konnte man sich in einem Münzautomaten fotografieren lassen und bekam dann ein Foto mit aufgestempeltem Datum und Gewicht. Ich hatte damals einen leichten Mantel an, und ich kann mich erinnern, alles zusammen machte fünfzig Kilo aus. Ich war also sehr schlank, man könnte auch mager sagen! Ich erinnere mich an ein Foto, das jemand von mir im Städtischen Strandbad in Wien, in das ich immer baden ging, gemacht hatte. Weil ich besonders chic ausschauen wollte, hielt ich mich für das Foto an irgendeiner Ecke oder Holzplanke fest. Auf dem Bild sah man dann alle meine Rippen! Ich zerriß es sofort und warf es weg. So schlank wollte ich auch wieder nicht sein! Mein Bruder dürfte ein paar Kilo mehr gehabt haben und sah dementsprechend kräftiger aus. Ich war mittlerweile schon ein Muselmann, wie man das in Auschwitz nannte – jemand, der so geschwächt war, daß er zum Arbeiten nicht mehr geeignet war. Jemand, der sich nur mit zusammengebissenen Zähnen jeden Tag aufraffte und hinausschleppte zur Arbeitsstelle und den Krampen oder die Schaufel als Stütze benutzte. Ich hatte keine Kraft mehr und war total ausgemergelt. Für die Erdarbeiten in Neuengamme war ich sichtbar ungeeignet.

Nachdem mein Bruder aber ausgesucht worden war, ging ich zu dem kleinen Kapo, der uns in den ersten Tagen geholfen und geschützt hatte, und bettelte, ob ich nicht auch mitkönnte. Er sagte: »Na, mit euch hat man viele Scherereien!« Nach langem Sekkieren hieß es dann: »Also, schreiben wir dich auf, damit wir euch zwei los sind.«

So wurde ich mit meinem Bruder und vielen anderen in einem Güterwaggon oder Viehwaggon von Auschwitz nach Neuengamme transportiert. Ich weiß nicht mehr genau, wie lange wir unterwegs waren, aber es muß eine ganz schön lange Zeit gewesen sein. Wir bekamen während der Fahrt nichts zu essen. Das war immer so bei solchen Transporten. Unsere persönlichen Sachen von der Effektenkammer kamen automatisch mit ins nächste Lager. Damit hatten wir nichts zu tun. Der Service war First Class ...

Da muß ein anderer hineinschauen in den Spiegel, das kann ich nicht sein!
Neuengamme

Es war für uns ein Glück, daß wir von Auschwitz weg nach Neuengamme kamen. Gleich als wir ankamen, zeigte sich beispielsweise, daß es das Habtachtstehen vor Mithäftlingen, wie es in Auschwitz üblich war, in Neuengamme nicht gab. Die hielten es dort nicht für möglich, daß es ein Lager gab, in dem politische Häftlinge so etwas von Kollegen verlangten. In Neuengamme konnten sie das einfach nicht fassen, das war ein richtig kommunistisches Lager – »alle sind gleich« und so weiter. Obwohl das auch nicht immer ganz stimmte. Aber etwas wie das Habtachtstehen lassen, das wäre eine zu offensichtliche Verletzung dieses Prinzips gewesen! Man wurde also in Neuengamme von Mithäftlingen nicht soviel geschlagen wie in Auschwitz.

Die nächste Erleichterung zeigte sich für uns, als wir unsere Nummern bekamen. Es fehlten zwei von den Zeichen, die wir in Auschwitz tragen mußten, der Fluchtpunkt und die Strafkompanie. Ich war jetzt ein normaler jüdischer Häftling und mußte nur mehr das gelbe auf das rote Zeichen annähen. Wir bekamen in Neuengamme ja neue Kleidung. Häftlinge, die von einem Lager in ein anderes geschickt wurden, hatten ihre Kleider abzugeben und bekamen neue. Neue alte Fetzen.

Wenn ich an Neuengamme denke, sehe ich als erstes Bild den Appellplatz. Man kam ins Lager herein und befand sich auf dem Appellplatz, auf der rechten Seite war das Revier, also die Krankenstation, links waren die Baracken, hinter den Baracken die Wäscherei, rechts vorne die Küche. Das Lager war nicht besonders groß, es gab nicht sehr viele Häftlinge. Die Baracke, in der wir untergebracht waren, war etwas besser als die in Auschwitz. Wir hatten wohl auch wieder Strohsäcke zum Schlafen, aber sie waren in Bettkästen eingelegt. Ich hatte ein Abteil mit Strohsack für mich, und daneben lag mein Bruder. Das waren Stockbetten, zwei bis drei Stock hoch. Im wesentlichen waren die Baracken in allen Konzentrationslagern gleich. Es gab zwei Türen, die eine führte zum A-Block, die andere zum B-Block. Die Baracken waren in der Mitte mit einer Holzwand geteilt, aber man konnte von einem Block in den anderen, ohne die Baracke verlassen zu müssen. Bei der einen Tür war das Klo, sieben oder acht Muscheln nebeneinander, und bei der anderen Tür war der Waschraum. Dort gab es zwei Steingut-Rondeaus mit einer Wasserleitung in der Mitte. Das heißt, von einem Rohr aus gingen vier oder fünf Wasserhähne weg, sodaß das Waschbecken von mehreren Häftlingen gleichzeitig benützt werden konnte. An der Wand stand ein Gestell für die dreckigen Schuhe. Im Block durfte man nur mit Schlapfen herumgehen oder mit Socken oder bloßfüßig, je nachdem, was man hatte. An den Tagraum schlossen die Schlafräume.

Das System der Reinigung war von Lager zu Lager verschieden. In Neuengamme war das Waschen etwas bequemer als in Auschwitz, etwas luftiger, nicht so gedrängt. Im Waschraum waren zwei Holzpfosten, die die Decke abstützten und an denen zwei zerbrochene Spiegel hingen. Meistens war am Samstagnachmittag der Toilettentag. In Neuengamme durften wir uns selbst rasieren. Wir stellten uns hintereinander an, der erste nahm den Seifenpinsel, rührte die Seife, seifte sich das Gesicht ein, gab dem nächsten den Pinsel und schabte sich den Bart ab. Als ich drankam – das ist jetzt kein Schauspiel – bekam ich den Pinsel, fuhr ein bißchen übers Gesicht, ging zum Spiegel, schaute hinein. Ich schaute nach links, schaute nach rechts. – »Da muß ein anderer hineinschauen in den Spiegel, das kann ich nicht sein!« Erst als ich eine Bewegung machte, begriff ich, daß ich es war. Zwei Knochen, Nase und Kinn, das war das Gesicht.

Die Blockältesten in Neuengamme waren nicht solche Gewalttäter wie in Auschwitz, wo es brutale Mörder waren. Ich möchte fast sagen, wenn es die Vergasungen in Auschwitz nicht gegeben hätte, hätten die Häftlinge die meisten Menschen ermordet. Was in Auschwitz ablief, nenne ich immer die »Handarbeit«. Bis die Gaskammern kamen, arbeitete man eben händisch und machte die Häftlinge auf diese Weise fertig. An den Blockwart in Neuengamme kann ich mich zwar erinnern, aber nicht namentlich. Die Stadt Hamburg wollte von mir den Namen unseres Blockältesten wissen, als sie um 1955 herum begannen, die Geschichte von Hamburg und Neuengamme aufzuarbeiten. Ich konnte mich aber nur erinnern, daß man ihn Chiang Kai-shek genannt hat. Andere Namen sind mir ganz entfallen, aber den merkte ich mir. Warum man ihm einen chinesischen Namen angehängt hatte, weiß ich nicht, vielleicht hatte er Schlitzaugen.

Die Vorarbeiter in Neuengamme waren auch nicht so schlimm wie die in Auschwitz. Wenn SS vorbeikam, riefen sie natürlich »Schneller, schneller, schneller«, aber es war nicht so, daß sie deshalb jemanden geschlagen hätten. Die SS-Scharführer, die für die Arbeitskommandos abgestellt waren, beaufsichtigten die Arbeiten außerhalb des Lagers und waren auch für die Zählappelle am Morgen und am Abend innerhalb des Lagers zuständig. Besonders gefährlich waren die Hundeführer. Die Hunde sollten ja auch ihre Freude haben! Wieviele Leute lassen ihren Hund mit einem Ball spielen? Im Lager spielten die Hunde eben mit Menschen.

Auch in Neuengamme rückten wir zur Arbeit aus. Da gab es einen Seitenarm der Elbe, wo das Flußbett reguliert werden sollte. Es war geplant, im Lager eine Ziegelfabrik zu bauen, da der Boden dort stark lehmig war. Die Ziegel sollten dann auf dem Wasserweg nach Hamburg gebracht werden, weil es des Führers Wunsch war, aus Hamburg die größte Hafenstadt der Welt zu machen. Wir mußten täglich hinaus zur Arbeit, unsere Jacken so hinlegen, daß man die Nummern obenauf sah, und einen Karren nehmen. Wir gingen zu zweit. Zuerst wurde Erde locker gemacht, dann kam man mit dem Karren hin, schaufelte die Erde hinein und fuhr mit dem Karren zu einer Stelle am Flußbett, wo zwei Bohlen auf zwei Böcke aufgelegt waren. Man hätte eigentlich vier Böcke gebraucht, aber es waren nur zwei hingestellt, dadurch federten die Bohlen sehr stark. Dort mußte man mit den schweren Bauernkarren hinauffahren. Diese Karren hatten aber keine Gummiräder wie heute. Auf der Bohle sollte an einer bestimmten Stelle die Erde ausgekippt werden, damit dort die Uferböschung gemacht werden konnte. Der Dreck fiel aber nicht hinaus, er klebte. Es war ja Lehmboden. Da hätte man jemanden gebraucht, der das aus der Karre rauskratzte. Man fing also an zu schütteln, es fing an zu vibrieren. Man verlor die Kraft. Der Karren rutschte hinunter. Man fiel ins Wasser, in den Gatsch. Auch mir ist das passiert. Zwei Meter bin ich die schräge Böschung mit dem Karren hinuntergefallen. Ich hatte »Holländer« an, die ich dann im Wasser suchen mußte. Ich war aber trotzdem schnell wieder draußen, denn es war kalt, und die SS stand am Ufer, mit langen Ketten und Hunden, die sie auf die Häftlinge hetzten, die ins Wasser gefallen waren. Manches Mal erwischte einen ein Hund an der Wade. Wenn man sich schnell losriß, kam man noch davon, schnappte den Karren wieder und versuchte, so schnell wie möglich wegzukommen. Es ist unvorstellbar, wie viel Kraft der Mensch entwickelt, wenn er so gefährdet ist! So lief ich wieder zurück, denn ohne Last war Laufschritt vorgesehen, nur mit Last durfte man etwas langsamer gehen. Es war vielleicht erst zehn Uhr vormittags und bis zur Abenddämmerung mußte gearbeitet werden! Eine furchtbare Situation, die nicht auszuhalten war.

Ich glaube an einen Gott, aber eigentlich nicht an Wunder
Als Muselmann nach Dachau

Zum ersten Mal kam ich auf fünfunddreißig Kilo herunter und hatte Ruhr mit einer Scheißerei, die man sich nicht vorstellen kann. Einmal markierte ich eine Ohnmacht. Vorm Ausrücken zur Arbeit ließ ich mich hinfallen, zwei Häftlinge trugen mich zum Krankenbau und legten mich dort hin. Es dauerte eine Weile, bis jemand wissen wollte, was mit mir los sei. Ich sagte: »Ich kann nicht gehen, der Fuß.« – »Alle Betten sind belegt, wir können dich nicht aufnehmen. Was machen wir jetzt mit dir? Da kannst du nicht herein.« Neuengamme war nämlich ein wirklich gut organisiertes kommunistisches Lager, in dem die Kommunisten alle paar Wochen ein paar Tage ins Revier genommen wurden, wo sie gut zu essen bekamen, bis sie sich erholt hatten. Ich hatte mir vorgestellt, ins Revier aufgenommen zu werden – meine Wunden waren groß genug, um behandelt zu werden –, aber das taten sie nicht. So ein heißer Kommunist war ich nicht, und für einen wirklichen Kranken war kein Bett da. Das waren die Nachteile, wenn man politisch nicht so am Trapez war. Man ließ mich also liegen, bis endlich einer kam, der zu mir sagte: »Paß auf, da kannst du nicht liegen, wenn die SS kommt, die treten dich zusammen.« – »Was soll ich tun?« Er sagte mir, ich sollte Papierln vom Appellplatz aufheben. »Ich kann mich nicht bücken.« – »Brauchst dich nicht bücken, du bekommst einen Stock, der unten einen Nagel hat, du spießt alles auf und gibst es in den Papierkorb hinein.« Einen ganzen Tag lang im Kreis herum am Appellplatz Papierschnitzel zusammenklauben, umgeben von allen SS-Leuten! Die härteste Schwerarbeit kann nicht soviel Angst verursachen in einem Menschen wie diese Arbeit mit dem Stock und dem Kübel! Damals dachte ich mir: »Nein, nie wieder markier ich so etwas!«

Am Abend sprach mich ein Häftling an: »Bist ein schlauer Kerl, ich hab' gleich gemerkt, du bist nicht wirklich ohnmächtig.« Ich fragte ihn: »Wieso hast du das gemerkt?« Er antwortete: »Du bist nicht auf die Seite gefallen, auf der du den Teller eingesteckt hattest!« Wir hatten nämlich alle einen Steingutteller eingesteckt, und wenn ich auf die andere Seite gefallen wäre, wäre er zerbrochen. Ich mußte lachen, der hatte das überzogen!

Körperlich war ich völlig am Ende. Ich sackte immer mehr und mehr ab, die Gedärme hingen mir beim After heraus. Ich hatte Mühe, speziell beim Hinsetzen, da ich mich ja nicht auf meine Gedärme setzen konnte. Die mußte ich – brutal gesagt – zuerst hineinschieben. Wenn ich Wasser trank, ging das durch, als ob man mir einen Schlauch durch den Körper gesteckt hätte. Oben hinein, gleich unten heraus. Wenn ich einen Bissen Brot in den Mund nahm, hatte ich das Gefühl, mein ganzer Mund sei voller Sand. Furchtbare Zustände. Ich habe später Ärzte gefragt, die hielten das alles nicht für möglich. Durch die Schwächung verlor der Körper jede Muskelkraft. Ich konnte die Schließmuskeln nicht mehr betätigen, etwas, was bei einem gesunden Menschen ganz automatisch passiert, der muß nicht dran denken – Entschuldigung für den Ausdruck – »Ich muß jetzt das Arschloch schließen.« Bei einem geschwächten Menschen aber sind die Muskeln offen. Ich arbeitete trotzdem weiter. Mit Zusammenbeißen der Zähne. Krampfhaft zusammenbeißen.

Man darf nicht vergessen, ich hatte noch meinen Bruder. Jeder machte dem anderen etwas vor. – »Na, es geht schon!« Was sollte ich denn sagen? Es geht nicht? Sollte er mit mir weinen? Wäre ich dann gesünder geworden? Diese Probleme gingen andauernd durch meinen Kopf, immer und immer wieder. Ich sah, ich sackte ab, ich war am Ende. Ich versuchte, mich zu halten, damit er nicht schwächer wurde, damit er nicht zusammenbrach. Meine Sorge war nur, wie er das durchstehen würde, wenn ich zusammenbreche. Was, wenn er mit ansehen mußte, wie man mich wegschaffte oder nach Hamburg schickte ins Krematorium?

Ein Ende unserer Situation war nicht abzusehen. Es wurden zwar oftmals von den SS-Leuten sogenannte »Latrinenparolen« ausgegeben, die aber dementsprechend viel wert waren. Wenn Vernichtungskommandos zusammengestellt wurden, hieß es: »Die kommen in eine Strumpfstopferei.« Irgendein SS-Mann brauchte das nur dem Lagerältesten zu sagen, in einer halben Stunde wußte das ganze Lager, es wird ein Transport zusammengestellt mit Kranken und Schwachen, die in eine Strumpfstopferei kommen sollten.

Es kam der Moment, an dem wir uns auf dem Appellplatz aufstellen mußten und die SS durchging und diejenigen herausnahm, die so ausschauten wie ich und keine zwei Tage mehr überleben würden. Mein Hirn arbeitete: Was sollte ich machen? Sollte ich mich melden? Ich hätte nur den Kopf zur Seite drehen müssen. Zuerst versteckte ich mich hinter meinem Vordermann. Ich überlegte, was passieren würde, wenn ich bliebe. Einen Tag oder zwei wäre es noch gegangen, länger nicht. Was hätte mein Bruder davon gehabt, wenn ich noch zwei Tage lebte? Ich entschloß mich, doch den Kopf zu zeigen. Gleich war ich draußen, gleich in der Gruppe eingeteilt, die nach Dachau geschickt wurde. Wir wurden sofort separiert, blieben allerdings am Abend noch in unserem Block. Man gab uns zum ersten Mal einen ganzen Wecken Brot und eine Scheibe Margarine für den Transport. In dieser Nacht kroch ich mit dem Brot hinüber zu meinem Bruder, brach ihm ein Stück davon herunter und ein Stück von der Margarine und blieb vielleicht zwei oder drei Stunden neben ihm liegen. Bevor es zu dämmern begann, so um drei oder vier Uhr früh, kroch ich auf meinen Platz zurück.

In der Früh wurden wir einwaggoniert. Die Häftlinge, die noch am Abend oder in der Nacht verstorben waren, wurden zusammen mit den Lebenden verfrachtet. Zweihundertfünfzig

Häftlinge gingen auf Transport, in Dachau angekommen sind siebzig Überlebende, von denen im Laufe der nächsten Wochen weitere dreißig starben. Vierzig blieben am Leben. Warum schickte man uns überhaupt nach Dachau? Von Neuengamme konnten pro Tag zehn, zwölf Tote nach Hamburg ins Krematorium gebracht werden. Mehr wagten sie nicht hinzuschicken, damit wegen der vielen Leichen kein Wirbel entstand. Wer aber nach Dachau geschickt wurde, mußte dort als tot gemeldet werden und nicht in Neuengamme, auch wenn er auf der Fahrt oder sogar noch vor Beginn des Transports gestorben war. Das war natürlich ein großer Vorteil für die Lagerleitung von Neuengamme, und deswegen gab es alle paar Wochen einen Leichentransport nach Dachau.

Es war wohl vernünftig, daß ich ging, denn wenn ich in Neuengamme gestorben wäre, hätte das meinen Bruder unmittelbarer und härter getroffen als die Tatsache, daß ich nach Dachau kam. Möglicherweise schrieb ihm auch meine Schwester, von der wir in Neuengamme das erste Mal Post erhielten, daß es mir in Dachau besser ging. Mein Bruder hätte wohl in Neuengamme überleben können, er war kräftiger als ich. Wenn er schon so lange durchgehalten hatte, mußte es auch weiter gelingen. Wenn er nicht Typhus bekommen hätte, hätte er es schaffen können. Er starb im Jänner 1942.

Ich war also nicht lange in Neuengamme, vielleicht zwei Monate. Ich war schon, als ich hinkam, nicht arbeitsfähig. Ich konnte mich nur eisern halten, weil es ein bißchen besser war als Auschwitz. Ich glaube an einen Gott, aber eigentlich nicht an Wunder. Trotzdem muß ich sagen, mir sind eine Menge Wunder widerfahren. Von Auschwitz wegzukommen, wo ich zum Liquidieren bestimmt war, war schon ein Wunder – ganz gleich, in welchem Zustand ich von dort wegkam. Und auch, als ich von Neuengamme nach Dachau deportiert wurde, geschah ein Wunder: Ich lag zwei Tage und zwei Nächte in einem Waggon in einer Ecke, schwerkrank, mit den Gedärmen draußen, und ich kam in Dachau an und war ein gesunder Mensch. Ohne Medikamente, ohne irgend etwas, ich war ein gesunder Mensch. Vielleicht half mir das Klima, die wärmere Luft. Das Klima in Hamburg ist für uns »Mitteleuropäer« nicht genießbar. Wir können dort nicht existieren. Die Luftfeuchtigkeit, der Wind, das geht alles durch die Kleidung durch, besonders bei Häftlingen mit dem dünnen Gewand. Ich kam also gesund in Dachau an. Die Häftlinge wurden ausgeladen, die Toten zur Seite geschafft.

Wer einmal gestorben ist, dem tut nichts mehr weh
Dachau

In Dachau war ich zum ersten Mal allein, ohne meinen Bruder. Ich fand mich aber damit ab und war nur glücklich, die Schmerzen losgeworden zu sein. Nach achtundvierzig Stunden Zugfahrt in Dachau ankommen und die Alpenluft riechen! Die Toten im Waggon spielten dabei keine Rolle. An die Toten hatte ich mich gewöhnt. Wer einmal gestorben ist, dem tut nichts mehr weh. Damit mußte man sich abfinden. Aber die Luft in Dachau, da fühlte ich mich gleich wohler! Ich atmete tief ein und war guter Dinge, weil ich doch so leidend eingestiegen und jetzt halbwegs gesund ausgestiegen war. Die Muskulatur hatte sich wieder erholt und im Mund hatte ich keinen Sandgeschmack mehr. Ich war ein anderer Mensch.

Beim Aussteigen in Dachau ergab sich für mich zufällig etwas sehr Günstiges: Ich erkannte natürlich jeden Häftling am Winkel, wußte, woher er kam und in welcher Sprache er anzusprechen war. Der Blockälteste merkte, daß ich mich gut mit verschiedenen Häftlingen in verschiedenen Sprachen verständigen konnte und machte aus mir seinen Dolmetscher. Die Häftlinge, die von Neuengamme kamen, waren ja sehr gemischt. Wir hatten Italiener, wir hatten Spanienkämpfer, wir hatten Polen, wir hatten Tschechen, vielleicht noch polnische Juden, die sich auf jiddisch verständigten. Italienisch konnte ich sehr gut, Polnisch und Tschechisch waren sehr ähnlich, da konnte man sich gut verständigen. Deutsch war nicht notwendig, das konnte der G'scherte selber auch. Das Hauptanliegen der Häftlinge kannte ich sowieso: Hunger! Das war leicht zu übersetzen. Ich tröstete sie, sagte ihnen, daß es bald Abendessen gäbe, oder klärte sie darüber auf, ob man in diesem Lager zu Mittag oder am Abend aß. In jedem Konzentrationslager gab es nämlich ein anderes Küchensystem, und selbst innerhalb eines Lagers existierten noch zusätzlich verschiedene Systeme.

Wie wurde man Funktionshäftling, Kapo, Vorarbeiter, Blockältester oder Dolmetscher? Das ging über den Lagerältesten, über Vorschläge der Schreibstube. Wenn zum Beispiel ein Blockältester auf Transport ging und Ersatz für ihn bestimmt werden mußte, wurde das zwischen dem Lagerältesten und der Schreibstube abgesprochen und von der SS akzeptiert. Das Dolmetschen war keine solche offizielle Sache, das war nur vom Blockältesten anerkannt. Ich bekam dafür von ihm mehr Essen. Es mußte aber nicht anderen Häftlingen weggenommen werden, denn in jedem Block starben täglich Leute, die erst am nächsten Tag gemeldet wurden. Ihr Essen blieb für die Funktionäre. Wenn man Häftlinge marschieren sah und Kapos und Vorarbeiter links oder rechts davon, schauten die eigentlich immer gut genährt aus im Gegensatz zu den anderen Häftlingen. Jetzt war ich plötzlich auch einer von den Gutaussehenden, Gutgenährten! In den drei Wochen meiner Dolmetschertätigkeit muß ich hübsch zugenommen haben, es ging mir sehr gut. Ich konnte mir Essen ins Geschirr schöpfen, soviel ich wollte. Wenn die Kessel kamen, ein Kessel hatte beispielsweise fünfzig Liter, und am Block waren vierzig Häftlinge, wurden gleich zehn Liter abgeschöpft, die für den Blockältesten, den Stubendienst und für mich waren. Jeder konnte sich zwei, drei Schöpfer nehmen. So ein Schöpfer war ziemlich groß, im allgemeinen zwischen einem Liter und eineinviertel Liter.

Nach drei Wochen war es aber aus damit, weil ich dann zur Arbeit einrücken mußte. Anfangs waren wir ja in einem Quarantäneblock untergebracht, damit wir allfällige Krankheiten nicht ins Lager einschleppten. Deshalb wurden wir, die wir aus Neuengamme kamen, anfangs isoliert. Zum Zählen gingen wir vor den Block hinaus, aber nie zum Zählappell auf den Appellplatz. Im Quarantäneblock war das ein Vorsichhinvegetieren den ganzen Tag lang. Und an was dachte man die ganze Zeit? Nur ans Essen.

Das ist das Furchtbare, wenn man nichts zu tun hat. Das ist fast schwerer zu ertragen als körperliche Arbeit. Durch die Anstrengung und durch die Arbeit war man abgelenkt, dachte über die Arbeit nach, ging neben jemandem, mit dem man sich unterhalten konnte. Natürlich unterhielt man sich in neun von zehn Fällen übers Essen! Was man da und dort gekocht hatte, und was jeder für ein wunderbarer Koch war! Jeder hatte ein Geheimrezept, was er kochen konnte, was er gerne kochen würde. Der Hunger bringt verschiedenes zutage. Ich war einer der wenigen, die schon ein bißchen in der Welt herumgekommen waren, das war natürlich besonders interessant, davon zu erzählen.

Von den siebzig, die lebend in Dachau angekommen und in den Quarantäneblock eingewiesen worden waren, starben noch dreißig, oder kamen zumindest vom Block weg, zum Sterben ins Revier. Vierzig blieben arbeitsfähig und wurden zur Arbeit in der Gärtnerei in Dachau eingeteilt. Die paar Wochen als Dolmetscher nützten mir sehr viel, weil ich wieder zu Kräften kam und dadurch leichter zur Arbeit gehen konnte. Die Arbeit in der Gärtnerei bestand aus lauter Tätigkeiten, die man nur gebückt verrichten konnte. Man durfte sich auch zwischendurch nicht aufrichten, obwohl es doch idiotisch ist, jemandem zu verbieten, das Kreuz auszurichten, um sich danach wieder besser bücken zu können! Wenn man aufstand, um das Kreuz geradezuhalten, bekam man Prügel vom Vorarbeiter, vom Kapo oder von einem SS-Mann. In einem KZ waren Menschen am Werk, die kein Hirn hatten. Was nützte es zum Beispiel dem SS-Mann in Auschwitz, daß er mir den Draht abgeschnitten hatte, mit dem ich den Kasten leichter hätte tragen können? Ich hätte um ein paar Schaufeln mehr Kies schleppen können. Das ist das Hirnlose! Nicht die Arbeit, sondern die Quälerei des Menschen stand im Vordergrund.

Die Gärtnerei in Dachau lag etwas außerhalb des Lagers. Frühmorgens hieß es: »Arbeitskommandos aufstellen, ausmarschieren, Postenkette aufstellen!« Rund um das KZ wurden SS-Leute aufgestellt, in Sichtweite, mit Gewehr, eine Postenkette. So konnten die Häftlinge frei arbeiten, ohne daß hinter jedem Häftling ein SS-Mann nachgeschickt werden mußte. Nach Arbeitsschluß sammelte man sich wieder, jedes Kommando marschierte geschlossen ein. Beim Ausmarschieren wurde die Zahl der Häftlinge aufgeschrieben und beim Hereinkommen auch. Im Garten wurde verschiedenes für die Lagerküche angebaut. Es waren lauter Sachen, die auch die SS-Leute brauchen konnten! Man muß dabei folgendes bedenken: Nehmen wir an, es sind zwanzigtausend Häftlinge in einem Lager, wie es später in Buchenwald war. Nehmen wir an, für jeden Häftling waren vier Deka Fleisch, Fett oder sonst irgend etwas pro Portion Suppe berechnet. Nehmen wir an, ein paar SS-Männer schleppten jede Woche jeder zwei Kilo Fleisch oder Fett weg. Das ergab zehn Kilo. Zehn Kilo auf zwanzigtausend Häftlinge! Der Häftling merkte gar nicht, daß er bestohlen wurde. Die Masse der Häftlinge machte es aus, daß die zehn Kilo stehlen konnten, ohne daß es auffiel.

In Dachau war ich im Sommer 1941. Der Rußlandfeldzug hatte begonnen, das Fressen in den Konzentrationslagern wurde immer schlechter. Es gab Steckrübensuppe. Die Steckrüben, Winterware aus der Ukraine, waren gefroren. Das war die Kost von 1941 in den Lagern. Dazu kam die schwere Arbeit in der Gärtnerei, das ständige gebückt Arbeiten. Am Abend spürte man sein Kreuz nicht mehr. Es dauerte Stunden, bis man wieder richtig Atem schöpfen konnte, solange, bis man schon wieder zur Arbeit gehen mußte. Das war auf die Dauer nicht auszuhalten. Vitaminmangel machte sich bemerkbar. Ich hatte mittlerweile schon zwei Jahre kein Obst und keinen Salat zu mir genommen. Da kommt es zu Entzündungen der Haut, Phlegmonen. Das sind zuerst große, rote Flecken, wie entzündete Haut, die schmerzen, wenn man sie angreift, und dann anschwellen. Ich hatte sie am Bein, am Oberschenkel und in der Kniekehle. Es schwoll an und platzte, Eiter und Blut rann herunter. Wenn ich saß oder eine Weile in Ruhestellung lag, war alles halbwegs in Ordnung. Sobald ich mich aber bewegte und die Blutzirkulation einsetzte, spürte ich furchtbare Schmerzen, und der Eiter- und Blutausfluß war sehr stark. Es gab aber keine Verbandstoffe, nur Papierrollen. Klopapier ist heute besser als das, was wir damals als Verband bekamen. Es gab auch keine Watte, die den Eiterfluß hätte abstoppen können. Das Papier war in einer halben Stunde durchtränkt und wurde beim Trocknen so steif wie ein Gipsverband. Ich hatte es vom Oberschenkel bis zur Wade und in der Kniekehle herumgewickelt, es wurde hart, und ich konnte das Knie nicht mehr ausstrecken. Monatelang humpelte ich mit einem abgewinkelten Knie. In einem Konzentrationslager so zu arbeiten, verlangte doppelte Kraftanstrengung.

Es ging mir sehr schlecht durch die Phlegmonen. Das Krankensystem hatte man aber in Dachau besser im Griff als in den anderen Lagern, in denen ich bisher gewesen war. In Auschwitz gab es überhaupt keine Behandlung, in Neuengamme nur am ersten Tag, als wir nach unserer Ankunft bandagiert wurden. In Dachau wurden wir öfters behandelt. Ich mußte nur dem Blockältesten am Abend sagen, daß ich am nächsten Tag nicht ausrücken könne und Revierbehandlung brauchte. Er schrieb das auf, das ging über die Schreibstube zum Revier, und die gingen dann von Block zu Block, um die Häftlinge zu behandeln. Wenn einer markierte, um aufs Revier zu kommen, gab es Hiebe. Aber so wie bei mir, wo man sah, daß die Wunden eiterten, hat man tatsächlich versucht, sie zu reinigen. Wenn also jemand wirklich krank war, brauchte er in der Früh nicht zur Arbeit auszurücken, blieb am Block, und so gegen neun, zehn Uhr kam die »Ambulanz«, die man sich folgendermaßen vorstellen muß: Ein

Pfleger, einer, der ein Brett trug, und ein oder zwei Personen mit einem Koffer. Das Brett wurde aufgelegt über die Klomuschel, dort wurde die »Ordination« durchgeführt. Sie wollten meine Kniekehle bearbeiten und sagten mir gleich, daß das weh tun würde. Ich stand auf einem Bein, das zweite Bein war oben auf dem Brett. Zwei hielten mich, ich mußte mich umdrehen, damit die Kniekehle besser zu behandeln war. Der Revierpfleger fing an, die Phlegmone zu reinigen, und sagte zu mir: »Sing! Sing was!« – »Ich kann nichts singen.« – »Sing ›Fuchs, du hast die Gans gestohlen‹!« Ich glaube, ich habe das zweihundertmal gesungen oder geschrien, immer wieder »Fuchs, du hast die Gans gestohlen«. Ich wußte nämlich nicht, wie das Lied weitergeht! Während ich sang, wurde ich behandelt. Im Oberschenkel hatte ich auch eine Wunde, und es stellte sich heraus, daß neben der Wunde ein Eiterkanal war. Dort fuhr er mir mit der Pinzette hinein. Wenn ich nur daran denke, spüre ich heute noch den Schmerz von damals! Es war zum Wahnsinnigwerden. Diese Behandlung war furchtbar und nützte gar nichts. Ich mußte ja am nächsten Tag wieder arbeiten gehen, die Wunde war immer in Bewegung und konnte gar nicht heilen.

Es gab in Dachau einen Revierkapo, einen gewissen Sepp Heiden. Den Namen merkte ich mir, denn er wurde später als Häftling entlassen, kam als SS-Mann zurück in das Lager und übernahm wieder das Revier! Einmal war ich im Revier, durfte mich schön ins Bett legen, es ging mir verhältnismäßig gut, nur das Bein tat mir weh. Ich bekam viel flüssige Kost und mußte jede Stunde einmal aufs Häusl gehen. Wenn ich aber heruntersteig vom Bett, mußte ich erst fünf Minuten stehen bleiben, bis das Bein sich an die neue Lage gewöhnte und ich hinausgehen konnte. Ich entdeckte etwas bei meinem Nachbarn, einem Zigeuner, der etwas am Fingernagel hatte und dem sie deswegen gleich den Daumen amputierten, weil das einfacher ging. Er hatte eine Urinflasche. Ich fragte ihn: »Was willst du, wenn du mir die Flasche gibst?« – »Na ja, das Brot von morgen.« Ich verzichtete auf das Brot, gab es ihm und bekam dafür die Flasche, mit der man sich leichter tat beim Harnlassen. Ich konnte im Bett bleiben, brauchte nur die Flasche hochheben und den Harn hineinlassen. So brauchte ich nur einmal am frühen Morgen die Flasche ausleeren gehen, statt zehnmal in der Nacht aufzustehen. Am nächsten Morgen stand ich auf, natürlich tat ich mir ein bißchen schwer, vom Bett herunterzurutschen. Hier die Flasche, da das Bein, groß war ich auch nicht, die Betten waren höher als ich groß war. Ich ging mit der Flasche zur Toilette. Beim Waschraum war eine Pendeltür, vor mir ging jemand, die Pendeltür schlug zurück, die Flasche fiel mir aus der Hand und zerbrach. Mit Ach und Krach sammelte ich die Splitter ein und räumte sie weg. Ich ging zurück und legte mich ins Bett. Um neun Uhr vormittags kam Sepp Heiden: »Eine Flasche fehlt, wer hat sie?« Es wäre vielleicht nicht viel passiert, wenn ich mich gemeldet hätte, aber man ist in solchen Fällen oftmals zu feig. Ich lag also im Bett, Heiden ging durch die Zimmer und fragte: »Wer war es?« Es konnte sich niemand melden, weil ich mich nicht meldete. Nach einer Weile kam er mit einem Häftling, der den Gesuchten – also mich! – mit der Flasche gesehen hatte. Der Häftling ging bei mir vorbei, erkannte mich aber nicht. Sie gingen nach nebenan, dann in den dritten Raum, und ich dachte mir schon, jetzt hast du Glück gehabt. Aber dann kamen sie zurück und gingen alle Betten noch einmal durch. Beim zweiten Mal rief er dann: »Der war es!« Sepp Heiden, ein Lackel von vielleicht zwei Meter Größe, hob mich an meinem Hemd heraus aus dem Bett – ich wog damals fünfunddreißig Kilo. Er warf mich in eine Ecke und trat genau dorthin, wo er den Verband am Bein sah. Heiden war eine Bestie.

Ich hatte abermals großes Glück im Unglück. Es wurde ein Versehrtentransport nach Buchenwald zusammengestellt. Ich kam gar nicht mehr zurück ins Bett, auch nicht mehr zurück auf meinen Block, sondern wurde gleich für diesen Transport nach Buchenwald eingeteilt. Soll mir einer sagen, das war kein Glück, dem aus den Augen zu kommen.

In welchem Block von Dachau ich zu der Zeit eigentlich war, weiß ich nicht mehr genau. Ich habe das Gefühl, daß ich bis zum Schluß im Quarantäneblock war und von dort aus zur Arbeit ging. Ich war ja nur verhältnismäßig kurze Zeit in Dachau, nur wenige Monate. Ich erinnere mich vor allem an die Gärtnerei, an das Revier und an die Behandlung mit dem schönen Gesang und daran, daß vis-à-vis von unserem Block Geistliche waren.

Mittlerweile hatte ich auch schon Lagererfahrung. Aus jedem KZ blieb etwas hängen, was ich später wieder brauchen konnte. Wenn ich die einzelnen Lager so vergleiche, ging es mir von Lager zu Lager immer besser. Neuengamme war besser als Auschwitz. Dachau war besser als Neuengamme, mit Ausnahme des brutalen Revierkapos Sepp Heiden. Aber jene, die gemeinsam mit mir zuerst in Auschwitz und dann in Neuengamme waren, wurden immer weniger. Als der Invalidentransport nach Buchenwald abging, waren vielleicht noch drei, vier oder fünf von damals dabei, nicht mehr.

Den nicht, da ist die Wunde fast geschlossen
Im Krankenrevier von Buchenwald

Wir wurden in Dachau auf einen Lastwagen verladen und zum Frachtenbahnhof gebracht. Von dort fuhren wir nach Weimar. Buchenwald lag auf einem Berg, acht Kilometer von Weimar entfernt. Wir waren ein Versehrtentransport, aber trotzdem mußten alle die acht Kilometer bergauf gehen, stellenweise war das ziemlich steil. Immer wieder brach jemand zusammen, wurde erschossen. Hinten fuhren Lastautos nach und luden die Toten auf. Ich mußte mit meinem abgewinkelten Bein gehen. Für den Transport bekam ich zwei »Holländer«, die ich allerdings nur in der Hand tragen konnte und nicht an den Füßen, da ich keine Socken hatte. So mühten wir uns hinauf nach Buchenwald. Als wir oben ankamen, war es inzwischen finster geworden. Wir konnten nicht mehr eingeteilt werden und mußten auf dem Appellplatz liegenbleiben. Dort gab es einen mit Stacheldraht eingezäunten Teil, der »Rosengarten« genannt wurde. Dort wurden wir hineingedrängt.

Ich stand beim Eingang und suchte noch nach einem Platz zum Hinlegen, weil schon viele Häftlinge vor mir drinnen waren und bumm – bekam ich einen Hieb von einem bekannten SS-Mann, Otto Heinrich. Ich flog einige Meter, taumelte irgendwohin und blieb gleich dort liegen bis zum nächsten Morgen. Das war im Spätsommer 1941, und es war die einzige laue Sommernacht, an die ich mich in Buchenwald in all den Jahren erinnern kann. Sonst war das eine Gegend, in der man höchstens an fünf Tagen im Jahr am Block nicht heizen brauchte. Im Tagesraum am Block waren Öfen, im Lager gab es eine Kohlengrube, und jeder Block konnte sich eine gewisse Menge Holz und Kohlen von dort holen.

Am nächsten Morgen, gleich im Morgengrauen, kamen Häftlinge, um unseren Transport zu versorgen. Wir mußten alles ablegen, da wir uns duschen und die Wunden mit Wasser oberflächlich reinigen durften. Ich mußte den Verband abnehmen und in eine Tonne mit Desinfektionsmittel steigen. Das brannte natürlich furchtbar. Die Häftlinge schauten mein Bein an und sagten: »Du mußt ins Revier gehen!« Inzwischen war es elf, halb zwölf geworden, ein schöner Sommertag. Der Weg zum Revier ging schräg hinunter, es war glitschig, ich rutschte weg, ein Gewitter machte sich bemerkbar, es war naß. Waschelnaß und dreckig, als hätte man mich aus einem Kothaufen herausgezogen, kam ich im Revier unten an. Zum Glück gab es vor dem Revier ein Bassin. Ich wurde dann von zwei Häftlingen operiert. Der eine war Mechaniker und der andere Fleischhauer. Der Fleischhauer hieß Krämer und war ein guter Sanitäter, er konnte wirklich Ärzte ersetzen. Heute ist bekannt, daß er den Lagerkommandanten Koch von Syphilis geheilt und SS-Leute mit Furunkel behandelt hatte. Als Koch dann nach Lublin versetzt wurde, trug er seinen Kollegen auf: »Bei diesem Häftling müßt ihr schauen, wie ihr ihn weiterbringt! Der weiß zuviel von mir.« Krämer wußte eben nicht nur von seiner Syphilis, sondern auch von seinen Geschäften. Nachdem man ihn mit einem zweiten Häftling nach Goslar gebracht hatte, wo er Revierkapo werden sollte, wurde er dann »auf der Flucht erschossen«. Das war ein ausgesprochenes Liquidierungskommando.

Von diesem Häftling Krämer wurde ich also noch in Buchenwald operiert. Nach der Operation kam ich in einen Krankensaal, in dem alle Häftlinge Phlegmonen hatten. Auf beiden Seiten der Baracke waren die Fenster offen, aber das nutzte nichts. Erstens war es Sommer und zweitens stank es. Ich kam gestützt von zwei Pflegern in diesen Raum, der von einem jüdischen Pfleger betreut wurde. Ich kam, er schaute mich an, und gerade dort, wo ich stand, war im dritten Stock ein Bett frei. Ich sagte ihm: »Ich kann da nicht hinauf.« Wumm – schon hatte ich eine Fotzn. Und auf einmal konnte ich hinauf. Es muß ein Sonntag gewesen sein, weil wir wie immer am Sonntag das Essen für den Abend schon zeitig am Nachmittag bekamen, damit man in der Küche eine Ruh' hatte. Ich lag also da oben und bekam ein Stück Blutwurst und ein Brot. Nach einer Weile kam der Pfleger und schob mir das Fieberthermometer herein. Ich lag da, schlief mehr als ich wach war. Nach einer Weile zog er mir das Thermometer heraus, schaute drauf, schaute mich an, nahm den Arm zum Pulsmessen, gab mir ein neues Thermometer, ging weg, schaute aber immer von der Seite, ob ich nicht mit dem Thermometer manipulierte. Ich hatte keine Ahnung, was er von mir wollte. Dann holte er das zweite Thermometer, sah es an, machte unten ein Bett frei, holte mich herunter und legte mich dorthin. Am nächsten Tag sagte ich zu ihm: »Die Fotzn hab' ich dir schon verziehen!« Er hatte sich die ganze Nacht mit mir geplagt. Es gab einen Hitzekasten mit Elektrobirnen drinnen, den er mir über den Körper stellte. Er wechselte sechs- oder siebenmal mein Hemd, weil es ständig durchnäßt war, und mühte sich bis zum frühen Morgen mit mir. Es ging mir dann besser, ich lag aber noch ungefähr vierzehn Tage dort, in denen die Wunde sich nicht schloß. Sie war zwar operiert worden, wollte aber nicht heilen, weil mir Vitamine fehlten.

Dann geschah wieder ein kleines Wunder. In Buchenwald gab es den KZ-Arzt Waldemar Hoven. Dieser Dr. Hoven kam eines Tages ins Revier und suchte zwölf Häftlinge aus für eine Hautübertragung. Ich wurde auch ausgewählt. Man wurde nicht gefragt, ob man wollte oder nicht, man wurde einfach bestimmt. Am nächsten Morgen kam der Revierfriseur und rasierte mir hinten am Schenkel auf einem handtellergroßen Stück Haut die Haare aus. Um acht kam der Herr Doktor, schaute sich seine zwölf Kandidaten an, kam bei mir vorbei und sagte: »Den nicht, da ist die Wunde fast geschlossen.« Über Nacht war die Wunde zugeheilt.

Was soll man dazu sagen? Kein Wunder? Ich wurde nicht von Hoven operiert. Die anderen elf starben alle innerhalb von drei Wochen an Blutvergiftung. Hoven hatte nämlich um jede Hautübertragung einen Gipsverband gemacht, an dem die Haut natürlich ankleben mußte.

Es gab aber auch andere Ärzte. Ein gewisser Dr. Peter Hofer aus Salzburg beispielsweise kam als Standortsarzt nach Buchenwald und sagte gleich, daß es bei ihm nicht soviel Tote geben werde. Er wurde deswegen an die Front abkommandiert. Das ist eine erwiesene Geschichte. Es heißt doch immer, daß alle mitmachen hätten müssen. Aber er sagte: »Nein, das mache ich nicht mit. Ich möchte an die Front.« Als Arzt steht man doch ohnehin nicht in der ersten Reihe, sondern kommt in ein Spital oder in ein Lazarett. Sein Bruder war später mehr als dreißig Jahre mein Hausarzt.

Nachdem ich also nicht von Hoven operiert worden war, lag ich weiter im Revier und sah, wie andere Häftlinge sich mit dem Thermometer »beschäftigten«, um höhere Temperaturen vorzutäuschen. Das war sehr gefährlich, und deshalb wollte ich da nicht hineingezogen werden. Die Wunde war fast geheilt, also dachte ich mir, es wäre besser, ein kleines Pflaster draufzukleben und arbeiten zu gehen. Es kam nämlich vor, daß Betten gebraucht wurden, wenn mehr Kranke anfielen, und dann wurde nachgeschaut, wer schon lange lag. Die Krankenblätter wurden durchgesehen, und wenn jemand dabei war, der schon drei Wochen hindurch neununddreißig Grad Fieber hatte, hieß es: »Nein, da müssen wir was machen.« Die Nummer wurde aufgeschrieben, und am nächsten Tag wurde »etwas gemacht«. Man holte den Häftling, gab ihm eine Herzspritze, und er war weg. In der Spritze war Wasser, Phenol oder Benzin. So bekamen sie Betten frei.

Außerdem bestand noch die Gefahr, daß die SS kommen, mich sehen und feststellen würde, der schaut doch schon gesund aus, die Wunde ist nicht mehr so arg. Vielleicht hätten sie geglaubt, ich tachiniere, und hätten mich auch abgespritzt. Obwohl ich also noch ein paar Tage hätte bleiben können, zog ich es vor zu gehen. Ich meldete mich beim Pfleger am Revier gesund, der gab das weiter, dann kam ich zur Schreibstube, und dort hieß es: »Also paß auf, du fängst morgen zu arbeiten an.« Vielleicht bekam ich auch noch ein paar Tage Schonung, an das kann ich mich nicht mehr genau erinnern. Ich wurde jedenfalls durch die Arbeitsstatistik zu einem Arbeitskommando eingeteilt und kam in den Steinbruch.

Wir waren eingespannt wie Pferde
Die Arbeitskommandos von Buchenwald

Ich war in Buchenwald in verschiedenen Arbeitskommandos. Zuerst war ich im Steinbruch, dann beim Lorenziehen, dann Steineträger beim Straßenbau, in der Fuhrkolonne, und zuletzt wurde ich Maurerlehrling. Knapp vor Schluß war ich auch noch drei Wochen Schneider. In den Kommandos Steinbruch, Loren und Steineträger arbeitete ich von Herbst 1941 bis Sommer 1942.

Mein erstes Arbeitskommando war also der Steinbruch. Vom Tor des Lagers heraus, rechts den Zaun entlang kam man zum Steinbruch, wo wir Steine schlagen mußten. Ich bekam einen schweren Schlegel und wurde belehrt, wie man auf den Stein hauen mußte. Ein Stein hat nämlich Adern, und nur wenn man auf die Adern schlägt, spaltet er sich. Das war natürlich eine anstrengende Arbeit. Ich mußte den Schlegel, der sehr schwer war, hochheben und dann mehr oder minder auf den Stein fallenlassen. Da brauchte man gar keinen Meißel dazu. Man mußte einfach auf den ungefähren Verlauf der Ader schlagen, und wenn es beim ersten Mal nicht klappte, ein zweites und drittes Mal, bis sich der Stein spaltete. Die Steine, die wir bearbeiteten, lagen schon herum, waren schon gelöst, sei es durch Sprengung, sei es daß Häftlinge sie aus einer höheren Schicht abgeschlagen hatten. In Buchenwald gab es durchwegs Kalksteine, das ist etwas weicher als Granit und daher etwas leichter zu spalten.

Die Steine wurden dann auf Loren verladen. Das war das nächste Arbeitskommando, zu dem ich kam. Solche Loren laufen normalerweise auf Schienen, damit es leichter geht. Aber bei uns gab es keine Schienen. Acht Mann zogen eine Lore über den holprigen Boden, ein Vorarbeiter ging hinterher. Alles machte man in Buchenwald wie in jedem Konzentrationslager auf Kommando – links, zwei, drei, vier –, weil die Zugkraft dann stärker war. Während wir zogen, versuchte der Vorarbeiter manchmal, ob er bei einem Häftling die Finger von der Stange lösen konnte. Er schlich von hinten mit Gummisohlen so leise heran, daß man ihn nicht hörte, und versuchte, die Finger von der Stange loszubringen, um zu sehen, ob der Häftling auch richtig zog. Wenn ihm das gelang, lebte der Häftling keine halbe Stunde mehr. Er wurde herausgenommen und hinuntergejagt in den Steinbruch. Zwei Häftlinge mußten ihm einen schweren Stein aufladen, dann wurde er vom Vorarbeiter im Laufschritt bergauf gejagt. Die Vorarbeiter waren damals durchwegs »Grüne«, also kriminelle Häftlinge. Der Häftling wurde zwanzig, fünfundzwanzig Meter hinaufgejagt, ließ den Stein fallen und bekam Hiebe. Natürlich blieb er, wenn er Hiebe bekam, nicht stehen. Er rannte weg. Wohin rannte er? Zurück in den Steinbruch, zwischen zwei SS-Leuten durch und »wurde auf der Flucht erschossen«. Das kam sehr oft vor, fast täglich erwischte es einen. Der SS-Mann bekam drei Tage frei und einen Liter Schnaps, und ein paar Tage später, wenn er wieder seinen Dienst antrat, haute er dem Vorarbeiter ein Packerl Zigaretten hin, und die Geschichte war erledigt. Der »Grüne« wollte dem SS-Mann eine Gefälligkeit tun, und der SS-Mann tat ihm eine Gefälligkeit. Den »Grünen« war das kein Problem, für ein Packerl Zigaretten jemanden ins Jenseits zu bringen, sie waren der verlängerte Arm der SS. Zumindest bis Frühjahr 1942 nahmen sie der SS die Arbeit der manuellen Hinrichtung ab und beseitigten die Häftlinge.

Das Lorenziehen war anstrengender als das Steineschlagen. Dazu kam die ständige Angst, weil wir ja wußten, wie leicht man dabei ums Leben kommen konnte. Wenn man wirklich immer so ehrlich gezogen hätte, daß man auf keinen Fall erwischt werden konnte, hätte man das nicht lange durchgehalten. Das Lorenziehen war aber zumindest eine sauberere Arbeit als der Steinbruch. Ich mußte keinen dreckigen Stein mehr in die Hand nehmen. Beim Steineschlagen mußte man ja die Steine, die man bearbeitet hatte, irgendwohin rollen, sich wiederum einen anderen herrollen, und hatte deshalb immer dreckige Pratzen. Beim Lorenziehen war nur die Stange zu nehmen und zu ziehen, da wurde man nicht so schmutzig. An einem bestimmten Punkt wurde die Lore gekippt, dabei fielen die Steine heraus, wir gingen wieder zurück, es wurde wieder geladen. In einem mäßigen Tempo war das auszuhalten, wenn der Vorarbeiter nicht gar zu rabiat war oder gerade einen Kandidaten suchte, weil er für den nächsten Tag ein Packerl Zigaretten brauchte. Der Weg vom Steinbruch bis zu dem Platz, wo die Loren gekippt wurden, war vielleicht dreihundert Meter bergauf. Umgekippt wurden sie oben beim Steinbruch, wo die Bauhütte des für den Steinbruch zuständigen SS-Mannes war. Von dort wurden die Steine dann weitergetragen, damit die nächsten wiederum Platz hatten. Wir mußten nur die Loren kippen, das Wegtragen war dann Sache der »Lagerstraße«. Das waren zwei oder drei Kommandos mit jeweils dreißig, vierzig Häftlingen, die sich die Steine holten und sie an eine Arbeitsstelle trugen – in sehr bewegtem Schritt ohne Steine und etwas langsamer mit den Steinen.

Wir waren an der Arbeitsstelle im Schnitt von sechs Uhr früh bis zwölf Uhr mittags, dann gab es eine halbe Stunde Mittagspause, und von halb eins wurde je nach Jahreszeit bis 17 Uhr oder 17.30 im Winter und bis 18 Uhr oder 18.30 im Sommer gearbeitet. Dann kam der Appell und das Nachtmahl, danach war es ungefähr halb acht. Im Hochsommer mußten wir ab acht Uhr abends noch in der Gärtnerei arbeiten. Nicht alle Häftlinge, nur die bevorzugten Juden. Die Arbeit in der Gärtnerei war furchtbar. Erstens einmal waren meine Lieblinge dort beschäftigt, die Polen. Seit den Verbrechen, die Polen an Juden begangen haben, kann ich sie nicht ausstehen. Ich kann nicht verstehen, daß man über den Pogrom im südpolnischen Kielce, bei dem 1946 der Mob zweiundvierzig Juden ermordete und fünfzig verwundete, einfach so hinwegging. Man hat wohl einige vor Gericht gestellt, aber die Mehrheit kam mit einem blauen Auge davon. Die ganze Stadt tat mit, um nicht etwas zurückgeben zu müssen, was sie vorher geraubt hatten. Über das, was die Polen vor dem Krieg taten, hätte ich kein Wort verloren, auch nicht darüber, was während des Krieges geschah. Aber daß sie nach dem Krieg noch einmal anfingen, Juden zu liquidieren! Das wußte ich damals im Lager zwar noch nicht, aber ich hörte bereits von Häftlingen, wie Polen Juden versteckt hatten, solange die Geld hatten. Sobald sie keines mehr hatten, zeigten sie die Versteckten an, damit sie noch einmal zu Geld kamen. Die Juden in Polen waren auch nie als polnische Bürger anerkannt. Das eine waren die Juden, und das andere waren die Polen. Das hat sich selbst bei den Juden so eingefleischt, daß sie, wenn sie eine Geschichte erzählten, oft sagten: »der Pollack«. Ich fragte dann: »Bist du denn kein Pole?« – »Ja, aber das ist bei uns so üblich.«

In der Gärtnerei war der SS-Mann Karl Dumböck, ein Salzburger. Wenn man jemanden hörte mit einem österreichischen

Akzent, dachte man sich, mit dem wirst du was machen können. Dabei waren das die ärgsten Hunde! Das ist kein leerer Wahn, die meisten Kommandanten der KZs kamen aus Österreich. Mit diesem Salzburger SS-Mann in der Gärtnerei von Buchenwald hatte ich nach dem Krieg ein Erlebnis. In mein Geschäft in Salzburg kam eine Kundin. Ich hörte, wie sie der Verkäuferin ihren Namen sagte. Es war der Name dieses SS-Mannes. Ich fragte natürlich gleich nach ihm, aber schon nach den ersten paar Worten beendete die Frau das Gespräch kurzerhand. »Nein, den kennen wir nicht, ich weiß, man wird immer gefragt, blabla«, und aus war es. Da wußte ich schon, die gehören zusammen.

Die Gärtnereiarbeit war die ärgste Arbeit. Es gab eine Kläranlage, wo Bottiche aufgestellt waren, dort kamen Kot, Harn und Küchenabfälle zusammen. Das wurde alles miteinander verbraut und mußte auf die Felder aufgetragen werden. Dazu waren wir bestimmt. Wir nahmen Tragen, ein paar Polen schenkten ein. Man konnte das knapp über dem Holzrand hineinkippen oder aber auch aus einem Meter Höhe hineinschütten, sodaß das schön auseinanderplatschte und wir voller Kot waren! Die Polen schütteten das immer absichtlich so hinein. Sie sahen, daß wir mit dem gelben Fleck kamen, und wußten somit, mit wem sie es zu tun haben. Mit den Tragen mußten wir dann schnell gehen, das war wiederum Sache des SS-Mannes. »Laufschritt, marsch, marsch.« Wir rannten, um das Zeug irgendwo hinzukippen, und liefen wieder zurück, um neu zu laden. Daher kam mein Haß auf die Gärtnerei in den Nachtstunden in Buchenwald. Es war mehrmals im Sommer, daß wir in den Abendstunden noch zusätzlich in die Gärtnerei gerufen wurden. In manchen Büchern über Buchenwald steht, ich hätte in der Gärtnerei gearbeitet und wäre jeden Tag mit Karotten und anderem Gemüse auf die Blocks gekommen und hätte es unter den Kameraden verteilt. Das ist ein Blödsinn. Einer schreibt von dem anderen ab, der erste denkt sich, der Feingold hat in der Gärtnerei gearbeitet, da hatte er sicherlich mit Gemüse zu tun und konnte sich leicht ernähren.

Kein Wort davon ist wahr. Ich kann alles belegen. Ich habe überall meine Zeugen.

Als nächstes Arbeitskommando nach den Loren war ich bei den Steineträgern. Die Steine wurden vom Lorenablegeplatz geholt, der unmittelbar beim Steinbruch war, und mußten zu den Stellen getragen werden, wo Straßen gebaut wurden.

Die Steine wurden als Packlage beim Straßenbau verwendet. Zuerst wurden Kasernen gebaut und nachher die Straßen dazu. Der Straßenbau funktionierte folgendermaßen: Es wurden Steine genommen und nebeneinander aufgestellt. Vorher mußte natürlich der Untergrund mit einer leichten Wölbung vorbereitet werden, auf dem dann die Steine eingeschlichtet wurden. Die Steine mußten schon im Steinbruch grob auf eine gewisse Größe zugehauen werden. Trotzdem konnte es natürlich sein, daß einer einmal fünf Zentimeter niedriger war als der andere. Deshalb bekam man eine Holzstange mit einem Eisenknüppel, einer Art Hammer, mit dem man die Spitzen der Steine abhauen konnte. Dann wurden die Vertiefungen ausgefüllt oder nachher durch Schotter ausgeglichen. Danach wurde das Ganze gewalzt, und die Straße, beziehungsweise der Unterbau der Straße, war fertig. Wenn man wollte, konnte man darüber noch teeren, dann wurde das eine schöne, glatte Fläche. Aber durch den Druck der Steine, wenn sie links und rechts eine Befestigung hatten, hielt die Straße auch so.

Sprechen war während des Steinetragens zwar eigentlich nicht erlaubt, aber man unterhielt sich doch immer mit dem Nachbarn, während man ging. Ich erzählte, wie es in Italien zuging und wo ich überall gewesen war. Es war ein momentaner Zeitvertreib, sich zu unterhalten. Eine innere Genugtuung, daß man das wenigstens erlebt hatte, was die anderen wahrscheinlich nicht mehr erleben würden. Das sagte man sich gegenseitig natürlich nicht direkt, aber indirekt wußte jeder, von hier gehst du nur durch den Kamin. Von allen Häftlingen in Buchenwald glaubte wohl nicht einmal ein Prozent, das Ende so zu erleben, wie wir es dann tatsächlich erlebten. Ohne

Schmerzen, ohne Schläge, ohne Androhung der Vernichtung. Von den Häftlingen hatte keiner eine solche Illusion. Ich glaubte auch nicht ans Überleben, das war eine zu große Illusion. Freundschaften schloß ich bei diesen Unterhaltungen nicht, aber wir waren Kameraden und Leidensgenossen. Man könnte jetzt vielleicht meinen, das Steinetragen wäre eine leichtere Beschäftigung gewesen, aber es war so eine dreckige Arbeit, insbesondere wenn es schneite! Wir mußten die Steine, die naß und voll Schnee waren, ohne Handschuhe nehmen. Durch die Körperwärme rann der Gatsch herunter, Schnee mit Kalk, mit Sand. Man schaute sofort wie eine Drecksau aus. Die einzige Möglichkeit, die es gab, war, am Abend den Anzug geschwind ins Wasser zu tauchen und durchzuwaschen.

Außerdem verletzte ich mich auch immer wieder beim Steinetragen. Wir krochen herum und wenn wir einen Stein sahen, der halbwegs ordentlich aussah, rollte plötzlich ein anderer Stein herunter und erwischte uns am Finger. Man fluchte, man schrie, aber es war schon zu spät. Oder es kam der SS-Mann Greuel und prügelte uns! Vor lauter Angst nahm man den erstbesten Stein, der oftmals viel zu schwer war.

Von den Kommandos war das Steinetragen das Schlimmste, schlimmer als der Steinbruch und das Lorenziehen. Das Schlimmste wegen der Hitze, dem Regen, der Kälte. Es gab Tage, an denen es nur regnete. Man spürte die ganze Zeit, daß es überall herunterrinnt. Man fragte sich, woher kommt der ganze Dreck? Es war furchtbar, wenn es stark regnete und die Steine voll Dreck und Erde und Kalkgemisch waren. Es war furchtbar, aber ich war schon abgestumpft. Ich wußte, ich muß diese Arbeit machen. Denken war nicht gefragt. Ich wußte auch, wenn man zum Steinhaufen kam, daß man sich nicht einfach ein kleines Steinderl nehmen konnte, denn wenn man dabei erwischt wurde, hätte man vom Vorarbeiter zwei mit dem Stock bekommen. Er ging immer durch, um zu schauen, ob jeder einen genügend großen Stein nahm. Ich trug die Steine immer rechts und nähte mir auf dieser Seite einen Polster in die Jacke ein. Der Stein wurde zwar so nicht leichter, aber er drückte nicht mehr so stark. Ich versuchte natürlich, von diesem Kommando wegzukommen, aber wohin?

Einige Kommandos mußten am Abend immer einen Stein mit ins Lager bringen. Man nannte das »unbezahlte Arbeit«. Das mit der »unbezahlten Arbeit« ist eine eigene Geschichte: Straßen oder Kasernen wurden ja nicht umsonst gebaut. Das ließ sich die SS bezahlen. Arbeiten im Lager aber galten als Häftlingsarbeit, für die nicht bezahlt wurde. Wenn wir beispielsweise bessere Wege zwischen den Holzblocks haben wollten, um bei Regenwetter nicht bis zum Knie zu versinken, hatte das zum Teil in unserer Freizeit zu geschehen. Wir mußten uns dafür am Abend einen Stein zum Mitnehmen ins Lager aussuchen. Langes Suchen auf dem Steinhaufen war natürlich nicht sehr gut. Der Kapo haute drein, damit wir schneller fertig wurden, oder es tauchte ein SS-Mann auf und schrie: »Was? Steine suchen?« Man nahm also den nächstbesten Stein, der manchmal ein bißchen sehr schwer war. Ich erwischte wiederholt vor lauter Angst, geschlagen zu werden, einen riesengroßen Stein. Vom Steinbruch zurück zum Lager hatten wir einen Marsch von ungefähr zwanzig Minuten. Nach zehn Minuten durften wir den Stein ablegen, ein oder zwei Minuten stehenbleiben, dann kam das Kommando »Aufnehmen!«, und wir marschierten weiter. Ich konnte einige Male den Stein nicht ablegen, da ich ihn sonst nicht wieder hochgebracht hätte. Mir blieb also nichts anderes übrig, als den Stein weiterzutragen.

Das grauslichste Kommando, das ich hatte, war also nicht der Steinbruch und nicht das Lorenschleppen, sondern das Steinetragen im Winter 1941/42. Natürlich suchte ich eine Möglichkeit, wie ich von dem Kommando wegkommen konnte. Es starben doch immer wieder Häftlinge, und auch in der Fuhrkolonne mußten Häftlinge ersetzt werden. Das war ein Kommando mit mehr als hundert Häftlingen. Wenn einer davon ins Revier kam oder starb, schaute man, ob man über

Beziehungen eventuell in die Fuhrkolonne hineinkommen konnte. Ich redete mit verschiedenen Leuten darüber, und die sagten mir: »Geh zum Kapo. Da mußt du halt zum Jacob gehen.« Der Kapo der Fuhrkolonne hieß Jacob Ganzer. Ich sprach mit ihm, er akzeptierte mich, und so kam ich zur Fuhrkolonne. Das Umsatteln eines Häftlings erledigten die Kapos in der Schreibstube. Die Neuankömmlinge wurden zumeist zu den schlechtesten Arbeiten eingeteilt und mußten sich im Laufe der Zeit emporarbeiten.

Ich war überglücklich, in die Fuhrkolonne zu kommen, dabei war die Fuhrkolonne bei Leuten mit besseren Kommandos als gefährlich verschrien. Aber für mich war es das Ideale. Ich mußte keine nassen Steine mehr tragen und war nicht mehr so verdreckt. Bei Regenwetter wurde man natürlich genauso naß wie die anderen, aber es kam wenigstens nicht auch noch der Dreck von den Steinen dazu.

Ich war ungefähr sechs Monate bei der Fuhrkolonne, bis ich dann Maurerlehrling wurde. Wir wurden eingespannt wie Pferde. In einem Buch über Buchenwald sind wir als »singende Pferde« bezeichnet worden, was nicht gelogen ist. Wir hatten einen Hanfgurt um den Körper und eine Kette. Eine große Kette ging nach vorne. Rückwärts waren Einzelgurte, an denen auf beiden Seiten jeweils drei einzelne gingen, dann gingen drei Paare, auf jeder Seite der Deichsel drei Paare. Insgesamt waren es an jedem Wagen zwanzig Häftlinge. Achtzehn Ziehende, ein Deichselmann und ein Vorarbeiter. Der Deichselführer mußte natürlich Kraft haben, denn er mußte die Deichsel lenken können, wenn man irgendwo herumfuhr. Er war zwischen den zwei Reihen Häftlingen, die in Ketten waren, die am Wagen festgemacht waren, an einem seltsamen Haken, den man einhängen mußte. Der Deichselführer ging zwischen den zwei Gruppen und bewegte die Deichsel. Er ging ganz vorne, weil er den Wagen da am leichtesten führen konnte. Wenn wir auf dem Hügel oben waren, stoppten wir und gingen zur Seite. Stoppen hieß aber nicht, daß wir ganz stehenblieben. Es gab da einen toten Punkt, wenn man oben war, wo der Wagen langsam anfing, wieder nach unten zu rollen. Wir hatten da schon unsere Technik. Es wurde ausgehängt, der Wagen fuhr noch vier, fünf Meter vor, und ehe er davonzurollen begann, mußten wir ihn zurückhalten. Der Deichselfahrer mußte bei der Deichsel bleiben, da er auch beim Abwärtsfahren lenken mußte. Bei Schnee und Eis passierte es oft, daß der Wagen mit uns davonfuhr. Mit unseren Holzschuhen fuhren wir wie mit einem Schlitten. Das war dann die Kunst des Deichselführers, daß er den Wagen irgendwohin lenkte und ihn langsam zum Stehen brachte. Man mußte nur schauen, auf den Beinen zu bleiben. In dem Moment, in dem man ausrutschte und hinfiel, konnte allerhand passieren. Beim Zurückhalten des Wagens konnte man unter die Räder kommen, man konnte sich das Bein brechen oder an einem Gebäude oder Baum anschlagen. Derartige Unfälle kamen wiederholt vor.

Die Fuhrkolonne transportierte Baumaterialien, Zement, Holz und Baumstämme zu den Baustellen. Als ich zur Fuhrkolonne kam, war gerade die Rodung des Waldes für den Bau der Gustloffwerke im Gange. Das war schwerste Arbeit, wir mußten die Wurzeln von uralten Bäumen ohne irgendein Werkzeug ausreißen und dann die Baumstämme ins Lager fahren. Im Lager gab es einen holzverarbeitenden Betrieb, die DAW, Deutsche Ausrüstungswerkstätte, die diverse Holzarbeiten für die Blocks machte. Dort wurden die Stämme abgeliefert.

Einmal mußte ich von dort auch einen Galgen abholen. Ein Wagen der Fuhrkolonne war immer abgestellt für Küchen- und Revierzwecke im Lager. Es war unter anderem auch die Arbeit des Küchenwagens, den Galgen nach dem Falkenhain zu bringen. Dort wurden keine Lagerhäftlinge gehenkt, sondern Persönlichkeiten von »draußen«, die man ohne Prozeß und in aller Stille beseitigte.

Wenn wir in der DAW Baumstämme ablieferten, hatten wir die Gelegenheit, uns hinter einen Block zu stellen und ruhig in den Gurten stehenzubleiben. Vorne an der Ecke stand der

Vorarbeiter und schaute, ob nicht ein SS-Mann kam. Solange keiner kam, konnte man eine längere Zeit dort ruhig stehen und sich ausrasten. Auch das rettete mir wohl das Leben. Wenn jemand auftauchte, hieß es einfach, links, zwei, drei, vier, und es wurde losmarschiert. Der SS-Mann, der kam, dachte sich, die sind gerade fertiggeworden und marschieren jetzt weg. Dabei ruhten wir uns vielleicht schon eine halbe Stunde schön aus, wenn auch im Stehen.

Es kam vor, daß man der »Köchin«, der Ilse Koch, der Frau des Lagerkommandanten Karl Koch, begegnete. Das passierte uns am Wagen einmal, andere Wagen hatten das Glück, daß es ein paarmal vorkam. »Die Juden haben mich angeschaut!« – machte sie beim Tor Meldung. Wenn wir dann am Abend einrückten, bekam jeder zehn Schläge auf den Hintern. Dabei schauten wir das schiache Luder gar nicht an, so schön war sie auch wieder nicht.

Wenn die Fuhrkolonne einem SS-Mann begegnete, kam es vor, daß er dem Vorarbeiter zurief: »Ein Lied!« Nachdem wir immer im Gleichschritt gingen, war es sehr leicht, gemeinsam ein Lied zu beginnen: Links, zwei, drei, vier und – dann wurde gerufen, was wir singen sollten. Opernsänger waren wir keine, aber das Wichtigste war, daß es laut war, dann war der SS-Mann zufrieden und zog weiter. Wir zogen auch weiter und hörten nach dem Lied wieder auf zu singen. Freiwillig sangen wir nicht, nur wenn ein SS-Mann vorbeikam und den Vorarbeiter dazu aufforderte. Wir sangen hauptsächlich das Buchenwaldlied. Ich kann es auch heute noch:

»O Buchenwald, ich kann dich nicht vergessen
weil du mein Schicksal bist.
Wer dich verließ, der kann erst ermessen,
wie wundervoll die Freiheit ist!«

Ich hörte das Lied zum ersten Mal, als ich nach Buchenwald kam. Der Text ist gut, da kann man wirklich nichts sagen, der Text hat Sinn. Es war schwierig, einen solchen Text zu fabrizieren. Er durfte uns Häftlinge nicht schmähen, durfte aber auch nicht gehässig gegen unsere Bewacher, gegen die SS, sein und sollte allen gefallen. Der Text wurde von Fritz Beda-Löhner, dem Operetten-Librettisten, geschrieben, und nur als Häftling konnte er es so schreiben. Er hatte genug Verstand, um zu wissen, was er hineinnehmen konnte und was nicht, und wie weit er gehen konnte. Die Melodie kam vom beliebten Wienerliedkomponisten Hermann Leopoldi.

Es gab noch ein zweites Buchenwaldlied, in dem die Juden schäbig herabgesetzt wurden. Im Text hieß es sinngemäß, daß es jetzt kein Handeln, kein Schwindeln und kein Rauben mehr gäbe. »Die Moorsoldaten« sangen wir auch oft, wenn wir ausmarschierten.

Irgendwann einmal war hohe SS auf Besuch in Buchenwald. Oberhalb des Eingangstors war eine Brüstung, von der man über das ganze Lager und auch weit ins Land hineinschauen konnte. Dort stellte sich die SS auf, ungefähr zwanzig Männer. Wir standen unten am Appellplatz, und nachdem alle anderen Blocks abmarschiert waren, mußte mein Block, der Block 22, stehenbleiben. Der Block 22 war ein jüdischer Block. Wir mußten uns hinstellen und singen. Der liebe Emil Carlebach als unser Blockältester hatte zum Kapellmeister ungefähr das gleiche Talent wie ich. Es gelang ihm nichts, wir setzten einmal an zu singen und ein zweites Mal, es klappte nicht. Da sprang ein Häftling namens Ihr, wir nannten ihn Itschkerl, aus der Reihe und sagte zum Carlebach: »Stell dich in die Reihe!« Der Itschkerl war ein großer Fan von Operetten und Opern und sehr musikalisch. Er stellte sich hin und beim ersten Schlag klappte es. Was wir mitgemacht hätten, wenn sich unsere SS vor ihren Gästen mit unserem Block blamiert hätte! Es ist nicht auszudenken, was mit uns geschehen wäre, wenn dem Itschkerl das nicht gelungen wäre!

Der SS-Mann Greuel war wie sein Name
SS-Gewalt in Buchenwald

Es gab SS-Leute, die absolut unberechenbar waren. Man konnte jederzeit erschossen werden oder auf anderem Weg zu Tode kommen. Die Leute wurden ja nicht nur durch Erschießen umgebracht, sie wurden gestoßen, geschlagen, getreten.

Am Lagertor konnte es vor allem für manche Vorarbeiter gefährlich werden. Ein Vorarbeiter rückte mit einer Gruppe aus und meldete beim Tor: »Häftling Soundso, Nummer Soundso, dreißig Häftlinge.« Der SS-Mann, der dort saß, rief: »Komm einmal her! Näher! Noch näher!« Dann ließ er das Fenster hinunter, der Vorarbeiter hatte den Kopf drinnen, der SS-Mann zerfetzte ihm mit dem Lineal das Gesicht und schrie: »So, und jetzt sagst du Nummer Soundso und dreißig Sau- und Stinkjuden beim Ausmarsch!« Dieser SS-Mann war bekannt dafür, daß er Vorarbeiter, die das nicht sagten, durch das Schiebefenster so herrichtete. Wir wußten genau, welcher SS-Mann das war. Vor dem graute einem, wenn man durch das Tor ging! Ich habe den Vorarbeiter gesehen, dem er mit dem Lineal das Gesicht zerfetzte. Die Narben reichten, daß man sich vorstellen konnte, was los gewesen war.

Vis-à-vis vom Krankenrevier war ein kleiner Hain, ein Wäldchen, wo das sogenannte »Baumhängen« veranstaltet wurde. Dorthin brachte man Häftlinge, die irgend etwas begangen hatten. Vor den Bäumen lagen Steine. Die Häftlinge mußten sich auf die Steine stellen, dann wurden ihnen die Hände um den Baum herum angebunden. Der Stein wurde entfernt, und der Häftling hing mit ausgekegelten Schultern da, eine Stunde, zwei, drei Stunden. Diese Häftlinge haben vor Schmerzen furchtbar geschrien. Nachdem sie befreit worden waren, wurden ihnen im Revier unter großen Schmerzen die Arme wieder eingerenkt. Viele konnten wochenlang ihre Arme nicht bewegen. Auch Häftlingen aus meiner Baracke ist das passiert. Die Anlässe waren nichtige Sachen. Das hätte jeden treffen können, mich genauso.

Als ich nach Buchenwald kam, hörte ich folgende Geschichte: Anfang 1940 oder 1941 waren zwei Brüder, die Brüder Eduard und Philipp Hamber, in Buchenwald. Sie waren beide an die zwei Meter groß und hatten in Wien eine Konzertagentur geführt. Der eine Bruder hatte einen Wickel mit einem SS-Mann und ist daraufhin in einer acht Zentimeter tiefen Lacke »ertrunken«. Der zweite Bruder wollte sich das nicht gefallen lassen und erstattete Meldung. Er war in einem kleinen Arbeitskommando mit ungefähr zwanzig Häftlingen. Binnen drei Wochen nach seiner Meldung lebte von diesem Kommando kein einziger mehr.

Es gab eine Gruppe Juden, die man mit fünfzehn, sechzehn Jahren nach Buchenwald gebracht hatte, in der sogenannten Rath-Aktion. Sie gehörten zur ersten Maurergruppe, die es in Buchenwald gab. Einige von ihnen kamen ums Leben, weil sie vom SS-Sturmführer Schmidt angeblich beim Tachinieren, beim Nichtarbeiten, erwischt wurden. Sie bekamen fünfundzwanzig Schläge auf den Hintern und wurden am nächsten Tag abgespritzt. Zu einer Zeit, als der Ehrenhäftling Robert Siewert sich bemühte, aus Häftlingen Maurer zu machen und Maurer dringend notwendig waren, setzte Schmidt durch, daß man diese jüdischen Maurer liquidierte! Daß man einen Häftling, den man bei einem Fluchtversuch erwischte, am nächsten Abend am Appellplatz henkte, verstehe ich noch. Ich verstehe nicht den Mord, aber ich verstehe die Absicht, daß das eine Abschreckung für andere Häftlinge sein sollte, nicht zu flüchten. Aber das Abspritzen dieser Häftlinge kann ich nicht verstehen, es war sinnlos. Wenn man es in der Öffentlichkeit gemacht hätte, zur Abschreckung, daß die anderen Häftlinge sahen, man solle nicht faulenzen – aber es wußten nur wir zweihundert Juden vom 22er Block davon! Schmidt wollte doch nicht nur uns paar Häftlinge ermuntern, mehr zu arbeiten! Es war einfach ein sadistischer, antisemitischer Akt ohne Sinn.

Ich erinnere mich auch an den SS-Mann Gustav Greuel. Er war wie sein Name, er war ein Greuel. Einmal waren wir mit der Fuhrkolonne unterwegs und mußten einen Wagen mit Splitt für den Straßenbau volladen. Natürlich konnten nicht mehrere Leute gleichzeitig mit einer Schaufel stehen und den Splitt hineinschaufeln, sonst hätte einer den anderen erschlagen. Da kam Greuel aus seiner Hütte heraus und schlug mit dem Prügel hinein: »Alle müssen schaufeln!« In den Büchern über Buchenwald ist über diesen Vorfall zu lesen, daß der Kapo das befahl, aber es war der SS-Mann Greuel. Natürlich luden wir dann alle den Splitt ein und bekamen offene Hände davon. Dann mußten wir zu ihm in die Hütte kommen. Er hatte einen Vorarbeiter oder einen Kapo vom Steinbruch gerufen, sicherlich einen »Grünen«. Wir mußten nach der Reihe antreten und uns bücken. Er nahm den Kopf jedes Häftlings zwischen seine Knie, und der Vorarbeiter oder Kapo mußte hinhauen. Zehn Schläge bekam jeder zwischen seinen Knien. Ich nehme an, er muß ein Schwuler gewesen sein. Wahrscheinlich war das für ihn eine Erregung, wenn wir bei jedem Schlag zuckten.

Es gab viele solche Einzelaktionen, an denen einmal der eine SS-Mann und das nächste Mal ein anderer beteiligt war. Ich hatte mehrere »Begegnungen« mit dem SS-Mann Otto Heinrich. Drei Kinnhaken bekam ich von ihm. Er war nebenbei auch Boxer, wahrscheinlich fixierte er deswegen auch mein Kinn so gut. Den ersten Kinnhaken bekam ich von ihm zur Begrüßung, als ich nach Buchenwald kam. Später, als ich schon Maurer war, traf ich ihn bei irgendeiner Gelegenheit auf dem Weg, er blieb stehen, drehte sich um, sagte »Komm her!« Ich ging hin und – bumm! Aus dem Nichts heraus bekam ich einen Kinnhaken. Ich fiel hin und prellte mir den linken Arm. Das tat wirklich stark weh, ich konnte den Arm kaum bewegen. Nach dem Abendessen konnte man ins Revier gehen und seine Wehwehchen zeigen. Ich ging hin, sagte, ich wäre hingefallen, man schaute sich das an, es wurde eine Prellung festgestellt, und ich bekam acht Tage Schonung. Das bedeutete, daß ich acht Tage nicht zur Arbeit gehen brauchte, aber auch nicht am Block sitzen bleiben durfte. Ich mußte in der Früh hinuntergehen ins Revier und im Kellerraum gewaschene Mullbinden aufrollen. Acht Tage lang. Am ersten Tag nach der Schonung ging ich zur Arbeit und – das glaubt man mir nicht, wenn ich das erzähle – traf wieder Otto Heinrich! Er lief mir wieder über den Weg, ich bekam wieder einen Kinnhaken, fiel diesmal aber auf den anderen Arm. Ich dachte mir: »Was soll ich jetzt tun? Ich kann doch nicht hinuntergehen ins Revier und sagen, ich bin auf den anderen Arm gefallen, das werden die mir doch nicht glauben! Sie werden denken, ich habe irgendeinen Trick, um mir so eine Verletzung selbst beizubringen.« Dann fiel mir ein, daß beim ersten Mal nur aufgeschrieben wurde, »Acht Tage Schonung, geprellter Arm«. Es stand aber nicht dabei, ob es der rechte oder der linke Arm war. So ging ich also wieder ins Revier und sagte: »Ich kann noch nicht arbeiten, mir tut der Arm noch immer weh.« Ich bekam wieder acht Tage Schonung. Sachen gibt es, die glaubt man nicht.

Es muß Ende 1943 gewesen sein, als man das Bodenpersonal der Luftwaffe über Nacht in SS-Uniformen kleidete. Bodenpersonal war überflüssig geworden, denn es gab nicht mehr so viele Flugzeuge. Da rannten plötzlich viele kleine Männer in SS-Uniform herum, denn man nahm nicht einmal mehr auf die Mindestgröße Rücksicht, die eigentlich für die SS vorgeschrieben war. Ich erinnere mich an einen feschen, großen Mann, vielleicht fünfzig Jahre alt, der SS-Dienst im Lager zu halten hatte. Ich war schon beim Maurerkommando, und wir putzten in den Hallen, die wir bauten, das Werkzeug. Zehn oder fünfzehn Minuten vor Arbeitsschluß durften wir immer das Werkzeug reinigen, damit es nicht durch Zementrückstände für den nächsten Tag unbrauchbar wurde. Vielleicht fingen wir fünf Minuten früher an mit dieser Arbeit, als plötzlich dieser SS-Mann auftauchte. Er war neu im Lager, so wie die übrigen, die von der Luftwaffe kamen. Er kam herein, wir bekamen Angst, standen alle zusammen, vielleicht zehn, zwölf Häftlinge. Er kam auf uns zu und sagte: »Geht's jetzt nicht hinaus, der Sturmführer Schmidt steht draußen.« Er wußte, wie gefährlich der Hans Schmidt war. Er muß vom Abspritzen der Häftlinge, das Schmidt veranlaßt hatte, gewußt haben. Wie er es erfahren hat, ob die SS untereinander damit prahlte, wie man es den Häftlingen gezeigt habe, das weiß ich nicht. Jedenfalls warnte er uns. Diesen Gutpunkt muß ich ihm lassen. Darum gibt es bei mir keine kollektive Schuld. Und wenn es nur ein einzelner war! Ich muß ja nicht alle gekannt haben, die so waren, aber zumindest diesen einen kannte ich.

Der Appell war eine Tortur
Am Appellplatz in Buchenwald

Das KZ – dazu gehörte auch das stundenlange Stehen am Appellplatz in der Kälte und im Regen, nicht nur die Schläge! Beim Appell hatte jeder Block geschlossen am Appellplatz anzutreten. Jeder Block hatte auf diesem großen Feld seinen bestimmten Platz. Das war alles gut trainiert. Man ging jeden Tag durch dieselbe Gasse zwischen den Blocks durch und direkt auf das Ziel zu. Natürlich gab es kein Gedränge. Die Reihen mußten so aufmarschieren, daß die hinteren noch Platz hatten, und beim Abmarschieren war es genau dasselbe. Da mußten zuerst die Blocks der letzten Reihen vom Appellplatz abrücken, da sonst in den Gassen zwischen den Blocks ein Gedränge entstanden wäre.

Am Morgen vor der Arbeit und eine halbe Stunde, nachdem wir abends von der Arbeit einrückten, mußten wir hinaustreten und uns in Fünferreihen aufstellen. Der Blockälteste trug die Schleife mit der Nummer seines Blocks, sodaß man schon beim Aufmarsch auf den Appellplatz sah, wer für den Block zuständig war. Wir rückten nach Körpergröße auf den Appellplatz an, der Kleinste links außen, der Größte rechts außen. Wir standen zu zehnt hintereinander. Ich war einen Meter fünfundsechzig groß und stand ziemlich weit vorne, aber nicht in der ersten Reihe. Es war mein Glück, daß es noch Kleinere gab und ich daher in der zweiten oder dritten Reihe stehen konnte. Der Blockführer hatte mehrere Blocks zu zählen. Er führte in der Blockstube Buch und mußte seine Aufzeichnungen dann mit dem Blatt des Blockältesten vergleichen. Wir waren natürlich darauf bedacht, sofort den Kopf zu wenden, wenn der SS-Mann anfing zu zählen. »Eins, zwei, drei, vier!« Das mußte mit Kopfwenden laut gesagt werden. Darauf legte die SS großen Wert. So ging das bis zum letzten Häftling und dauerte verschieden lang, je nachdem wieviele Häftlinge anwesend waren. Die längste Zeit hatten wir in Buchenwald um die zweihundert Häftlinge am Block.

Mitgezählt wurden auch Leichen. Starb ein Häftling beispielsweise vor drei Uhr nachmittags an seiner Arbeitsstätte, hieß es: »Leichenträger ans Tor!« Die holen die Leiche und brachten sie ins Lager. Nachdem die Nummer aufgeschrieben worden war, konnte die Leiche ins Krematorium geschafft werden, wenn sie nicht für Untersuchungen gebraucht wurde. Starb der Häftling aber nach drei Uhr, so waren um diese Zeit schon die Bücher für den Abend fertiggeschrieben, und es hätte ein Durcheinander gegeben. Also wurde der tote Häftling von uns wieder mit ins Lager gebracht und ungefähr an die Stelle hingelegt, wo wir unsere Aufstellung machten. Es regnete, es schneite, die Leiche lag da. Dem tat es nicht weh, aber uns. Auch wenn wir uns sagten, der merkt das nicht – man legt eine Leiche nicht in den Regen. In jeder Reihe standen zehn Häftlinge, in der letzten vielleicht sieben, sechs Lebende und der eine Tote. Erst nach dem Appell konnte der Tote ins Krematorium gebracht werden.

Dann gab es noch etwas Besonderes beim Appell: In jedem Lager gab es »Kommandierte«, Häftlinge, die bei einem Block zwar nummernmäßig erfaßt, aber vom Appellstehen befreit waren. Das waren die Köche, die Wäschereileute, die Revierpfleger, die von der Schreibstube, also bevorzugte Kommandos, in denen man überleben konnte. Sie wurden an der Arbeitsstelle gezählt und waren befreit vom Appell, was eine wesentliche Erleichterung bedeutete, denn der Appell war eine Tortur! Das Zählen war nicht so einfach, wie man vielleicht denken könnte. Der SS-Mann hatte den Sollstand zu zählen. Aber dann waren da noch drei, die arbeiteten in der Wäscherei, und drei waren Köche, und zwei waren in der Bekleidungskammer oder im Revier. Das mußte alles von den jeweiligen Listen abgeschrieben werden. Es mußten die am Appellplatz Angetretenen gezählt und dann die von Revier, Schreibstube, Küche dazugerechnet werden. Hinzu kamen die Verstorbenen, die eben entweder am Block abgeschrieben wurden oder am Appellplatz lagen und wie Lebende gezählt wurden. Dadurch dauerte ein Appell – wenn er schnell war – mindestens vierzig bis fünfundvierzig Minuten. Da hatten wir aber noch Glück, wenn das so schnell ging! Dann gab es wiederum Regentage, und der Zählappell dauerte eine Stunde oder eineinhalb oder zwei Stunden. Irgend etwas stimmte nicht. Die SS-Leute gingen noch einmal durch, kontrollierten noch einmal, schauten noch einmal. So konnte der Appell bis zu drei, vier Stunden dauern. Auch bei hohen Minusgraden, das war wurscht. Wir standen am Appellplatz und durften uns nicht bewegen. Wir wurden mit Scheinwerfern angeleuchtet, und vom Turm wurde heruntergerufen: »Auf Block 17, in der dritten Reihe, der soll sich nicht so bewegen!« Der Blockälteste sprang natürlich gleich hin und haute demjenigen eine herunter, auch wenn er noch so vornehm war, denn genau das wollten die SS-Leute von oben sehen: daß er die Häftlinge schlug. Ich kann mich erinnern, während meiner Zeit in Buchenwald drei-, viermal die Lautsprecherdurchsage gehört zu haben: »Auf Befehl des Reichsführers-SS Himmler ist das Schlagen der Häftlinge verboten!« Das waren aber leere Worte.

Wenn wir sehr lange auf dem Appellplatz stehen mußten, wußten wir schon, was uns am nächsten Tag blühte. Ein sehr langer Appell bedeutete, daß ein Häftling zu flüchten versucht hatte. Nach dem wurde so lange gesucht, bis man ihn fand.

Wir hatten einen sehr strengen Blockältesten
Block 22

In Buchenwald war ich die ganze Zeit im Block 22, einem jüdischen Block. Meiner Schätzung nach gab es bis Oktober 1942 noch fünf oder sechs andere jüdische Blocks in Buchenwald, die auf Befehl Himmlers, des Reichsführers-SS, 1942 deportiert wurden. Alle jüdischen Häftlinge mit Ausnahme der Facharbeiter wurden deportiert. Es blieb nur der 22er Block in Buchenwald.

Wir hatten einen sehr strengen Blockältesten, Emil Carlebach. Sein Vater war ein bekannter Rabbiner. Er hatte noch einen Bruder in Buchenwald, der auch Blockältester war, aber dann nach Auschwitz gebracht wurde. Carlebach war mir gegenüber sehr gehässig, weil er wußte, das ich kein Kommunist war. Als Blockältester war er sehr streng, und der Stubendienst auch. Die Häftlinge vom Stubendienst wurden nicht für Arbeitskommandos eingeteilt, sie waren zuständig für das Essenholen und die Ordnung am Block. Der Stubendienst bestand aus zwei Personen. Wenn die Häftlinge morgens weggingen, mußten sie den Schlafraum kehren und den Tagraum in Ordnung bringen, die Tische sauber wischen, allfällige Brösel wegkehren. Sie waren auch zuständig für die Ordnung der Klos, des Waschraums und des Vorraums. Am Abend holte der Stubendienst, noch bevor wir kamen, die Kessel mit dem Essen von der Küche. Es waren Thermoskessel, die die Speisen warmhielten.

Die Ordnung wurde immer streng eingehalten, vom Stubendienst genauso wie vom Blockältesten. Ein Beispiel: Ich war in der Früh schon angezogen, schon bereit zum Hinausgehen, da hörte ich den Carlebach: »Feingold! Dein Bett machst du jetzt!« – »Ich hab' es doch eh gemacht.« – »Schau mal hin!« Das ganze Bett war zerläppert, und ich mußte es noch einmal machen, weil er mit irgend etwas nicht zufrieden war. Dazu muß ich den Bettenbau erklären: Nachdem man frühmorgens aufgestanden war, mußte das Bett gemacht werden. Der

Bettüberzug war ein blaukarierter Stoff. In den Überzug mußten wir eine Stoffdecke hineinlegen. In das Kopfkissen, das war ein Strohsack, mußte man mit den Händen hineinfahren und das Stroh ausgleichen, damit das eine glatte Fläche wurde. Dann mußte da ein sogenannter »Wasserfall« sein: Das Karomuster des Bettüberzugs mußte oben und unten mit der Kante übereinstimmen. Dazu nahm man zwei Bretter, eines mußte man unten in den Überzug hineinschieben, das andere von außen dranhalten und beide dann vorsichtig herausziehen, damit die Kanten exakt aussahen. Viele Häftlinge rollten die Decke am Abend einfach zusammen, damit sich der Überzug nicht verschob, weil sie am Morgen Mühe hatten, das wieder so in Ordnung zu zupfen. Die müssen sehr gefroren haben in der Nacht.

Da ich ein Frühaufsteher war, bereitete mir der Bettenbau keine Mühe. Sobald das Wecksignal kam, stand ich schon auf und machte das Bett. Der besondere Witz des Ganzen war nämlich, daß auch in der Bettenflucht die Kopfkissen stimmen mußten! Der Erste war fertig und ging weg, und die anderen in der Stube mußten sich nach dessen Bett ausrichten. Egal, wo der mit dem Kissen hingerutscht war, es mußte alles in einer Flucht sein! Der Stubendienst ging durch, und wenn etwas nicht in Ordnung war, wurde es gleich zerläppert und der betreffende Häftling gerufen: »Bring das Bett in Ordnung!« Neuzugänge bekamen ein Bett im dritten Stock, da man nicht viel Vertrauen hatte, daß sie das Bett richtig machen konnten. Oben mußte das Bett nämlich nicht so exakt gemacht werden, da es über Augenhöhe der SS war. Anfangs lag ich auch oben, aber später hatte ich unten ein Bett.

Einmal, als ich noch im dritten Stock schlief, wachte ich in der Nacht auf und bildete mir ein, ich sei im Freien. Wir hatten ja links und rechts die Fenster offen. Ich dachte, ich läge im Freien, schaute hinauf und sähe die Sterne. Ich kenne mich in der Sternkunde nicht sehr gut aus, aber ich wußte, was der Große Bär und was der Kleine Bär war. Ich suchte also nach diesen Sternbildern. Vier Sterne fand ich, aber wo waren die anderen? Ich sinnierte lang darüber nach, vielleicht eine Stunde oder mehr. Inzwischen wurde es heller, und ich war auf einmal ganz baff – »Da ist doch ein Dach drüber, das gibt es doch gar nicht!« Die Eisenverschraubungen vom Holzdach waren durch die Atemluft gefroren – so warm war es im Schlafraum – und die weißen Punkte des Eises hatte ich für Sterne gehalten!

Träume hatte ich im Lager sonst eigentlich keine. Ich fiel ins Bett, war gleich weg und erwachte erst beim Wecken. Ich hatte Glück, ein Kurzschläfer zu sein, der mit vier, fünf Stunden Schlaf auskam.

Unsere Baracke war wie die anderen ein genormter Block mit zwei Eingängen, zwei Tagesräumen, Schlafraum, Waschraum und Toilette. Im Tagesraum waren Drähte gespannt zum Wäscheaufhängen. Man kam oft an Regentagen mit nassem Gewand, das man auf diese Drahtleinen zum Trocknen aufhängen konnte. Wenn ich am Abend zusätzlich in der Gärtnerei arbeiten mußte, war ich voll mit Scheiße. Da kam ich auf den Block, Schuhe herunter und sofort in den Waschraum. Dort wusch ich das Gewand durch und hängte es zum Trocknen auf. Meistens hingen aber schon so viele Gwandln dort, daß es am Morgen noch feucht war.

Der Schlafraum, der tagsüber nicht betreten werden durfte, war anschließend an die Tagesräume. Untertags war man aber ohnehin nicht am Block. Im Tagesraum waren sechs oder sieben lange Tische für je zwanzig Personen. Es gab keine einzelnen Plätze, sondern Bänke, nur vorne gab es für den Tischältesten einen Stuhl. Hinten, wo alle Tische endeten, war eine durchlaufende Bank. Rechts im Raum, wo man hereinkam, hatte sich der Blockälteste-Stellvertreter mit ein paar Brettern einen kleinen Raum abgegrenzt, wo er sein Bett und seine Sachen hatte. Er schlief somit im Tagesraum, wo es in der Nacht wärmer war als im Schlafraum. Solche Kleinigkeiten waren der Grund dafür, daß Funktionäre im Konzentrationslager leichter überleben konnten als andere Häftlinge.

Das Essen wurde am Tischende ausgeschenkt, an dem der

Tischälteste saß. Den Kaffee frühmorgens konnte man sich selber holen, aber den wollte eh keiner. Von fünfzig Litern Kaffee wurden vielleicht vier Liter getrunken. Das Abendessen wurde vom Stubendienst ausgeschenkt. Beim Ausschenken wurde immer genau festgehalten, bei wem Schluß gemacht wurde, bei dem fing man dann das nächste Mal an. Von dem, was nach dem ersten Ausschenken übrigblieb, gab es einen halben Liter Nachschlag, und auch das wurde genau festgehalten, bis wohin man damit kam. Das wurde in Buchenwald sehr, sehr genau eingehalten, zumindest auf Block 22, damit sich ja keiner benachteiligt fühlte. Es ging darum, daß jeder irgendwann das Essen von unten im Topf bekommen sollte. Der Häftling wünschte sich ja immer, daß im Topf umgerührt wurde, um das Schwerere von unten herauszuholen, die Kartoffeln oder was sonst in der Suppe war.

Jeder hatte beim Essen sein Servierbrett auf dem Tisch stehen. Der Stubendienst hätte wahllos auf jeden eingeschlagen, der die Schüssel direkt auf den Tisch gestellt hätte. Der Tisch sah ohne Lack so poliert aus, wie man es mit dem besten Lack nicht hingebracht hätte. Block 22 galt als Schaublock. Wenn irgendeine SS-Inspektion ins Lager kam, führte man sie immer auf Block 22. Dort war immer alles sauber.

Der Block wurde von Carlebach wirklich sehr diszipliniert und sehr streng gehalten. Die pedantische Ordnung galt bis zum letzten Moment. Es wurde uns immer vorgehalten, daß wir Juden waren, daß man auf uns besonders schaute und wir deshalb besonders darauf achten mußten, nicht aufzufallen. Emil Carlebach war unter den Lagerältesten nicht unbeliebt, eben weil er seinen Block ordentlich führte. Es gab keine Beanstandungen. Es sprach sich im Lager immer gleich herum, wenn ein SS-Mann bei einem Block randaliert hatte, weil etwas nicht in Ordnung gewesen war, beispielsweise der Fußboden oder der Waschraum dreckig gewesen war. Wenn es eine Beanstandung gab, wurden Häftlinge geschlagen, auch Blockälteste hätten Hiebe bekommen können genauso wie der Stubendienst, der ja für die Ordnung zuständig war. Wir mußten also immer alles in Ordnung halten, durften mit dreckigen Schuhen weder in den Tagesraum noch in den Schlafraum. Wenn man frühmorgens etwas vergessen hatte, mußte man sich zuerst wieder die Schuhe ausziehen und konnte erst dann durchgehen.

Jeder SS-Mann im Lager war für drei oder vier Blocks zuständig, das waren die sogenannten Blockführer. Wenn sie am Vormittag nichts Gescheiteres zu tun hatten, kontrollierten sie ab und zu die Blocks. Wenn der SS-Mann auf den Block kam, mußte der erste, der ihn sah, laut melden: »Block 22, dreihundertdreißig Häftlinge, fünf Kommandierte.« Dann kam der SS-Mann herein und schaute alles durch. Wenn es in Ordnung war, sprach er zwar kein Lob aus – das gab es bei der SS nicht –, aber er ging wieder, und wir waren verschont von irgendwelchen Nachträgen und Drangsalierungen. Es konnte durchaus gefährlich werden, wenn ein SS-Mann in den Block kam, denn wenn er beispielsweise jemanden vorfand, der bei der Arbeit hätte sein müssen, bekam der eine Abreibung von ihm, weil er um die Zeit am Block nichts verloren hatte.

Als ich bei der Fuhrkolonne war, war ich eine Zeitlang für den sogenannten Küchenwagen abgestellt. Wir transportierten Kessel zwischen Revier und Küche hin und her. Wenn man dabei zwischendurch einen Sprung in den Block hereinmachte, vielleicht nur um aufs Häusl zu gehen, und der SS-Mann kam, brauchte man ihm erst gar nichts erklären. »Ich bin nur auf die Toilette gegangen, ich war auf dem Weg vom Revier zur Küche!« Solche Gespräche konnte man mit einem SS-Mann nicht führen. Er wußte schon alles: Man war ein Drückeberger! – Deshalb gaben die Blockältesten und der Stubendienst acht, daß sich kein Häftling untertags in den Block einschlich und daß die Ordnung eingehalten wurde. Die Strenge vom Blockältesten verstanden die Häftlinge aber nur als Drangsalierung, man dachte darüber nicht weiter nach.

Ich empfand es nicht ganz so schlimm, da ich keine zwei linken Hände hatte und meine Sachen in Ordnung halten konnte. Meine Körperpflege nahm ich sehr wichtig, ich war in der Beziehung fast ein Sonderling. Alle setzten sich zum Essen, hatten ihre Schüsseln vor sich, und ich ging inzwischen in den Waschraum. Dort war ich dann der einzige, konnte mich hegen und pflegen, wie ich wollte. Ich hatte Platz, bis die anderen dann mit dem Geschirr kamen und alles dreckig machten. Aber bis dahin hatte ich meinen sauberen Platz, konnte das Gewand durchwaschen, fand noch Platz zum Trocknen meiner Sachen. Dafür mußte ich halt fünf Minuten später essen, was aber kein Problem war, denn der Häftling kommt da mit der Zeit zu einer ganz eigenen Ansicht: Wenn das Essen etwas kälter und fester ist, hat man mehr im Magen! Das kann ein Blödsinn sein, aber die Häftlinge aßen gerne kalt. Das Essen konnte also ruhig abkühlen, noch dazu kam es immer ziemlich heiß auf den Tisch. Die Thermoskannen waren sehr gut abgedichtet, ich konnte mich also problemlos vorher pflegen und erst dann essen.

Emil Carlebach war die ganze Zeit Blockältester auf Block 22, obwohl es einmal eine Ablöse von Blockältesten gab. Zwanzig oder dreißig der prominenten Häftlinge wurden in den Steinbruch hinuntergejagt, wo sie ein paar Tage arbeiten mußten. Sie wurden beschuldigt, irgendeine Zelle gebildet zu haben. Man darf nicht vergessen, daß es in einem Konzentrationslager kriminelle und asoziale Häftlinge gab, die sich zu Spitzeldiensten hergaben und der SS dies und jenes ausplauschten. Wir hatten einmal einen hohen russischen Offizier, der im Steinbruch schrecklich »verunglückte« und die Treppe hinunterstürzte. Man hatte herausgefunden, daß er der SS verschiedenes zugetragen hatte. Er dürfte ein Ukrainer gewesen sein, man machte damals keine Unterschiede zwischen Ukrainern und Russen. Er war ein sehr korpulenter Mann, wahrscheinlich brauchte er etwas mehr zum Essen und wollte deshalb die Freundschaft mit den Deutschen pflegen. Die SS konnte sich wohl denken, was wir mit ihm gemacht hatten. Aber sie hatten keine Beweise. Spitzel gab es also, aber nicht bei uns am Block 22, nicht unter den Juden.

Vieles wurde intern geregelt. Es wurde zum Beispiel immer

wieder etwas gestohlen. Wenn einer auf seine Sachen nicht achtgab, waren sie weg. Brotdiebe wurden bestraft – soll man sagen mit dem Tod oder mit dem Leben? Zuerst einmal wurden sie verprügelt. Ich sah einmal einen – so einen Kopf hat der gekriegt! Einmal kam ein ungarischer, jüdischer Arzt, der in Dora I oder II war und dort Häftlinge schlecht behandelt haben soll, auf unseren Block. Der bekam sein Essen am Häusl! Er wurde ein paar Tage lang ganz schön bearbeitet. Dann stellte sich heraus, daß alles nicht stimmte, die Schläge konnten aber nicht mehr zurückgenommen werden!

In Buchenwald gab es vierzig Prozent echte Kommunisten und zwanzig, die so taten, als ob sie es wären. Dazu noch dreißig Prozent Sozialisten, zu denen ich mich zählte, auch wenn ich nicht organisiert war, und zehn Prozent Christlichsoziale. Einige Pfarrer waren in jedem Lager, in Dachau gab es ein paar hundert. Bei uns am jüdischen Block in Buchenwald gab es keine Christlichsozialen, dafür religiöse Juden, von denen einige auch in der Maurerkolonne arbeiteten. Es waren vielleicht fünf Männer, die sich an die Feiertage hielten. Sie überlebten – genau wie ich, der nicht betete. Wir belächelten sie, aber wir ließen sie in Ruhe. – »Schaut's her, die Depperten stehen schon wieder da.« Am religiösesten waren die polnischen Juden. Es waren aber dann nicht mehr so viele polnische Juden am Block, die deportierte man 1942 nach Auschwitz. Am Block 22 waren vor allem deutsche und sehr viel österreichische Juden.

Eine Zeit hindurch hatte ich die Funktion des Tischältesten. Das wurden meistens langjährige Häftlinge, die sich schon ein bißchen auskannten. Der Tischälteste hatte auf die Ordnung zu schauen, darauf zu achten, daß keiner auf dem Tisch Brot schnitt oder mit dem Messer vom Brett abrutschte und auf den Tisch kam. Am Abend, nachdem die Suppe ausgeschenkt wurde, legte der Stubendienst die Brotportionen auf jeden Tisch vor den Tischältesten. Zwanzig Brotportionen lagen da mit Margarine oder Wurst, das war als Essen für den nächsten Tag bestimmt. Jeder Häftling kam und nahm sich seine Portion. Manche schauten, ob ein größeres Stück Brot darunter war. Es war aber alles ausgewogen, die Stücke waren gleich schwer. Oftmals bekam man ein Stück Brot mit zwei kleinen Stücken dazu, damit das Gewicht genau stimmte. Als toleranter Tischältester sagte ich natürlich: »Ihr könnt euch nehmen, was ihr wollt, die letzte Portion bleibt mir.« Ich konnte das sagen, obwohl meine Augen manches Mal auch auf eine bestimmte Kante Brot gerichtet waren, von der ich meinte, es wäre die größere Portion. Ich wollte mein Vorrecht aber nicht anwenden, also nahm ich die Portion, die übrigblieb.

Der Tischälteste hatte also darauf zu achten, daß bei Tisch alles in Ordnung war, daß es sauber war, daß die Schüsseln jeweils richtig auf den Tisch kamen. Nach der Arbeit blieben ungefähr zwanzig Minuten Zeit, auf den Block zu gehen, sich provisorisch die Hände zu waschen und die Schüsseln aus dem Spind herauszunehmen. Jeder Häftling hatte seinen Spind, das waren schmale Kästen an beiden Seiten des Tagesraums. Man konnte darin das Handtuch aufhängen, und oben war ein Brett, wo man das Geschirr hineinstellen konnte. Natürlich gab es auch Spindkontrollen. Der Stubendienst schaute, ob der Spind sauber und in Ordnung war, ob das Häferl und das Reindl richtig ausgewaschen waren, ob sich nicht irgendwo Dreck versteckte. Man durfte zum Beispiel auch keine alten Fetzen, dreckige Fußlappen, alte Zeitungen oder zusätzliche Schüsseln oder Blechdosen im Spind haben. Wenn etwas nicht paßte, wurde man am Abend gerufen, das in Ordnung zu bringen. Das war sehr streng, weil auch die SS die Spinde ab und zu kontrollierte. Deshalb war der Stubendienst besonders vorsichtig, denn sie mußten es büßen, wenn ein SS-Mann etwas fand, was nicht hätte sein sollen.

Feinkostladen Feingold
Überleben und Organisieren

Tischältester war ich vielleicht zwei Monate. Ich wurde vom Blockältesten dazu bestimmt, weil ich der älteste Häftling am Tisch war und der vorherige Tischälteste auf Transport gegangen war. Als Tischältester hätte es natürlich Begünstigungen gegeben, wenn ich nicht der Feingold gewesen wäre! Der Feingold, der in Ungnade gefallen war, konnte die Begünstigungen nicht in Anspruch nehmen! Normalerweise, wenn abends noch Häftlinge in die Gärtnerei gehen mußten, hätte man nicht einen Tischältesten geschickt. Man hätte einen Tischältesten auch nicht die Kessel zurück in die Küche tragen lassen.

Aber nachdem ich einmal mit Brot und Margarine in meinem Tragsack aufgeflogen war, erwischte es immer mich. Von da an hatte mich der Blockälteste auf dem Kieker. Ich hatte bei Russen Brot und Margarine gekauft, die mir dann im Block von Häftlingen, die noch etwas Geld hatten oder ein bißchen prominenter waren, abgekauft wurden. Die organisierten sich zum Beispiel Kartoffeln, wollten am Abend Bratkartoffeln machen und kamen zum Feingold: »Hast Margarine?« Natürlich hatte Feingold Margarine. Feingold hatte ja einen Lebensmittelhandel!

Damit sind wir bei den Geschäften, beim Organisieren. Ich organisierte Brot und Margarine. Feinkostladen Feingold. Meine Lieferanten waren die Russen. Als ich draußen als Maurer arbeitete, hatte ich Verbindungen zu den Hilfsarbeitern, den Polen, den Russen. Ich konnte sie ansprechen, oder sie fragten von sich aus, ob ich Brot und Butter von ihnen wolle: »Chleba? Chleba? Masla?« Die Butter war natürlich Margarine. Sie offerierten mir das, und ich sagte: »Zeig her!« Beim Brot konnte nicht gemogelt werden, aber bei der Margarine passierte es mir einmal, daß mir einer statt des Margarinewürfels ein Stück Holz in die Hand gab. Er zeigte mir die Margarine, ich schaute sie mir an, dann sah er sich plötzlich ängstlich um. Ich schaute selber kurz weg, und in der kurzen Zeit ließ er die Margarine verschwinden. Vielleicht hatte er sie zwischen den Fingern, vielleicht war er ein Artist. Er holte das eingewickelte Hölzl hervor und gab mir das, ich nahm es, gab ihm das Geld, und er huschte weg. Ich ging und dachte mir: »Wieso ist das so hart?« Ich schaute hinein, und es war Holz, in Margarinepapier eingewickeltes Holz!

Ich flog auf, als es dem Sturmführer Schmidt einmal zuviel vorkam, daß ich drei Portionen Brot im Brotsack hatte. Meine Erklärung war, daß ich einen verdorbenen Magen hatte, aber er fragte mich nicht lange wovon, sondern nahm mir Brot und Margarine weg und verteilte es unter die armen Russen – bei denen ich es vorher gekauft hatte. Als ich nach dieser Geschichte ins Lager kam, wußte der Blockälteste schon, was passiert war, und noch vor dem Appell hieß es: »Feingold, aus, du setzt dich da hin!« Der gute politische Häftling tut so was nämlich nicht, so etwas tut nur der Geschäftemacher – das war ich. Niedere Einstufung. Aber es gibt keinen Schwarzhandel, an dem nur einer beteiligt ist! Es müssen immer zwei sein, einer muß den Willen zum Verkaufen haben, und einer muß kaufen wollen. Käufer waren vorwiegend die Politischen am Block, denen es besser ging, die aber zu blöd waren, sich die Margarine selbst zu besorgen. Wenn einer wußte, er bekam heute am Abend Kartoffeln, weil irgendein Kapo ihm das besorgte, hätte er ja schon untertags schauen können, daß er sich irgendwo Margarine kaufte. Warum kam er zu mir am Abend? Weil er zu blöd war, sich selbst etwas zu besorgen oder weil er nicht gesehen werden wollte, wenn er bei einem Russen etwas kaufte.

Die Russen verkauften ihr Brot und kauften sich dafür Tabak, Machorka oder irgendeinen Kunsttabak. Vielleicht beschnipselten sie das Brot vorher ein bißchen und nahmen sich eine ganz kleine Scheibe für sich selbst. Es gab die Theorie, wenn man rauchte, hätte man keinen Hunger.

Die meisten Russen starben im Lager, indem sie stehend erfroren. Sie wollten für die Deutschen nicht arbeiten, das war ihnen politisch eingehämmert worden. Also standen sie herum und zitterten den ganzen Tag. Die Überlebenden wurden nach 1945 von Stalin gleich nach Sibirien geschickt, weil sie für die Deutschen gearbeitet hatten. Dabei haben sie gar nicht gearbeitet!

Der nächste Wirbel, den es mit mir gab, war folgender: Beim Sekretär des Blockältesten, Paul Springer, konnte man einen Zettel abgeben, wenn man über das Revier Schuheinlagen bekommen wollte. Das Geld dafür wurde über das Häftlingskonto abgerechnet. Springer wollte aber die sechzehn Mark von mir in bar haben. War er zu blöd, beging er einen Fehler oder hatte er einfach vergessen, daß das über das Konto ging? Jedenfalls meckerte ich: »Wieso, das wird doch vom Konto abgeschrieben?« Da bekam ich schon eine, obwohl ich mich im Recht fühlte, aber bei wem sollte man sich beschweren? So war das Lagerleben.

Mein Widerspruch wurde mir lange nachgetragen, Carlebach merkte sich solche Sachen. Anders als in Auschwitz waren in Buchenwald alle Häftlinge per du. So war ich natürlich auch mit dem Blockältesten Carlebach per du. Eine Autorität in Du-Form. Das funktionierte sehr gut. Die Autorität war trotzdem da, man hatte Respekt durch Angst. Carlebach setzte seine Autorität durch den Stubendienst durch. Man durfte sich einem Befehl nicht widersetzen, sonst hätte es eine Tracht Prügel gegeben. Mit dem Kessel beispielsweise ging ich gleich, wenn ich dazu aufgerufen wurde. Diese Marter mußte ich ertragen, während die anderen im warmen Raum saßen, das war nicht angenehm.

Auch das waren Drangsalierungen, man mußte den Häftling gar nicht schlagen, es reichte, wenn er drei Wochen hindurch Kessel tragen oder am Abend nach der Arbeit noch in die Gärtnerei arbeiten gehen mußte, bis es finster wurde. Dann zurück auf den Block, Gewand waschen, die Drähte zum Trocknen waren voll, am nächsten Morgen das nasse Gewand anziehen – das waren die kleinen oder größeren Leiden, die man durchzustehen hatte.

Ich traf Carlebach später wieder bei verschiedenen Buchenwaldtreffen. Beim ersten Treffen sagte er zu mir: »Ich schreibe jetzt ein Buch, ich möchte dich interviewen. Du hast doch nichts dagegen?« Ich sagte: »Ja, nur wirst nicht viel Freude haben mit mir.« Er fragte: »Wieso?« Darauf habe ich ihm gesagt: »Weißt du, wir haben da Meinungsverschiedenheiten mit unserer Befreiung.« – »Nein, das macht nichts, kann auch der Gegensatz sein.« Ich scheine nirgendwo in dem Buch auf. Das Interview hat er gemacht, ich erklärte ihm, wie ich unsere Befreiung gesehen habe, und darum konnte er mein Interview nicht gebrauchen, da ihm meine Version nicht kommunistisch genug war. Beim zweiten Treffen, der Fünfzigjahrfeier in Buchenwald, verkaufte er mir das Buch. Davon gibt es ein paar schöne Fotos, auf denen ich mit ihm zu sehen bin, sehr herzlich. Der Schmäh siegt! Wahrscheinlich brachte ich ihn mit irgendeinem Witz zum Lächeln. Ich kann mich nicht erinnern, daß er während der ganzen KZ-Zeit auch nur einmal gelacht hätte! Bei den Treffen nachher wurde alles lockerer, die Spannungen waren weg, man konnte jedem sagen, was man meinte. Im Lager hätte ich keine andere Meinung haben dürfen! Was der Blockälteste wünschte, hatte erfüllt zu werden.

Die Drangsalierungen, die ich durch ihn erlebte, wurden bei solchen Treffen nicht erwähnt. Es gab zwar einige Prozesse gegen Kapos, die Häftlinge ins Jenseits befördert hatten, und auch Carlebach wurde so etwas in die Schuhe geschoben. Er wurde angeklagt, weil einer schrieb, er wäre am Tod eines Häftlings schuld gewesen. Beim Prozeß kam er aber glimpflich davon. Ich wurde auch befragt, konnte dazu aber keine Aussage machen. Die meisten derartigen Prozesse verliefen im Sand.

Der Hunger saß oben im Kopf, nicht im Bauch
Hunger

Der Hunger tut so weh, daß man auf absurde Ideen kommt. In Buchenwald gab es ab und zu Pellkartoffeln, also Kartoffeln zum Schälen. Die Kartoffeln wurden nicht gekocht, sondern nur gedämpft und vorher auch nicht gewaschen. Mit dem Dreck auf den Schalen hätte man sich viele Krankheiten holen können, darum war es strikt verboten, sie zu essen. Ab und zu, besonders im Winter 1942/43, bekamen wir nur blaue, gefrorene Kartoffeln, die völlig ungenießbar waren. Wir fieselten alles heraus, was noch ein bißchen hell und einen Bissen wert war. Den Rest konnte man nur noch wegwerfen. Zu den Pellkartoffeln gab es meistens irgendeine gulaschähnliche Sauce. Einmal war die Sauce grasgrün, da war irgendein Gemüse zusammengebraut worden. Wir kosteten und – »das ist doch bitter!« Die Beschwerde ging zum Blockältesten, der ließ gleich in der Schreibstube nachfragen. Nach einer halben Stunde kam die Anweisung: »Hinunter in den Schweinestall das Ganze.« Wir schütteten das Essen zurück in die Kessel und brachten es hinunter in den Schweinestall. Immerhin bekamen wir Ersatzkost mit Trockennahrung.

Ein anderes Mal rief mich der Vorarbeiter der Fuhrkolonne: »Geh, trag den Kübel in den Schweinestall hinunter und schließ dich dort erst dem Wagen an.« Ich nahm den Zehnlitereimer, und schon unterwegs öffnete ich den Deckel. Ich war doch neugierig. Was drin war, schaute gar nicht so schlecht aus. Ich ging am Block vorbei und holte mir schnell meinen Löffel. Dann kam ich durch dieses Wäldchen im Lager, wo man die Leute gehenkt hat. Es war Vormittag, niemand sah etwas. Hinter einem Gebüsch fing ich an zu kosten. Kartoffeln mit Sauerkraut! Der Vorarbeiter schien nicht gewußt zu haben, was in dem Kübel drin war. Auf unserer Speisekarte war das nie gestanden. Das mußte er von jemandem organisiert haben, oder es hatte ihm jemand gebracht, und er dachte, daß es nicht mehr gut sei. Der Trottel wußte nicht, daß Sauerkraut mit Kartoffeln nicht so schnell schlecht wird wie eine andere Speise. Es dürften mindestens sieben Liter in dem Kübel gewesen sein. In einer halben Stunde war alles weg! Ich gab den Deckel wieder drauf, nahm den Eimer unter den Arm, steckte meinen Löffel ein und ging mit dem Eimer zum Schweinestall. Da war in der Mitte ein Bottich ausgemauert, in den alle Freßsachen aus dem Lager hineinkamen. Dort ging ich mit dem Eimer hin, ganz schief, als wäre der Eimer richtig schwer. Ich mußte das machen, sonst hätte mich einer verzinken können, und ich wäre bestraft worden. Ich nahm dann sehr vorsichtig den Deckel herunter und kippte den Eimer schnell um. Niemand merkte, daß ich gar nichts hineinschüttete. Das war die Geschichte mit den Kartoffeln mit Sauerkraut. Wenn man jetzt aber glaubt, ich hätte dann drei Tage nichts mehr gegessen, dann ist das ein Irrtum! Hinterher war mein Hunger genauso groß wie immer.

Der Hunger saß oben im Kopf, nicht im Bauch. Es wäre mir lieber, ich hätte das damals schon erkannt. Neben mir am Tisch saß beispielsweise der Leichenträger, der mir manchmal sein Essen überließ, weil er etwas auf dem Revier erhielt. So bekam ich doch mit seiner Portion und mit Nachschlag oft mehr als drei Liter »Suppe«, da müßte man doch voll sein und genug haben! Aber nein, ich hatte Hunger! Ich hatte immer Hunger, soviel konnte ich gar nicht essen. Erst am Tag der Befreiung, als ein verspätetes Mittagessen ausgegeben wurde, war der Hunger plötzlich weg! Ich ging dann Tage und Wochen hindurch nur essen, weil es Mittagszeit war oder weil man etwas essen mußte, aber nicht, weil ich Hunger verspürte.

In Buchenwald gab es eine Häftlingskantine, und vielleicht gab es auch eine in den anderen Lagern. Aber von der Quarantänestation in Dachau hätten wir in keine Kantine gehen können, in Neuengamme sah ich davon auch nichts, und als ich in Auschwitz war, war keine Rede von einer Kantine. Buchenwald hatte jedenfalls eine Kantine, wo Häftlinge sich verschiedenes kaufen konnten, vor allem in der ersten Zeit.

Später gab es dann kaum noch etwas. Ich war ein sparsamer Mensch, und durch die Geschäfte, die ich machte, kamen immer ein paar Mark zusätzlich herein. Alles Geld, das ich im Lager zur Verfügung hatte, kam von meinem eigenen Konto. Dort lag das Geld, das ich bei mir hatte, als ich nach Auschwitz kam. Von diesem Konto mußten beispielsweise auch die Briefmarken bezahlt werden, die man brauchte, wenn man Postkarten schicken wollte. Geld durfte vom Konto nur abgehoben werden, wenn es in der Kantine etwas zu kaufen gab, und nur in begrenzter Höhe. Normalerweise war jeden Monat Auszahlung. Als es aber kaum noch etwas zu kaufen, wurden weniger Auszahlungen gemacht, damit im Lager nicht zuviel Geld kursierte.

Wenn es in der Kantine etwas gab, ließ ich mich ab und zu verleiten, zum Beispiel ein halbes Kilo Rote-Rüben-Salat zu kaufen. Ich würgte das hinunter, nur um etwas im Mund zu haben. Einmal gab es sogar Hosenträger und Zigaretten. Ich weiß nicht mehr, was ich mit den Hosenträgern machte, aber die Zigaretten tauschte ich sicherlich gegen Brot oder Margarine ein. So kam ich mit der Zeit zu einem Warenlager. Geld alleine reichte ja nicht. Einmal konnte ich mir beispielsweise Schuhe kaufen. Vier oder fünf Portionen Brot hat derjenige, der mir die Schuhe verkaufte, zusätzlich zu dem Geld bekommen. Das wäre nicht möglich gewesen, wenn ich nicht gespart und Geld angesammelt hätte, denn ich bezahlte die Schuhe sicherlich nicht mit meinem eigenen Brot, sondern mit solchem, das ich mir zusätzlich gekauft hatte.

Wenn man pro Auszahlung nämlich nicht alles ausgab, verfügte man wenigstens über ein bißchen Bargeld. Ich hatte dazu auch noch meinen Profit: Wenn ich zwanzig oder dreißig Pfennig für einen Würfel Margarine zahlte, verkaufte ich den ja nicht um zehn, sondern um fünfzig Pfennig. Bei mir vermehrte sich das Geld, ich war sozusagen meine eigene Bank und zahlte mir ordentliche Zinsen. Das Geld trugen wir in der Tasche oder in einem Beutel umgehängt. Wir schliefen natürlich auch damit, genauso wie mit dem Brot für das Frühstück.

Ab und zu gab es in der Kantine Lebkuchen, die sehr stark mit Ammoniak versetzt waren. Ich lag damals noch in einem Bett im dritten Stock, weil ich zu der Zeit noch nicht so geschickt Betten bauen konnte. Direkt über dem Bett war ein Holzbalken, und wenn ich mich hineinlegen wollte, mußte ich mich unter dem Balken hindurchschieben. Sogar zum Umdrehen mußte ich zuerst unter dem Balken herauskriechen. Einmal hatte ich eine ganze Schüssel von den Lebkuchen aus der Kantine gegessen. Man mußte sie aus einer Schüssel essen, weil sie meistens ziemlich zerbrösel waren. Ich habe das richtig hineingepampft, dann legte ich mich hin, und plötzlich begann mein Bauch zu wachsen. Ich kam kaum noch unter dem Balken heraus. Das Ammoniak trieb mich furchtbar auf, es war unvorstellbar! Das nächste Mal war ich vorsichtiger.

Noch etwas gab es zu der Zeit: Holländischen Rosinenkuchen. Das war wie ein Weckerl aus Honigteig mit ein paar Rosinen drinnen. »Rozijnen Koek«, an das Wort kann ich mich erinnern, wie es die Holländer ausgesprochen haben – »Roseinenkuk«. Wir hatten ja auch holländische Juden am Block, wenn auch nur für sehr kurze Zeit. Sie kamen dann nach Mauthausen und wurden dort restlos vernichtet. Dieser Rosinenkuchen war ein bißchen besser als die Lebkuchen, er hielt besser zusammen.

Sonst gab es in der Kantine eigentlich im großen und ganzen nichts. Nur den Rote-Rüben-Salat und Haaröl. Aber wir waren doch kahlgeschoren, sollten wir die Glatze anschmieren mit dem Haaröl? Ab und zu konnte man noch in Sackerl abgepackten Kümmel kaufen, aber das war doch auch etwas, was blähte. Ich kaufte ihn trotzdem manchmal. Was man essen konnte, hat man gegessen. In den späteren Jahren gab es meist nur noch Schmarrn.

Der Kantinier war ein SS-Mann, der mit einem Häftling die Kantine im Lager führte, und auch die Kantine für die SS draußen führte. Einmal kaufte er wohl zu viele Hosenträger ein, die SS-Leute wollten sie nicht, und so wurden sie in die Lagerkantine hereingebracht und gemeinsam mit Zigaretten verkauft. Es hätte ja eigentlich für jeden Häftling im Lager eine gewisse Anzahl an Zigaretten geben müssen. Häftlinge hatten pro Kopf die reduzierten Lebensmittelrationen wie die zivile Bevölkerung zu bekommen, nur wurde von allen Seiten davon gegrapscht. Zigaretten wurden im Lager überhaupt nicht ausgegeben. Nur Kautabak konnte man ab und zu kaufen. Unter den langjährigen Häftlingen aus den Zuchthäusern hieß es, Kautabak wäre gut. Ich begann auch damit, weil es hieß, daß damit der Hunger verschwinden würde. Das ist aber ein Irrtum – der Hunger wird noch größer! Kautabak zehrt furchtbar am Körper, die beste Abmagerungskur könnte man mit Kautabak machen. Die Raucher stellten mit dem Kautabak in der Not alles mögliche an. Die ganze Freizeit waren sie damit beschäftigt. Zuerst kauten sie ihn eine Weile, dann wurde er in der Sonne getrocknet und anschließend fein geschnitten. Dann rauchten sie so wie die Russen: Der Tabak wurde in Zeitungspapier eingewickelt und das Papierstanitzel angezündet – das hat furchtbar gestunken! Zigaretten bekamen wir also eigentlich nicht, aber zu den Hosenträgern, die in der Kantine für fünf Mark verkauft wurden, gab es fünf Zigaretten. Das war eigentlich ein guter Kauf, denn im Schleichhandel nahm einer für eine Zigarette auch eine Mark. Und in der Kantine gab es fünf Zigaretten und den Hosenträger für fünf Mark! Die Hosenträger konnten wir zwar nicht tragen, weil wir keine Knöpfe an den Hosen hatten, wir kauften sie aber trotzdem wegen der Zigaretten. Die waren eine wirklich gute Schleichware im Lager.

Ende 1944 nahmen die Bombardierungen in Deutschland zu, viele Fabriken waren schon zerstört. Da kam eines Tages das Angebot aus der Kantine: zwei Turnschuhe und zehn Zigaretten für zehn Mark! Die zehn Zigaretten waren die zehn Mark wert, aber die Pointe waren die Schuhe: Man erzeugte ja in Deutschland, um günstiger produzieren zu können, Massenware. Eine Fabrik fertigte die linken Schuhe an und eine die rechten. Die zwei kamen dann aber nicht mehr zusammen, weil die eine Fabrik ausgebombt war! Also ban-

185

den sie uns zwei Schuhe zusammen, die in der Größe nicht zusammenpaßten – und beide linke waren! Aber wichtiger waren die zehn Zigaretten!

An Hitlers Geburtstag bekamen wir gar nichts zu essen. Den Tag merkte man, sonst wurde im Lager nichts »gefeiert«. Auch nicht der eigene Geburtstag. Nur ein paar religiöse Juden brachten uns die jüdischen Feiertage in Erinnerung und stellten sich in eine Ecke am Abend und verrichteten ein Gebet. Den großen Fasttag, Jom Kippur, hatten wir ohnehin jeden Tag.

Weihnachten erlebte ich von 1941 bis 1944 in Buchenwald. Am Heiligen Abend wurde um eine Stunde früher Schluß gemacht mit der Arbeit. Man kam auf den Block, entledigte sich seiner Sachen, marschierte wie immer zum Appell auf, danach kam man zurück auf den Block, es war schön warm, das Essen wurde ausgegeben. Es gab eine sehr gute Kartoffelsuppe, die mir meiner Erinnerung nach auch heute noch schmecken würde. Und danach gab es eine Bockwurst! So war es 1941, 1942 und 1943. Im Jahr 1944 hörten wir, die Würste sind da! Man unterhielt sich darüber, Häftlinge hatten sie gesehen oder gehört, daß sie schon da wären. Am Abend rückten wir ein, gingen auf den Block, es gab Kartoffelsuppe, aber keine Würste. Wir fragten den Stubendienst. »Wir haben schon dreimal zur Küche geschickt, die sagen, es sind keine Würste da.« – »Wir haben aber gehört, daß welche gekommen sind.« – »Die sagen, es sind keine da!« Wir gingen ohne Würste schlafen.

Später stellte sich folgendes heraus: Wir hatten ein Arbeitskommando von ungefähr zwölf Mann, die jeden Tag mit einem Lastauto nach Weimar fuhren, um am Bahnhof Weimar den Bahnbediensteten beim Aus- und Einladen von Kisten und Gepäck zu helfen. Als sie am Weihnachtstag kamen, wurden sie von den Beamten dort angegangen: »Na, euch muß es gutgehen! Gestern hat es in Weimar zehntausend Bockwürste gegeben, das Stück für eine Mark, ohne Lebensmittelmarken.« Am Abend wußte das ganze Lager, wo unsere Würste gelandet waren. Zwei Tage später lasen wir im *Völkischen Beobachter*, die Häftlinge von Buchenwald hätten zehntausend Mark Winterspende gegeben! Das war Weihnachten. Ansonsten ging auch zu Weihnachten alles routinemäßig weiter.

Was den Hunger betrifft, erlebte ich die schlimmste Zeit im Krätzeblock von Buchenwald. Es gab immer viele Läuse, und wenn unsere Hemden von der Wäscherei kamen, waren in den Nähten überall die Läuse drinnen. Man mußte die Nähte durchsuchen, die Läuse schön abknicken und das Hemd auf die dunklere Innenseite wenden. Wenn es einen dann wo juckte, sah man gleich, wo die Laus war. Soweit ich mich erinnere, war es ab 1941 Pflicht, auf jedem Block einmal in der Woche Läusekontrollen durchzuführen. Dazu wurde am Block immer ein Arzt oder Sanitäter ausgesucht, der die Kontrollen machte. Man mußte sich dazu nackt hinstellen. Einmal stellte der Arzt bei mir irgendwelche Punkterl fest, Krätze, und meldete mich.

Am nächsten Morgen brauchte ich nicht mehr zur Arbeit ausrücken, sondern wurde in den Krätzeblock verwiesen. Das war der Block, wo die Krätzekranken hingebracht wurden. Es gab dort keine Matratzen und keine Strohsäcke, wir mußten auf Brettern in Bettgestellen liegen, auf denen nur ein graues Leintuch lag. Man rieb uns den ganzen Körper mit einer Paste ein, die mit Sand versetzt war. Acht Tage lang durfte ich mich nicht waschen. Das waren für mich die schlimmsten acht Tage von Buchenwald. Erstens hatte ich den ganzen Tag nichts zu tun, und zweitens bin ich ein sehr pedantischer Mensch und muß meine Hände immer sauberhalten. Als ich mit diesem verklebten Zeug herumrennen mußte, grauste mir vor mir selbst. Ich lag auf dem Bettgestell, es war kalt, der Raum war nicht geheizt, und das alles zusammen mit schleichenden Gestalten, die vielleicht wirklich die Krätze oder so etwas hatten! Es war kein einziger kultivierter Mensch dort, ich konnte mit niemandem ein Gespräch führen, ich konnte mich nicht ablenken. Nur dösen den ganzen Tag und warten, daß es Abend wurde. Hoffen, daß man in der Nacht schlafen konnte, aber der Hunger ließ einen nicht schlafen. Es war furchtbar. Ich wußte, als ich hinkam, daß ich acht Tage bleiben mußte. Ich zählte die Stunden. Ich wußte allerdings vorher nicht, daß wir nur halbe Kost bekommen würden, das wurde erst beim Austeilen des Essens gesagt. »Ihr arbeitet ja nicht. Wir können nur die halbe Kost ausgeben.« Halbe Kost! Es war doch schon die ganze zuwenig. Halbe Kost bedeutete einmal am Tag einen halben Liter Essen und die Hälfte vom Brot. Nur vom »Kaffee« hätten wir mehr trinken können, aber wer wollte das schon? In den Mund brachte man das noch hinein, aber bei der Gurgel nicht mehr so leicht hinunter. Hinzu kam, daß man nirgendwo hingehen konnte, um etwas zu organisieren. Ich dachte dort wirklich, ich verhungere. Man weiß ja nicht, wie man verhungert. Das Essen dort war wirklich nur soviel, daß man noch gerade stehen konnte. Wir gingen schleichend zum Bad, wie Nachtwandler, total entkräftet. Man hätte einen Schrumpfmagen bekommen können, wenn man das länger mitgemacht hätte.

Ich nahm dort sicherlich ein paar Kilo ab, aber auf die fünfunddreißig Kilogramm – mein schlechtestes Gewicht – kam ich nicht mehr herunter. Das war nur zwischen Auschwitz und Neuengamme. Auch mit meinen Gedärmen war wieder alles in Ordnung, sie hatten ja nicht viel Arbeit. Die Vitaminmangelerscheinungen waren mittlerweile auch weg. Vielleicht waren Chemikalien im Essen in Buchenwald, die Phlegmone kam jedenfalls nicht mehr so stark zum Ausbruch wie in Auschwitz, Neuengamme oder Dachau.

Am achten Tag gingen wir geschlossen zur Dusche. Wir durften uns duschen und bekamen sogar ein Stück Seife, was sehr selten der Fall war. Nachher bekamen wir ein frisches Gewand und gingen zurück auf den Block. Am Abend fragte ich den Arzt, der auch ein Häftling war: »Sag einmal, wie hast du mir das antun können? Du hast doch gewußt, daß ich nichts habe.« – »Es tut mir leid, aber einen muß ich melden, sonst glaubt man, ich habe nicht genau kontrolliert. Diesmal warst du dran.«

Ich möchte Maurerlehrling werden
Lebensrettung Baukommando

Im Frühsommer 1942, als ich noch bei der Fuhrkolonne war, mußten wir einen kleinen Wald außerhalb des Lagers roden. Dort plante die SS den Bau der Gustloffwerke. Da machte der Häftling Robert Siewert, er war so etwas wie die graue Eminenz des Lagers, den zuständigen Bauführer aufmerksam, daß er deutschsprechende Häftlinge zu Maurern ausbilden könnte. So wurde die erste Gruppe Maurerlehrlinge gebildet. Als ich davon hörte, meldete ich mich gleich bei meinem Blockältesten, um auch zu den Maurerlehrlingen zu kommen. Antwort: »Du nicht.« Er wollte mir einreden, daß ich zu alt dafür wäre. Das war 1942, und ich war neunundzwanzig Jahre alt. Ich sah dann Fünfzigjährige, die Maurerlehrlinge wurden, aber zu mir sagte Carlebach: »Du bist zu alt.« Benedikt Kautsky zum Beispiel, der Sohn des sozialdemokratischen Parteiideologen Kautsky, war schon fast fünfzig Jahre alt und auch bei den Maurern! Mit fünfzig Jahren war er ein alter Mann, denn man darf eines nicht vergessen: Es gab sehr wenig Häftlinge, die älter als vierzigjährig das KZ überlebten. Nur ein Prominenter wie Kautsky konnte mit über vierzig Jahren im KZ überleben.

Das ist etwas, was mir erst Jahre später einmal auffiel, daß ich, obwohl ich eigentlich noch jung war, im KZ doch schon ein Älterer war. Der überwiegende Teil der Häftlinge war jünger, die konnten das noch eher verkraften. Ich mit meinen dreißig Jahren konnte es noch mit Ach und Krach ertragen, aber noch ältere, Vierzigjährige, schafften das nicht mehr, die gingen zugrunde. So wurden bei den Maurern also durchaus auch ältere untergebracht, weil sie politisch bekannt waren. Nur ich blieb wieder auf der Strecke.

Wie ging es weiter? Am Abend rückten wir von der Fuhrkolonne ein und als wir ins Lager kamen, dirigierte man uns gleich um. Rechts neben dem Tor, unter den Bunkerfenstern, stand ein SS-Mann und suchte Häftlinge aus für einen Transport nach Flossenbürg. Dort wurden Häftlinge für den

Straßenbau gebraucht, und weil ich zu der Zeit schon ein bißchen kräftiger war, wurde ich ausgesucht. Wir mußten am Abend nach dem Appell ins Revier gehen und sollten dort untersucht werden. Ich kam ins Revier und mußte mich ausziehen. Ein SS-Mann schaute mich an und sagte: »Kommt nicht in Frage.« Ich hatte vorher gar nicht bemerkt, was für geschwollene Haxn ich hatte! Ich hatte so etwas nur dieses eine Mal, und es rettete mich vor einem Transport nach Flossenbürg. Sie nahmen mich nicht, und am nächsten Tag waren die dicken Füße weg. Wahrscheinlich hatte ich die geschwollenen Füße durch die schwere Arbeit mit den Baumstämmen und das lange Stehen bekommen. Ich blieb also vorerst bei der Fuhrkolonne.

Einmal wurde ich abgestellt, um mit dem Wagen im Lager verschiedene Arbeiten zu verrichten. Robert Siewert kam jeden Tag so um zwölf Uhr ins Lager, er konnte aus- und eingehen, wie er wollte. Er kam ins Lager, ging hinunter ins Revier und nahm dort sein Mittagessen zu sich. Im Revier gab es immer eine Milchspeise als Schonkost, die aß er als Nachtisch. Dann legte er sich auf eine Stunde hin, und um zwei, halb drei marschierte er wieder aus. So konnte man ein Lager überleben. Es gab einige, denen es so ging, aber Robert Siewert vergönnte ich das, er war diese Vergünstigungen wert. Wir begegneten uns im Lager, und ich sprach ihn an: »Ich möchte zu den Maurerlehrlingen!« Die erste Gruppe der Maurerlehrlinge hatte es nämlich sehr gut. Sie bekamen um zehn Uhr ein zusätzliches Brot, und das allein war es schon wert, Maurerlehrling zu werden. Ich sagte also zu ihm: »Ich möchte Maurerlehrling werden!« Und er gab mir zur Antwort: »Ja, das trifft sich gut. Morgen mache ich eine zweite Gruppe. Wenn du hörst, Arbeitskommandos antreten, dann gehst du am Appellplatz auf die linke Seite, dort wirst du ein paar Häftlinge sehen, das wird die neue Gruppe sein. Gibt es noch was?« – »Ja. Ich bin beim Carlebach im Block, und er hat mich schon das erste Mal nicht melden wollen.« – »Werde ich erledigen.« Ich stand noch immer da. »Gibt es noch etwas?« Sag' ich: »Und dann bin ich bei der Fuhrkolonne. Der Kapo läßt dort kein Pferd weg.« – »Werde ich erledigen.«

Ich mußte nichts tun, und es klappte alles bestens. Ich kam von den »Pferden« weg, und Carlebach erfuhr zu spät, daß ich Maurerlehrling geworden war. Ich mußte mich um nichts kümmern – ein typisches Beispiel dafür, wie Robert Siewert alles erledigte. Ich wurde weder vom Blockältesten gefragt, wieso ich jetzt bei einem anderen Kommando war, noch suchte mich Jacob Ganzer, der Kapo von der Fuhrkolonne, als ich in der Früh nicht bei ihm antrat. Siewert hatte alles geregelt, und es gab keinen Widerspruch. Weder mein Blockältester noch die Arbeitsstatistik noch der Kapo hätten sich das Recht herausgenommen, Siewert zu fragen, warum er mich als Maurer nahm.

Ich wurde also Maurerlehrling.

Fast alle Maurerlehrlinge waren Juden. Siewert war nicht dumm. Er hatte sich deutschsprechende Häftlinge als Maurerlehrlinge ausbedungen, und deutschsprachig waren in Buchenwald durchwegs die Juden. Das war alles von Siewert so arrangiert, und man kann ihm dafür nur dankbar sein.

Ich begegnete Siewert später beim zehnjährigen Buchenwaldtreffen und konnte mich dort bei ihm bedanken. Das war mir sehr viel wert. Bei der Gelegenheit konnte ich ihm auch sagen, daß sich Hunderte bei ihm bedanken müßten. Er tat sehr viel für die Häftlinge, ohne dabei groß in Erscheinung zu treten. Er konnte viel bei der SS erreichen, indem er auf eine sehr raffinierte Art mit ihnen sprach. Er war politischer Häftling, aber er war Ehrenhäftling. Auch die SS hielt etwas von ihm, und dadurch konnte er verschiedenes richtigstellen.

Ich sehe ihn absolut als meinen Lebensretter. Denn wenn ich nicht Maurerlehrling gewesen wäre, wäre ich nach Auschwitz deportiert worden. Handwerker zu sein, war die einzige Chance, in Buchenwald bleiben zu können. Von denen, die nach Auschwitz kamen, kehrten nicht sehr viele zurück. Sie wurden schon bei der Ankunft selektiert. Ich erinnere mich an einen Häftling, der später in Wien ein schönes Herrenmodengeschäft eröffnete. Nachdem Himmlers Losung durchgegeben wurde, daß die Juden mit Ausnahme der Handwerker zu deportieren seien, kam ich an dem Block vorbei, in dem man die Häftlinge für den Transport zusammengepfercht hatte. Ich ging am Fenster vorbei, da rief dieser Häftling: »Feingold!« Ich schaute ihn an. »Du weißt ja, wohin ich gehe.« Sag' ich: »Ja.« – »Weißt du, was mir jetzt einfällt? Wie du erzählt hast, daß die Häftlinge in Auschwitz, wenn ihr ausgerückt seid, zurückgeblieben sind und über die Mauern hochklettern wollten.« – Er überlebte, aber er ahnte schon damals, was ihm bevorstand. Er ging nach Auschwitz, was hätte ich sagen können? Hätte ich sagen sollen, ich habe damals gelogen? Ich mußte weggehen, ohne etwas zu sagen. Es verschlug mir die Sprache.

Die erste Maurergruppe, die von Robert Siewert ausgebildet wurde, saß vier Wochen und lernte. Wir beneideten sie, weil sie immer so schön adrett aussahen. Sie waren sauberer als alle anderen. Die Schule hatten sie in einem Block im Lager. Sie waren immer zehn Minuten vor Arbeitsschluß vor uns auf dem Block, weil sie nur die paar Schritte hinübergehen mußten. Als wir in der zweiten Gruppe drankamen, war es leider nicht mehr ganz so wie bei der ersten. Das zusätzliche Brot um zehn war gestrichen, aber wir waren trotzdem noch sehr zufrieden! Die Lehrzeit, die normalerweise drei Jahre dauert, war im Lager mit acht Tagen angesetzt. An ein Detail aus der Lehrzeit erinnere ich mich auch gut: Ich konnte damals nicht sitzen. Nicht Hämorrhoiden und auch nicht die Gedärme waren der Grund, sondern die Knochen taten mir weh. In der Früh, wenn wir zum Unterricht kamen, zog ich also die Jacke aus, legte sie hin und setzte mich drauf.

In diesen Tagen ereignete sich einmal eine sehr komische Geschichte: Robert Siewert unterrichtete uns, wir befanden uns in einer Holzbaracke, die Fenster waren offen. Es war Sommer 1942. Er erklärte uns die Maurerei. Es gibt verschiedene Arten, wie man Ziegel versetzen kann, und das nennt man Verbände. Irgendein SS-Mann ging vorbei und hörte was von Verbänden. Er meldete sofort beim Tor, der Siewert unterrichte militärische Sachen. Siewert wurde gerufen. »Was soll ich getan haben?« – »Sie haben militärische ...« – »Wie kommen Sie darauf?« – »Ja, Sie haben doch von Verbänden gesprochen!« Da mußte er lachen, und alle zusammen lachten dann, als er erklärte, was die Verbände bedeuteten.

Ich machte das um meiner selbst willen
Als Maurer in Buchenwald

Mein Kommando war das Baukommando I. Der Kapo war Ernst Blaschke, er wurde aber immer nur Ernst gerufen, genau wie Robert Siewert nur Robert hieß. Blaschke war Schlesier, Kommunist und der oberste Kapo über sämtliche Baukommandos. Eigentlich hätte das Siewert sein müssen, aber man wollte ihn mit Absicht nicht so weit vorschieben. Er war für besondere Aufgaben bestimmt und sollte daher nicht überall mitmischen. Aber die theoretische Ausbildung führte Siewert durch, und natürlich war er auch Kapo bei einem Baukommando. Das Baukommando I hatte vielleicht sechs, acht Vorarbeiter, einer davon war der Tiroler Ludwig Zonta. Unter den Maurern waren Rechtsanwälte genauso wie Mediziner! Manche mauerten sehr gut, so wie auch ich. An dem Haus, das ich mir später baute, habe ich viel selbst gemauert! Auch die Steine schlug ich selbst zu. Das war meine »Wiedergutmachung«.

Wir hatten von Robert Siewert gelernt, wie der Mörtel zu mischen war, wir lernten die verschiedenen Arten des Steinelegens, den Blockverband, das vollfugige Mauern. In Buchenwald mußten wir insbesondere an den Gustloffwerken sehr vollfugig arbeiten, weil nichts verputzt wurde. Daher mußte man beim Mauern umso mehr achtgeben. Wir bekamen zu unserem Werkzeug noch eine Fugenkelle, ein schmales Eisen, mit dem man die Fugen nachzeichnete.

Es gab verschiedene Probleme bei unserer Arbeit. Es gab

einen Eisenmangel, wie sollte man da einen Fenstersturz machen? In einem Fenstersturz steckt sehr viel Eisen, es wird betoniert und Eisen eingelegt, oder es gibt den Fenstersturz überhaupt als fertige Eisenkonstruktion. Aber nicht in Buchenwald, also mußten wir Bögen mauern. Ein vollfugig gearbeiteter Bogen kann sehr schön werden, da entwickelt man eine richtige Liebe zum Maurerhandwerk. Im Gegensatz zu den vorherigen Arbeiten konnte ich bei den Maurerarbeiten eine persönliche Note einbringen. Das erleichterte die Eintönigkeit und brachte einem ein bißchen Freude. Wir hatten für diese Bögen eine Schablone, einen Holzbogen. Wenn man sich nicht ganz sicher war, konnte man da die Ziegelbreite so einsetzen, daß es sich schön ausging, und wußte dann genau, wo die Steine einzusetzen waren. So wurde es dann wirklich ein schönes Mauerwerk. Wenn man mit einem Bogen fertig war, nahm man von einem Sack Zement ein Stück Papier, machte es naß und wischte die Steine schön ab. Da freute sich dann Robert Siewert, wenn er vorbeikam: »Das laß' ich mir gefallen!« Natürlich machte ich das alles um meiner selbst willen, für die SS wollte ich es nicht schön machen!

Noch etwas anderes tat ich nur für mich: Die sogenannte »kleine Sabotage«. Ein Beispiel: Häftlinge, die als Mechaniker arbeiteten und beim Zusammenbauen der Gewehre Fehler entdeckten, ließen die Fehler drin und bauten unschuldig die Gewehre weiter zusammen. Viele Jahre später erzählte ich einem Bekannten, dessen Vater mit mir in Buchenwald bei den Maurern war, von der »Leiwand-Hackn« seines Vaters: Seine Spezialität waren Fensterbankln. Jeden Tag machte er nur ein einziges. Er stand oft stundenlang, schaute und rieb ein bißchen herum. Er schaute, rieb, nahm die Glättkelle, streute noch ein bißchen Zement und glättete das Ganze wieder. Das war seine Beschäftigung. Monatelang machte er nur Fensterbankln.

Ich hatte auch eine Spezialität: Ich mußte Betonmasten um die Gustloffwerke herum setzen. Ich fing an und setzte an einem Tag am Vormittag sechs oder sieben Masten und am

Nachmittag noch fünf. Da kam der Vorarbeiter Ludwig Zonta: »Bist denn du deppert geworden?« Sag' ich: »Na, man wird hier doch von der SS gesehen.« Er sagte darauf – und ich entschuldige mich für den Ausdruck – »Dann geh scheißen, aber bleib nicht da stehen. Du kannst ja nicht zwölf Masten machen. Da sind wir doch übermorgen fertig!« Am nächsten Tag bekam ich zwei Hilfsarbeiter dazu, nicht weil es schneller, sondern weil es langsamer gehen sollte. Wir schaufelten für jeden Mast eine ungefähr eineinhalb Meter tiefe Grube. Die Hilfsarbeiter hatten schon die Zementsäcke für einen Mast gebracht, und der Kies lag auch schon bereit. Als wir anfingen, die Mischung zu machen, schickte ich die Arbeiter weg, Zementsäcke holen für den nächsten Mast. Dann nahm ich einen Sack Zement, ließ ihn im Papier als Unterlage in die Grube hineinfallen und schüttete die fertige Mischung darüber. Wenn die Arbeiter zurückkamen, schoben wir den Mast hinein. Der stand ganz wunderbar! Ich denke mir nur manchmal, wenn einmal ein Archäologe dort herumgraben wird, wird er sich wohl fragen, was der Klotz da unten macht. Bei jedem Mast war ein Sack Zement futsch! Das war meine kleine Sabotage. Erwischen hätte man mich nicht dürfen, aber ich war nicht so ängstlich, daß ich ununterbrochen an den Tod gedacht hätte oder daran, umgebracht werden zu können. Man brauchte solche Sachen für sich.

Ein anderes Mal wiederum mußten wir eine Holzwand streichen. Es war Februar und noch sehr kalt. Wir sollten eine Wand mit grüner Farbe anstreichen, aber die Pinsel hatten schon fast keine Haare mehr. Die Farbe war ziemlich dick, dazu kam die Kälte, man konnte das nur mit zwei Händen streichen. Dann kam ich auf eine Idee: Wenn ein schöner Tag war und die Sonne auf die Holzwand schien, begann ich nicht dort zu streichen, wo der Vorarbeiter mir sagte, ich sollte anfangen, sondern dort, wo die Sonne schien. Ich arbeitete ununterbrochen nur in der Sonne. Ich hatte ein paar Baracken zu streichen und versuchte natürlich auch, möglichst langsam zu arbeiten. Im Lager arbeitete man mit den Augen. Wenn ich einen Kübel mit Farbe in drei Minuten hätte umrühren können, rührte ich eine Viertelstunde. Wenn niemand kam, konnte ich solange rühren, wie ich wollte. Wenn dann jemand kam, wußte der ja nicht, wann ich angefangen hatte zu rühren. Ein Häftling arbeitete immer mit den Augen. In dem Zusammenhang war die Zahl achtzehn von Bedeutung. Sie bedeutete Gefahr. Wenn ein SS-Mann in Sicht kam, wurde gleich durchgegeben: »Achtzehn!« Da wußte man schon, man muß achtgeben. Das galt in allen Lagern, ich hörte es aber erst in Buchenwald, weil ich dort mehr mit Häftlingen und vorbeigehenden SS-Leuten zu tun hatte. Die Zahl achtzehn hat übrigens auch im Judentum eine Bedeutung: Was man an Spenden gibt, soll durch achtzehn teilbar sein. Das hat aber mit der anderen Bedeutung nichts gemeinsam.

Wer ein guter Maurer war, hatte die Ecken zu mauern. Der Eckenmaurer muß anfangen zu mauern, da eine Ecke, dort eine Ecke. Dann kann eine Schnur gespannt werden, und die weniger guten Maurer können dazwischen arbeiten und sich an der Schnur orientieren. Wir mußten also schon viel lernen und die Erklärungen gut aufnehmen. Ein Eckenmaurer war ich in den ersten acht Tagen sicherlich noch nicht! An eine Sache kann ich mich noch gut erinnern: Wir mußten einmal in einer Halle Zwischenwände aufziehen. Wegen Mangel an Steinen wurde eine Halbsteinwand verordnet. Das heißt, es wurde mit aufgestellten Ziegelsteinen gearbeitet, dann über die Fugen Steine gesetzt, und so mußte das hochgemauert werden. Die ersten Steine, die man so setzte, waren eine sehr bewegliche Angelegenheit. So eine Halbsteinwand bekam erst Halt, wenn man die oberste Schicht aufsetzte und oben Mörtel hineinschob. Wir waren noch nicht besonders weit oben, als auf einmal Siewert daherkam. Er stellte sich zur Mauer und rüttelte. »Ja, seid ihr denn verrückt geworden? Ist denn da niemand gestanden und hat sich das angeschaut? Das ist doch idiotisch, was ihr gemacht habt!« Es war eine riesige Welle in der Mauer! Er rief: »Ich werde euch zeigen, wie man so eine Mauer macht.« – Und schon war die Mauer umgekippt! Da war er bös, der Siewert. Aber die Mauer war wirklich eine Schande.

Als wir anfingen zu mauern, machten wir auch Bekanntschaft mit der Maurerkrankheit. Die Ziegelsteine, die man vermauert, dürfen nicht zu trocken, sondern müssen leicht feucht sein. Oftmals legt man sie sogar ins Wasser und nimmt sie erst am nächsten Tag heraus. Dadurch schleifen sich die Fingerkuppen ab, was furchtbare Schmerzen verursacht, weil das bis aufs Fleisch geht. Ich ging zur Bauhütte und holte mir ein Stück Isolierband. Ich sagte gar nicht, wofür ich das brauchte. Man gab mir ein Stück, ich wickelte es locker um meinen Finger herum, sodaß ich es am Abend abstreifen konnte. Ich hatte so etwas dann für drei Finger. Jeden Morgen gab ich diesen Fingerhut hinauf, wenn ich mit der Arbeit anfing. So wußte man sich zu helfen.

Einmal stellten wir bei der Einfahrt zu den Gustloffwerken ein Gerüst auf. Auf einmal kam Ludwig Zonta, mein Lieblingsvorarbeiter, vorbei und sagte: »Ich weiß nicht, Kinder, mir gefällt da etwas nicht.« Wir dachten uns nicht viel dabei. »Kommt's einmal her mit einer Schaufel oder mit einem Krampen.« Es stellte sich heraus, daß unter dem Gerüst eine Leiche in der Erde war. Die war dort verschüttet worden, und dadurch bewegte sich die Erde, als wir das Gerüst aufstellten. Wir planierten dort ohne zu wissen, daß darunter einer lag – ein Toter. Auch so was kam vor. Wir gruben ihn dann aus.

Im sogenannten »Kleinen Lager« warf man die Toten, die in der Nacht gestorben waren, in einen Schuppen hinein, bis die Leichenträger sie wegschafften. In dem Schuppen war ein einfacher Lehmboden, und ich bekam einmal den Auftrag, den Boden dort zu betonieren. Wir kamen in der Früh zur Arbeit, Sand war da, Zement war da, aber wie sollten wir betonieren? Es lagen doch ein paar Lagen Leichen herum! Ich fragte den Vorarbeiter: »Na, das wird ja kein Problem sein. Die sind ja nicht mehr schwer. Legt sie auf eine Seite, und macht's die eine Hälfte, und morgen macht's die zweite Hälfte!« So fingen wir an, als Leichentransporteure die Leichen auf einen Haufen zu legen.

Im Herbst 1943 mauerten wir die Hallen für die Gustloffwerke, verschiedene Hallen waren schon fertig. Dann wurde ein Brünierbad gebaut außerhalb der Hallen. Das war ein Art Schwimmbad von ungefähr vier mal sechs Meter Umfang und zwei Meter Höhe. Das wurde zuerst ausgeschachtet und betoniert, dann mußte es mit Keramikfliesen in heißem Bitumen versetzt werden. Es sollte ein Säurebad hineinkommen, in das Metallgegenstände, also Gewehrläufe und solche Sachen, versenkt werden konnten, damit sie nicht so schnell rosteten. Ich fing dort schön brav an zu arbeiten, und es klappte alles sehr gut. Ein Zivilingenieur von draußen sollte alles kontrollieren. Ich mauerte gerade von unten herauf, die obersten zwei Reihen Steine waren noch zu setzen. Es war kalt, und wenn man gebückt arbeitet und kein Athlet ist, fängt man an zu schwitzen. Als ich hinaufstieg, dampfte es um mich wie in der Sauna. Ich stand dampfend in der kalten Luft, und der Ingenieur stand neben mir. Er war circa sechzig Jahre alt und litt stark unter Parkinson. Er fragte mich: »Sind Sie krank, weil Sie so dampfen?« Ich sagte: »Nein, ich hab' kein Fieber, das war nur, weil ich so gebückt gearbeitet habe.« Er stand neben mir, ich schaute auf seine zitternden Hände und sagte: »Daß Sie noch arbeiten müssen!« Er schaute mich an und brach in Tränen aus: »Haben Sie eine Ahnung, was mit mir passiert, wenn ich aufhöre zu arbeiten!« Die Betroffenen wußten von der Euthanasie. Das war bekannt in Deutschland. Man wundert sich nur, daß sich nach 1945 niemand meldete.

Wir machten auch Späße bei der Arbeit. Ich erinnere mich an einen jungen Häftling, der als vierzehnjähriger Bub ins Lager gekommen war. Ein SS-Mann spielte mit ihm, ließ ihn immer auf dem Gerüst herumklettern. Herauf, herunter, herauf, herunter, bis Robert Siewert kam und den SS-Mann fragte, ob er wirklich ein Vergnügen daran habe. Er konnte sich sehr viel trauen, er war Vorzugshäftling. Man kann wirklich sagen, er war die graue Eminenz des Lagers. Er befreite diesen Jüngling vom SS-Mann Schmidt. Aber die Häftlinge selbst, die Vorarbeiter, machten sich eine Hetz mit dem Buben. »Geh in die Werkzeugbude und hol die Betonhobel!« Er ging los in die Werkzeugbude. Dort wußten sie schon, da macht sich einer eine Hetz! Sie nahmen einen Zementsack, gaben Ziegel, eine Eisenstange und ein Stück Holz hinein und banden ihn zu. Mit dem kam der Bub zurück. Dann kam es zu einer Theatervorstellung. Der Bub kam, der Vorarbeiter stand oben: »Komm herauf, aber gib acht, daß du nichts zerbrichst.« Er stieg die Leiter hinauf, auf einmal war der Vorarbeiter unten: »Ja, wo bist du denn solange? Ich bin doch da.« So wurde er ein paarmal herauf- und heruntergejagt, bis es hieß: »Jetzt mach den Sack auf!« Dann machte er den Sack auf, nahm das Holz heraus, legte es hin, dann die Eisenstange, dann die einzelnen Ziegel. »Was soll ich mit dem?« Dann kam er erst drauf, daß man sich einen Spaß mit ihm erlaubt hatte! Das waren so die Späße, wie man sie untereinander machte zur Erheiterung des Lebens. Der Junge hieß Schreiber, er war schlank und groß, einer von den ganz Jungen, der dann bei den Maurern blieb. Der Vorarbeiter, der sich die Hetz mit ihm gemacht hatte, war Ludwig Zonta. Er war ziemlich klein, so groß wie ich, aber wirklich ein sehr guter Vorarbeiter. Er war von Beruf Maurer, und diese Leute wurden im Baukommando natürlich zu Vorarbeitern.

Man wird so ein eigentümlicher Mensch
Hoffnungslosigkeit, Abstumpfung, Überlebenswille

Am 6. Mai 1943, als die Gustloffwerke im Rohbau schon fertig waren, passierte folgendes: Es war ein Sonntag vormittag, ein schöner Sommertag. Damals arbeiteten wir auch am Sonntag bis Mittag. Wir mußten an einer Mauer Schlitze stemmen für Wasserleitungsrohre, weil dort Toiletten und Waschanlagen hinkommen sollten. Der Häftling Fritz Mandl aus Graz kam zu mir, und wir fingen an zu tratschen. Plötzlich tauchte – welch ein Schreck – der sogenannte Waldläufer auf. Das war ein kroatischer SS-Mann, der so genannt wurde, weil er immer im Wald neben den Gustloffwerken herumschlich und Häftlinge beobachtete. In einen Wald kann man nicht hineinschauen, aber aus einem Wald kann man herausschauen! Der Waldläufer war dort herumgeschlichen und hatte uns beobachtet. Kaum daß wir am Sonntag mittag eingerückt waren, wurden schon nach dem Appell unsere zwei Nummern gerufen. Der Waldläufer hatte uns gemeldet.

Wir mußten in den Raum gehen, in dem der Rapportführer war, dort stand ein Schreibtisch mit einem Fauteuil. Wir mußten uns über das Fauteuil legen, wurden mit dem Oberkörper unter den Schreibtisch hineingeschoben und bekamen jeder fünfundzwanzig über den Hintern. Dasselbe, was wenige Wochen vorher den drei Häftlingen geschah, die der SS-Mann Schmidt beim Nichtarbeiten erwischt hatte, und die dann abgespritzt wurden. »Wir werden euch helfen, nicht zu arbeiten!« Ausreden, daß man nicht ununterbrochen stemmen kann und manchmal ein bißchen absetzen muß, waren zwecklos. Anschließend ging ich gemeinsam mit dem Mandl den Appellplatz hinunter zum Mittagessen. Nach dem Mittagessen sagte ich zu ihm: »Du weißt doch, was uns bevorsteht?« Wir waren sicher, abgespritzt zu werden so wie die drei anderen. Also meinte ich: »Wir werden doch nicht morgen arbeiten gehen. Komm, wir gehen hinunter ins Revier. Sieht man bei dir was?« Er sagte: »Ja.« Ich sagte zu ihm: »Wir gehen hinunter ins Revier und lassen uns Schonung geben. Wenn die was sehen wollen, läßt du deine Hose herunter, weil bei mir sieht man fast nichts.« Wir gingen ins Revier, und kaum hatte ich dort zu reden begonnen, unterbrachen sie mich schon: »Brauchst nichts zu sagen, wir wissen es schon.« Unsere Nummern waren bereits registriert, sie wußten schon alles, und wir bekamen Schonung. Wir gingen acht Tage nicht arbeiten und warteten jeden Tag darauf, zum Abspritzen geholt zu werden. Jeden Tag der Gedanke: »Jetzt wirst du geholt zum Abspritzen.« Für uns war das so sicher wie das Amen im

Gebet. Aber es geschah nichts. Wir hatten einfach acht Tage Schonung, die uns sehr gut getan haben, und sonst ist nichts passiert! Wir waren überglücklich.

Man wird so ein eigentümlicher Mensch. Bei allem Unheil, das einen Menschen treffen kann, dachte man immer nur, es soll nicht wehtun. Irgendwann muß ein Ende sein, kommt es halt ein bißchen früher für uns, die anderen werden auch nicht überleben. Wir wollten nur nicht brutal erschlagen werden, denn das soll sehr schmerzhaft sein. Davor fürchtete ich mich immer, denn ich sah viele Häftlinge im Laufe der vielen Jahre, die man furchtbar zusammengeschlagen hatte. Kein Bauer haut aufs Holz so drein, wie man im KZ auf Menschen einschlug. Ich wollte nicht zum Krüppel, nicht bis zum Ende erschlagen werden. Es sollte nicht wehtun.

Sich wehren gab es nicht. Jeder Häftling in einem Konzentrationslager bekam mit der Zeit so eine Gleichgültigkeit. Er wußte, er würde nicht überleben, so etwas konnte man sich einfach nicht vorstellen. Vor allem Ende 1944 nahmen wir das zur Kenntnis, denn da sickerte die Botschaft durch, daß kein lebender Häftling den Alliierten in die Hände fallen dürfe. So waren wir sicher, auf welche Art auch immer, nicht davonzukommen. Aber Überlebenskampf und Überlebenswille sind Naturphänomene, sodaß man sich trotzdem nicht unterkriegen lassen wollte. Man vernachlässigte sich auch nicht. Eigentlich hätte ich ja sagen können, ich brauche mir die Füße nicht mehr waschen, ich brauche mich um nichts mehr kümmern. Hygiene ist ja an sich kein Vergnügen, nur wenn man es hinter sich hat, fühlt man sich sehr wohl. Das war im Lager auch so. Ich hätte mit dreckigen Füßen herumrennen können, kein Mensch hätte mir auf die Nägel geschaut, ob sie schwarz oder nicht schwarz waren. Trotzdem führte ich diese Sachen jeden Tag aufmerksam aus. Nur eine minimale Zahl an Häftlingen beging Selbstmord. Jeder von uns sagte sich mit aller Gewalt: Das mußt du durchstehen! Ohne dabei das Ziel zu kennen. Wenn mir einer gesagt hätte, das mußt du noch zehn Tage durchstehen, und dann bist du frei, hätte ich ein Ziel vor mir gehabt, aber so blieb es Tag für Tag beim gleichen Trott.

Und immer die gleiche Angst, dem oder jenem SS-Mann zu begegnen, der einen aus nichtigen Gründen hätte zusammenschlagen oder den Revolver ziehen und einen erschießen können. Der Überlebenswille war trotzdem nicht gebrochen, der war eisern da. Man hat nie aufgegeben. Sonst hätte ich nur die Blocks hinunterlaufen müssen, einen Stacheldraht in die Hand nehmen und – aus. Aufgegeben habe ich nie.

Nur in meiner größten Not, in der größten Hungerszeit um 1942 herum, war ich einmal nahe daran: Im Lager wurden einige Blocks, aus denen Versuchsblocks gemacht wurden, mit Stacheldraht umgeben. Dort kamen Häftlinge hinein und bekamen noch und noch zu essen. Sie wurden einige Wochen aufgepäppelt und dann mit Typhus infiziert. Dann bekamen sie Medikamente, um zu sehen, ob die halfen und wie die Kranken reagierten. Einmal starben dreißig von hundert, einmal vierzig, einmal zwanzig. Als sie einmal aus dem Block herausgejagt wurden, sahen wir, daß sie kaum gehen konnten. Sie sahen aus wie aus einer Michelin-Werbung, wie aufgeblasene Reifen. Das war schrecklich. Man konnte die Leute fast nicht erkennen, solche Köpfe hatten sie, alles war aufgeschwemmt. Ich kam oft an diesen Blocks vorbei und dachte mir, wie das wäre, einmal satt zu werden und dann zu sterben! Das war die Hoffnungslosigkeit, und die Gewißheit, das Lager nicht zu überleben.

Ein guter Schuh im KZ war das halbe Leben
Glücksmomente in Buchenwald

Es gab in Buchenwald aber auch Momente, die man Glück nennen kann. Zum Beispiel als ich Robert Siewert ansprach und er mir sagte, morgen wird ein neues Baukommando zusammengestellt. Das war wie eine Erleuchtung für mich –

morgen wird ein Kommando zusammengestellt, da hab' ich ihn gerade richtig erwischt! In dem Moment war ich überglücklich. Das war ein Gefühl! Am liebsten wäre ich zu dem Kapo von den »Pferden« gegangen und hätte ihm eine in die Gosch'n gegeben und gesagt: »Ich brauche dich nicht mehr.« Da war ich wirklich überglücklich.

Als Mensch war man im Lager ja halb zum Tier geworden. Man war auf so eine primitive Stufe heruntergerutscht, daß jeder Blödsinn Euphorie hervorrief. Einmal fand ich beispielsweise in einem Mistkübel in den Truppengaragen eine Menge alter Militärsocken. Ich schnappte mir drei oder vier, steckte sie ein und schaute sie mir am Abend am Block genauer an. Bei einem fehlte der Vorfuß, beim anderen die ganze Ferse. Da kam ich auf eine Idee! Ich trennte die Socken ganz auf und machte schöne Wollknäuel daraus. Wir hatten ein Häferl, das verwendete ich wie ein Stopfholz und fing an, Fäden darüberzuziehen, so wie man eben Strümpfe stopft. Ich hatte ja keine Stricknadeln. Schön elegant zog ich die Fäden hin und her. Zuerst eine Hälfte, dann die zweite, dann die Ferse, wunderbare Socken brachte ich auf diese Weise zusammen! Das Stopfen hatte ich bei meiner Mutter zu Hause gelernt. Ich stopfte mir immer meine Socken selber, bis zum heutigen Tag mache ich das. Damals war ich meinem Schicksal dankbar, daß ich das konnte, denn sonst hätte das keiner am Block zuwege gebracht. Darum ließen sie zerrissene Socken zerrissene Socken sein. Keiner wußte, daß man das stopfen kann. Ich konnte die Socken gut verwenden, Handel zog ich damit aber keinen auf, so viel Zeit hätte ich nicht gehabt! Aber ich war überglücklich, daß ich zu den Socken gekommen war.

Und dann bekam ich sogar noch Schuhe organisiert! Ich hatte zu der Zeit Holzschuhe. Es gab nämlich außer den »Holländern« auch Holzschuhe, bei denen die Sohlen aus Holz und das Oberteil aus Leder oder Altgummi waren. Sie rollten natürlich nicht ab, waren aber doch etwas besser als die »Holländer«. 1943 gelang es mir dann, ein richtiges Paar

Schuhe zu erwerben. Die mußte jemand, der draußen in den Kasernen gearbeitet hatte, ins Lager gebracht haben, denn auf der Schuhsohle unten war noch das SA-Zeichen. Allerdings fehlten ein paar Nägel. Es gab nämlich eine Vorschrift, daß die Sohlen genau neununddreißig Nägel haben mußten. Sonst war der Schuh aber ganz, ganz hervorragend! Ich kaufte sie von einem Häftling. Ich bin sicher, ich wäre nicht zu diesen Schuhen gekommen, wenn sie nicht so klein gewesen wären – Schuhgröße vierzig. Mir paßte das, aber einem SS-Mann paßte normalerweise kein Vierziger. Die SS lief diesem Schuh wahrscheinlich nicht nach. Möglicherweise wurden sie weggestellt, und der Häftling konnte sie ins Lager mitnehmen. Der trug die Schuhe dann mir an, wahrscheinlich weil niemand so einen kleinen Haxn hatte wie ich. Nachteile sind auch Vorteile.

Der Schuh rettete mir nachher als Maurer wohl auch das Leben, weil man damit sicher auf einem Gerüst herumgehen konnte. Wir mußten ja auch im tiefsten Winter mauern. Wenn wir da frühmorgens an die Baustelle kamen und in der Nacht Schneefall gewesen war, mußten wir zuerst mit der Kelle den Schnee herunterschlagen, und dabei hätte man mit einer Holzsohle leicht vom Brett abrutschen können. Wir hatten kein Gerüst mit Latten zur Sicherung, keine Kreuzverstrebungen, nur die Bretter. Eine Bauinspektion wie heute, bei der jemand kommt, wenn ein Gerüst aufgestellt wird, und nachschaut, ob alles in Ordnung ist, gab es nicht, darum kümmerte sich niemand. Das mit den Schuhen und den Socken waren also wirkliche Glücksmomente. Ein guter Schuh war im KZ das halbe Leben.

Gesundheitlich war ich dann eigentlich immer in Ordnung, es fehlte mir nichts. Mit Ausnahme der Prellungen durch die zwei Kinnhaken, die ich vom SS-Mann Otto Heinrich bekommen hatte, hatte ich keine gesundheitlichen Probleme. Ich war gesund, und es gelang mir auch, wieder gut auszusehen. An meiner Jacke, die mir viel zu weit war, nähte ich stundenlang herum. Ich machte die Nähte etwas enger, arbeitete schön auf

Taille und setzte Achselpolster ein. Ich trug immer Achselpolster im Hemd, weil ich auch als Maurer immer wieder etwas tragen mußte, was mit Achselpolstern weniger wehtat. Ich kürzte auch die Ärmel, die mir zu lang waren. Ich habe ein bißchen zu kurze Arme und brauche bei meiner Kleidung immer die Ärmel um drei Zentimeter kürzer. Es war kein Problem, bei meiner Jacke die Ärmel etwas nach innen einzuschlagen und sie umzuarbeiten. Ich behielt ja immer dasselbe Gewand.

Wir hatten im Block eigentlich kaum Gelegenheit zusammenzukommen. Die Arbeit war auf so lange Tageszeiten berechnet, dann war der Appell, dann rannte jeder zum Essen und warf sich danach sofort ins Bett. Das war besonders schlimm nach 1943, denn bis 1941 war noch Samstagnachmittag und Sonntag frei. 1942 fiel der Samstagnachmittag, doch es blieb zumindest der Sonntag frei, aber ab 1943 mußten wir auch Sonntagvormittags arbeiten. Dadurch war jede Verbindung zu anderen Häftlingen außerhalb des Blocks oder des Arbeitskommandos unmöglich geworden. In der ersten Zeit war das anders. Samstagnachmittag zum Beispiel spielten wir oft Theater in einem Kinosaal. Der Wiener Otto Epstein sang immer die Damenrollen aus den Operetten und Jakob Ihr, der »Itschkerl«, war auch immer dabei. Epstein war zwar kein richtiger Schauspieler, aber er interessierte sich sehr für Operetten und derartige Dinge und sang auch recht gut. Es wurden richtige Operetten aufgeführt, und das klappte sehr gut! Das war wirklich gute Unterhaltung.

Der Kinosaal wurde allerdings für mehrere Zwecke verwendet. Dort fanden auch Auspeitschungen statt und andere Strafen, die man dort vollstrecken konnte. Aber vorher waren dort eben die Theatervorstellungen. Das Kino hörte schon Anfang 1942 auf, und das Theaterspielen hörte sich auf, als der freie Samstagnachmittag starb. Da war es aus mit allem. Diese Vorstellungen im Kino waren eine gute Unterhaltung, ein Zeitvertreib. Man war begeistert, wenn man ein Theater besuchen konnte oder wenn einer eine Hetz machte oder ein Varieté inszenierte. Jede halbwegs brauchbare Vorstellung wurde besucht.

Es gab kein Konzentrationslager, in dem die Häftlinge zur Arbeit ohne Musik ausmarschierten. Zu diesem Zweck gab es in Buchenwald eine eigene Musikkapelle. Sie hatten Uniformen, die offensichtlich von irgendeiner aufgelösten steirischen Ehrenkompanie stammten, rote Jacken mit Verschnürungen. Sie waren also sehr fesch eingekleidet, marschierten wie die Zirkuspferde aus und ein und mußten bei jedem Wetter spielen. Der SS gefiel es, uns nicht. Auch die Kapelle probte und spielte ab und zu im Kino. Wenn sie aber jeden Tag auch beim Aus- und Einmarschieren spielten, in ihrer Uniform, mit der sie aussahen wie eine Zirkuskapelle, war das für uns keine Unterhaltung. Das wurde uns vielmehr von der SS aufgezwungen, und die Musik war auch in erster Linie dazu da, damit man marschierte. Im Dritten Reich war alles auf Marschmusik eingestellt. Das war etwas anderes, als zu einer Unterhaltung zu gehen.

Bei den Unterhaltungen klammerten wir uns an die kleinste Kleinigkeit. Solange wir nur irgend etwas sehen, irgend etwas hören konnten! Auch wenn wir wußten, das wird ein großer Blödsinn, gingen wir trotzdem gern hin. Vielleicht spürte man ja für ein paar Sekunden den Hunger nicht und konnte alles andere hintanstellen! Es war eine gewisse Euphorie in einem, wenn man die Vorstellungen besuchte, auch wenn einem dann beim Zurückgehen zum Block vielleicht einfiel, dieses Stück schon einmal schöner gesehen zu haben.

Glücksmomente waren für mich natürlich auch immer, wenn Post von meiner Schwester kam. Ich korrespondierte die ganze Zeit nur mit meiner Schwester und mit der Israelitischen Kultusgemeinde in Wien. Es wurde mir nämlich einmal gesagt, daß ich doch an die Kultusgemeinde schreiben solle, man könne als Wiener von dort etwas bekommen. Ich durfte deswegen um eine Karte weniger an meine Schwester schreiben, weil nur alle drei Monate eine Karte erlaubt war. Ich verständigte meine Schwester vorher davon, was ich vorhatte und daß sie sich keine Gedanken machen brauche, wenn sie einmal keinen Brief bekäme. Ich schrieb dann tatsächlich an die Kultusgemeinde, und bei der nächsten Sendung, die sie wegschickten, war schon ein Packerl für mich dabei. Ich war überglücklich, daß das geklappt hatte! Ich wurde natürlich vorher nicht verständigt davon und deshalb war es eine wunderbare Überraschung, als das Paket da war. Es war ein Grahamweckerl drinnen! Brot ist Brot, könnte man sagen, aber das war ein Grahamweckerl! Das war doch für einen Häftling einmal etwas ganz anderes. Es war, wie wenn einer noch nie im Leben einen Kuchen gegessen hat und plötzlich einen geschenkt bekommt. Noch dazu kam das von draußen!

Ich bekam dann alle paar Monate einmal ein solches Hilfspaket, zwei, drei Jahre lang, bis zum Schluß. Die Kultusgemeinde Wien muß das organisiert haben. Ich glaube, daß sie dazu Schweizer Hilfe in Anspruch nahm. Es muß um die Jahreswende 1941/42 gewesen sein, als das erste Paket kam. Wir waren vielleicht vierzig oder fünfzig Wiener in Buchenwald. 1941 wahrscheinlich noch mehr, weil viele 1942 nach Auschwitz kamen. Von ihnen blieben nur wenige am Leben.

Alle Juden bis auf zweihundert Facharbeiter kamen 1942 in Todeslager. Darunter waren einige, die mit mir den Weg Auschwitz, Neuengamme, Dachau, Buchenwald gegangen waren. Wenn sie nach Auschwitz zurückkamen, ergab sich für sie eine besonders schlimme Situation: Auschwitz war nämlich das einzige Lager mit fortlaufenden Nummern. Wenn ein Häftling – so wie es bei mir gewesen wäre – zwei Jahre nicht da war und dann zurückkam, bekam er wieder die gleiche Nummer, die er beim ersten Mal hatte. Die Leute, die aus Auschwitz kamen, hatten mir erzählt, was in so einem Fall passierte: Wenn ein SS-Mann einen Häftling mit einer so niedrigen Nummer sah, schrieb er sich sofort die Nummer auf, und der Häftling ging ins Gas. Denn solange hätte ein Häftling in Auschwitz unter normalen Umständen nicht überleben können, der mußte nach Meinung der SS also organisieren, und wenn er organisierte, gehörte er weg! Er wurde nicht lange gefragt, warum er die niedrige Nummer hatte. Ich hätte zum Beispiel nicht sagen können: »Sie, ich war zwei Jahre nicht da!« Aus, nichts, wird einfach weggeräumt. Auf diese Weise muß der Rest, der den ganzen Weg mit mir gemacht hatte, gestorben sein.

Meine Schwester schrieb mir immer, daß es meinem Bruder Ernst in Neuengamme gutgehe. Sie schrieb mir das auch noch zu einer Zeit, als er gar nicht mehr am Leben war, wie ich nachher feststellte. Sie kann davon gewußt haben, denn ich glaube, daß wir in Auschwitz ihre Adresse angaben, wer im Falle eines Falles zu verständigen war. Sie schrieb mir auch, daß unser Bruder Fritz einen Unfall gehabt hätte und auf dem Weg der Besserung sei. Ich hatte zunächst keine Zweifel, nur als dann die Briefe aufhörten, fing ich an, intensiver nachzudenken. Nach meiner Befreiung, als die Suche nach meiner Schwester und den Brüdern negativ verlief und ich die Verständigung bekam, daß mein Bruder in Neuengamme am 15. Jänner 1942 verstorben war, dämmerte mir, daß viel in den Briefen nach 1942 nicht gestimmt haben konnte.

Ich habe immer an meinen Bruder gedacht, wie es ihm gehen mochte, wie er sich hielt. Eines Tages trug sich folgendes zu: Mir fing es gerade an, als Maurer in Buchenwald sehr gutzugehen. Ich dürfte zu etwas Kraft gekommen sein, hatte inzwischen meine Schuhe organisiert. Es klappte also alles halbwegs, als eines Tages Häftlinge aus Neuengamme nach Buchenwald kamen. Ich fragte natürlich gleich nach meinem Bruder und bekam die Antwort: »Ja, da gibt es einen Schwarzhaarigen, einen Läufer, der die Botenwege macht, das könnte dein Bruder sein.« Ich war überglücklich, er lebte, er war davongekommen. Ein paar Tage später hörte ich, es würde ein Transport nach Neuengamme zusammengestellt. Ich rannte sofort zur Schreibstube: »Ich möchte auf diesen Transport!« Wenn man ein älterer Häftling war, kannte man sich schon aus und konnte mit den Häftlingen in der Schreibstube reden. Der von der Schreibstube sagte zu mir: »Na ja, wenn du willst, kannst du schon auf den Transport gehen. Bei welchem Kommando bist du denn?« – »Maurerlehrling.« – »Von den Maurerlehrlingen darf niemand weg.« »Sag einmal, wie ist das, wenn du hinschreibst Steineträger?« – »Na ja, das kann ich schon machen.« Er schrieb mich auf und notierte dazu »Steineträger«. Ich wurde am Abend separiert, kam auf einen anderen Block, man nahm mir die Kleider ab, gab mir eine Jacke, wie sie die Polizisten in Berlin, diese Pickelhaubenträger, trugen. Sie ging mir bis zu den Knien und hatte Goldknöpfe hinten. Das war eine Maskerade, ich war reif für den Zirkus, und noch dazu war mir meine »Reisebekleidung« auch viel zu groß! Genau in dieser Nacht, vielleicht um zwölf oder eins, wurde der Himmler-Erlaß per Lautsprecher durchgegeben, daß sämtliche Transporte abgesagt seien und alle Juden mit Ausnahme der Handwerker nach Auschwitz gingen! Ich rannte sofort zur Schreibstube, wo mittlerweile jemand anderer saß. »Ich will nicht nach Auschwitz.« Ich wollte dem nicht lange erklären, warum, weshalb, wieso, und sagte: »Ich bin Maurerlehrling.« – »Wieso? Da steht Steineträger.« Es dauerte eine Weile, bis ich dem erklärt hatte, um was es vorher gegangen war und um was es jetzt ging, aber nach einiger Zeit machte er aus mir doch wieder einen Maurerlehrling, und ich konnte auf meinen Block zurückgehen. So kam ich nicht nach Auschwitz und auch nicht nach Neuengamme. Nachher stellte sich heraus, daß es ohnehin sinnlos gewesen wäre, da mein Bruder zu diesem Zeitpunkt schon nicht mehr lebte. Auch das war wieder einer von den vielen »Zufällen«, die mir widerfuhren.

Ich fand aber auch Gleichgesinnte
Lagergemeinschaft in Buchenwald

Buchenwald war das Lager, in dem ich am längsten war und auch bereits sogenannte »Lagererfahrung« hatte. Nach Auschwitz, Neuengamme und Dachau bekam ich eine gewisse Routine und konnte mir gelegentlich das eine oder andere erlauben – oder versuchte es zumindest. Buchenwald war auch nicht so schlimm wie Auschwitz. In Auschwitz wurden die Häftlinge ununterbrochen geschlagen und getreten. Buchenwald und Dachau galten als »bessere« Lager, Auschwitz hingegen als das schlimmste. Nun muß man dabei aber bedenken, daß ja eigentlich nicht die Häftlinge ein Konzentrationslager führten, sondern die SS, die überall die gleiche war. Sie wurde ja sogar zwischen den Lagern ausgetauscht. In Auschwitz ging es immer mörderisch zu, ob das jetzt von oben kam, von der SS oder von den vielen kriminellen Kapos und Vorarbeitern. Es war das erste Lager, das zur Vernichtung geschaffen wurde. Wer nach Auschwitz kam, mußte vernichtet werden, auch durch schlechte Kost, durch schlechte Arbeit bzw. durch schlechte Unterkunft. Normalerweise wurden beim Bau eines neuen Konzentrationslagers »grüne« Häftlinge, also Kriminelle, genommen, die schnell den Aufbau der Baracken besorgten, damit die Häftlinge ein Dach über dem Kopf hatten. Solange ich in Auschwitz war, war an dem Rohbau, in dem wir untergebracht waren, kein Handwerker zu sehen. Wochenlang wurde nicht weitergebaut. Es wurden keine Fenster eingesetzt, keine Türen, keine Klo- oder Wasserleitungsinstallation, es geschah nichts.

Der wichtigste Unterschied zwischen Buchenwald und Auschwitz war aber die sogenannte Lagergemeinschaft. Wenn es notwendig war, half in Buchenwald einer dem anderen. In Auschwitz gab es nur den Selbsterhaltungstrieb.

Wie es in einem Konzentrationslager zuging, hing wesentlich vom Umgang der Häftlinge untereinander ab. Warum war Buchenwald also anders als Auschwitz? Die SS wußte nicht, daß die Innenorganisation des KZs Buchenwald, die von Häftlingen geführt wurde, ab Frühjahr 1942 mit »Säuberungen« begonnen hatte. Die kriminellen Häftlinge wurden nach und nach abtransportiert. Immer wenn ein Transport zusammengestellt wurde – was ja die Häftlinge in der Schreibstube erledigten –, wurde wieder eine bestimmte Zahl der schlimmeren Verbrecher auf die Liste gesetzt. Auf diese Art konnten sie aus dem Lager fortgeschafft werden, und das Lager wurde besser, wenn auch nicht im Sinne der SS.

Buchenwald war ein sehr politisches Lager, schon vom Blockältesten und vom Stubendienst her. Aber nicht einmal die Hälfte der Häftlinge waren echte Kommunisten, ein guter Teil tat nur so als ob und war nur Nutznießer. Speziell die Jüngeren, die von Politik keine Ahnung hatten, profitierten sehr, wenn sie mitmachten, weil sie mit allen möglichen Vorteilen bedacht wurden. Die jeweiligen Einstellungen zeigten sich in den Gesprächen, die wir ab und zu am Abend führten, wenn wir länger am Tisch sitzen blieben. Irgendeiner hielt dann immer den Kommunismus hoch und bezeichnete ihn als das Wunderding der Welt. Ich war immer ein Gegner jeder Art von Diktatur, kam aber erst in Buchenwald dazu, den Kommunismus öffentlich abzulehnen. Wenn mir einer mit solchen Geschichten kam, sagte ich immer: »Mir erzähl das nicht, ich komm' da nicht mit, ich kann eure Ideologie nicht verstehen.« Damit war meine Einstellung bekannt, und ich hatte es dadurch ziemlich schwer.

Es gab Häftlinge in Buchenwald, zu denen ich größere Sympathien hatte, weil sie mir im Denken ähnlich waren, und dann gab es natürlich Häftlinge, die so intensive »Kummerln« waren, daß ich mit ihnen viele Meinungsverschiedenheiten hatte. Ich fand aber auch Gleichgesinnte. Es gab einige, von denen angenommen wurde, sie wären Kommunisten, obwohl sie es gar nicht waren. Ludwig Scheinbrunn beispielsweise bekam im Revier Arbeit als Leichenträger, weil man glaubte, er wäre ein »Kummerl«. Dann gab es einen Häftling, mit dem ich erst im Jahr vor der Befreiung richtig bekannt wurde, einer der prominentesten Häftlinge aus Buchenwald, Wilhelm Jellinek, genannt »Jumbo«. Er versteckte sich in den letzten Tagen im Lager mit mir, und obwohl er eigentlich der Gesuchte war, kam ich unter seinem Schutz sehr gut unter.

Ein Problem im Lager war natürlich auch die sexuelle Not, die bei allen Häftlingen vorhanden war. Es wäre gelogen, zu sagen, daß das durch Hunger unterdrückt wurde. Der Hunger unterdrückt da gar nichts. Es gab natürlich auch Homosexuelle. Das Zeichen der Homosexuellen war ein rosaroter Winkel. Dann gab es noch die sogenannten Rassenschänder, das Zeichen dafür war ein gelber Boden mit einem schwarzen sechseckigen Stern darüber. Die waren bei der SS nicht sehr beliebt. Wenn ein SS-Mann so einen vor sich hatte, wurde gleich drauflosgeschlagen. Schwule Häftlinge, die ein bißchen besser situiert waren, hielten sich da und dort einen Freund, dem sie dafür gelegentlich etwas zusteckten. Bei uns im Block hörte man ab und zu, daß zwei etwas tun. Ein älterer Häftling und einer von den jungen Burschen. Ob der junge Bursch selbst ein Schwuler war, kann ich nicht behaupten. Ich denke eher, daß er etwas dafür bekommen hat.

Es gab in Buchenwald auch ein Lagerbordell. Es dürfte Anfang 1943 gewesen sein, als ein sogenannter Sonderbau mit fünf oder sechs kleinen Zimmern errichtet wurde. Das »Freudenhaus« befand sich an der Straße zum Revier auf der rechten Seite. Auf dem Weg zum Schweinestall, der hinter dem Revier war, mußte man daran vorbeigehen. Den Frauen, die man aus Ravensbrück geholt hatte, wurde versprochen, wenn sie sich dazu hergaben, würden sie frühzeitig entlassen werden. Das Bordell war eigentlich für politische Häftlinge gedacht, man dachte, damit die Arbeitsmoral zu stärken, aber hier hatte die SS eine falsche Vorstellung beziehungsweise keine Erfahrung, wie so ein Bordell bei Häftlingen ankommen würde. Die politischen Häftlinge spielten nicht mit. Die Kommunisten nahmen hier einen anderen Standpunkt ein als zum Beispiel ich. Ich hätte angenommen, daß die Madln sich etwas verdienen sollten und daß sie dafür früher wegkonnten. Die andere Seite sagte natürlich, das seien Unterdrückte, auf die Zwang ausgeübt würde, und das solle man nicht fördern. Ich hatte damit aber ohnehin nichts zu tun. Selbst wenn ich gewollt hätte, hätte ich dort nicht hingehen können. Für Juden verboten!

Sicherlich gingen ab und zu welche hin, kriminelle Häftlinge, asoziale Häftlinge, aber es war auch ein sehr komplizierter Weg. Sie mußten zahlen, ich glaube fünf Mark, dann ins Revier gehen, wo sie irgendein »Jaukerl« – eine Spritze – bekamen, und erst dann konnten sie zu der Frau gehen, am Abend in der Freizeit natürlich. Das war der Ablauf, der war bekannt, das sprach sich herum.

Werden alle eingekreist und erschossen?
Die letzten Monate in Buchenwald

Am 24. August 1944 wurde Buchenwald bombardiert. Zum Zeitpunkt der Bombardierung lag vor dem Lagereingang auf der rechten Seite ein Riesenhaufen alter Schuhe. Die hätten einmal von Häftlingen auseinandergenommen werden sollen, damit Sohlenleder oder Oberleder für Reparaturen daraus gewonnen werden konnte. In den Haufen fiel eine Bombe, er fing aber nicht an zu brennen, sondern nur zu glimmen. Wochenlang hat dieser Haufen geschwelt.

Vor Bombardierungen hatte ich keine Angst. Es gab nur wenige Male Fliegeralarm in der Endphase 1944. Einmal bombardierten sie Weimar und ließen in der Umgebung Bomben fallen. Normalerweise mußten wir bei Fliegeralarm weiterarbeiten. Bei der Bombardierung des Lagers im August 1944 durften wir beim Fliegeralarm hinaus aus dem Lager in das Wäldchen gehen. Als wir in den Wald hineingingen, stand die SS mit Gewehren dort. Aber ein Hauptscharführer sagte: »Laßt sie gehen, da läuft keiner weg.« Ich stellte mich im Wald ein bißchen in die Sonne, ich mußte das ausnützen, es war Mittagszeit. Auf einmal wurde es immer gefährlicher, es kamen Tiefflieger, die Stabbrandbomben abwarfen. Entweder drehte ich mich um oder wollte gerade weglaufen, jedenfalls wurde ich durch den Luftdruck ein paar Meter über den Waldboden geschleift. Der Oberkörper war nackt, ich war vom rauhen Boden ganz aufgeschunden. So erlebte ich diese Bombardierung.

Bis Ende 1944 rückten wir eigentlich noch jeden Tag genauso zur Arbeit aus wie immer. Erst ab 1945 blieben wir dann schon teilweise im Lager, machten nur mehr gewisse Reparaturarbeiten in den von der Bombardierung zerstörten Gebäuden. Im Januar, Februar kamen die Häftlinge von Dora I und Dora II bei Nordhausen, einem Außenlager, wo V-Waffen erzeugt wurden. Als mit der Produktion Schluß war, wurden die Häftlinge nach Buchenwald gebracht. Ebensee war zu, Zipf war zu, Dora I und Dora II ebenso, weil die Lieferanten der Kleinbestandteile so bombardiert worden waren, daß sie nicht mehr liefern konnten. Trotzdem wurde bis zuletzt noch dauernd von der V-Waffe gesprochen, von der Geheimwaffe, die der Führer noch habe. Der Gauleiter in Linz stand ja auch noch wenige Tage vor Kriegsende auf dem Balkon des Rathauses und rief zur Menschenmenge hinunter: »Wir halten durch bis zur letzten Stunde! Wir werden siegen!« In einem Auto saß die Familie, in das zweite setzte er sich mit seinen Freunden, und sie hauten ab. Sie machten so große Sprüche und logen bis zum letzten Moment, um noch einen Tag länger besser zu leben.

Die Wochen und Monate vor der Befreiung vergingen eigentlich schnell. Wir standen jeden Tag mit der gleichen Todesverachtung auf, erledigten die notwendigsten Sachen, traten auf dem Appellplatz an, traten in den Arbeitskommandos an. Der Tagesablauf im Lager war in eine gewisse Automatik übergegangen. Nach der Bombardierung rückten wir nur mehr zu Arbeiten aus, die es eigentlich gar nicht mehr gab. Man schaute nur, wie man den Tag herumbrachte. Wir räumten Ziegelsteine auf, machten Reparaturen und Ausbauten in der SS-Siedlung, richteten beschädigte Gebäude her, machten aber keine Neubauarbeiten.

Als Maurer war ich beim Bau der Gustloffwerke von Anfang bis zum Ende, bis zur Zerstörung durch die Bombardierung, dabei. Ich verlegte auch die Wege zwischen den Hallen mit Natursteinplatten. Das Behauen der Platten war eine Spezialität von mir geworden. Die Hallen waren in U-Form angebracht, dazwischen waren Grasflächen und entlang des Mauerwerks wurden diese Natursteinplatten gelegt. Die Gustloffwerke waren durch die Bombardierung stark zerstört worden und danach gab es kaum noch Arbeit. Als die Aufräumungsarbeiten beendet worden waren, war bereits der Winter eingezogen, und man sah auch schon, daß es dem Ende zuging. Als die Bomben gefallen waren, sagten zwar ein paar von den Zivilarbeitern: »Aufräumen, aufräumen, morgen fangen wir wieder an zu arbeiten.« Man fing aber nie wieder an, die Amerikaner hatten schöne Arbeit geleistet! Allerdings kostete die Bombardierung rund dreihundertachtzig Häftlinge und achtzig SS-Leute das Leben, darunter deren Frauen und Kinder. Es gab zwar zwischen den SS-Villen Bunker, die auch gehalten hätten, wenn die Bomben nach Maß abgeworfen worden wären, aber wenn die Bomben zwischen zwei Bunker fielen, drückte die Explosionskraft die Wände zusammen, und alle Menschen darin wurden zerquetscht. Nicht gerade ein schöner Tod für Kinder oder Frauen.

Im SS-Revier war durch die Bombardierung sehr viel Putz in den Zimmern heruntergefallen, und ich sollte das ausbessern. Während ich arbeitete, lagen mehrere SS-Leute im Raum, sie unterhielten sich, und meine Löffel hörten natürlich zu. Die Mauer, an der ich arbeitete, wollte nicht und nicht trocknen. Ich bastelte ziemlich lange herum, gab Gips dazu, damit es schneller trocknete, aber es rührte sich nicht viel. Ich ging dann die Stiege hinunter, hatte irgendein Material in den Händen, als mir ein hohes Vieh entgegenkam, der Chef der medizinischen Abteilung der SS. »Ja, und grüßen?«, fuhr er mich an. Ich war mitten in der Arbeit, hatte etwas in den Händen, konnte die Mütze nicht abnehmen. Es war eine grausliche Situation! Beim Arbeiten ließen sie mich aber in Ruhe, sie kümmerten sich nicht um mich. Es war ein ziemlich großer Saal, die Betten, wo sie herumsaßen, standen auf der anderen Seite des Raums. Sie redeten aber ziemlich laut, dachten wohl, daß eh keiner zuhöre oder zumindest nichts verstehe. Nach der Begegnung mit dem SS-Mann auf der Stiege hatte ich genug und sagte zum Vorarbeiter: »Das ist nichts für mich. Ich weiß nicht, die Mauer will nicht trocknen, ich krieg' das nicht hin.« Er sagte darauf: »Gut, morgen gehst du in die SS-Siedlung hinaus!«

Bei der Bombardierung waren viele Offiziershäuser zerstört worden, und wir mußten dort Dachböden ausbauen, Zwischenwände einziehen, um neue Quartiere zu schaffen. Da erinnere ich mich an zwei Begebenheiten: Die erste war ein Erlebnis mit einem SS-Mann, dem Oberkommandierenden Ost, einem von den »Krowoten«. Ich hatte ja immer ein großes Glück mit den »Krowoten«! Ich war mit ihm bei der Arbeit ins Gespräch gekommen und merkte, daß man ihn um etwas bitten konnte: »Wie ist das, könnten Sie mir nicht ein paar Kartoffeln bringen? Ich würde es Ihnen gut bezahlen.« – »Ja, schon.« Er ließ sich von mir fünf Mark geben, und am nächsten Tag wollte er mich mit dem Gewehrkolben erschlagen, als ich die Kartoffeln verlangte! Die zweite Episode: Die Frau des SS-Mannes, dem das Haus gehörte, in dem wir arbeiteten, ließ den Vorarbeiter zu sich kommen. Nach einer Weile kam der Vorarbeiter zurück und erzählte uns, worum ihn die Frau gebeten habe: »Mein Mann ist so empfindlich, und wir haben ein Karnickel, es muß ihm jemand den Hals durchschneiden, mein Mann kann das nicht.« Dieser SS-Mann war im Lager als Massenmörder bekannt. Wenn das erfunden wäre, müßte der Erfinder Münchhausen sein! Wenn ich es nicht selbst erlebt hätte und mir das einer erzählen würde, ich würde es ihm nicht glauben!

In den letzten Wochen vor dem April 1945 wurde ich auch noch Schneider. Es war eine ruhige Phase im Lager, auch für die Prominenz, und nachdem es überall Optimisten gibt, dachten auch einige Prominente darüber nach, was sie tun würden, wenn sie heimgehen könnten. Im Lager waren sie Lagerältester-Stellvertreter, Blockältester, hatten alle möglichen Funktionen. Als das Ende nahte, fürchtete natürlich jeder, daß die anderen sehen würden, in welcher Kluft er ursprünglich ins Lager gekommen war! Deshalb gingen die Leute, die prominent waren, in die Kleiderkammer und suchten sich aus den Kleidern verstorbener Häftlinge etwas für sich heraus. Sie erinnerten sich, daß ich schneidern konnte, und so bekam ich für einige Wochen eine sehr gute Beschäftigung. Ich wurde für meine Arbeit auf den Dachboden eines Steinblocks geschickt, was eine einigermaßen schwierige Geschichte war. Auf dem Dachboden waren Maggiwurzeln ausgelegt, die ich öfters begießen mußte, da kein Klo oben war. Jeden Morgen stieg ich also mit einer Leiter dort hinauf, statt zur Arbeit auszurücken. Formal war das in der Schreibstube alles erledigt worden. Dort oben kürzte ich Ärmel und verlängerte Hosen. Natürlich mußte ich alles mit der Hand nähen, aber es klappte sehr gut, ich hatte ja eine gewisse Routine im Nähen. Allerdings wurde mir dann von zwei Brüdern, von denen einer Schneider war, der Rang abgelaufen, indem der eine über mich verkündete: »Der ist ja gar kein Schneider!« Obwohl ich meine Arbeit gut gemacht hatte, mußte ich wieder zum Baukommando. Natürlich war ich da bös'!

Die Arbeit beim Baukommando war aber mittlerweile wirklich schon eine sehr schleißige Angelegenheit geworden. Zwar gab es noch die ganze Zeit das Baukommando, aber als ich beispielsweise kurzfristig zum Schneider wurde, war der Kapo wohl recht froh, daß er einen weniger hatte. Er brauchte keine Leute mehr, denn es gab keine Arbeiten mehr. Besonders in diesen letzten Wochen wurde nur mehr mit den Augen gearbeitet, um bloß von keinem SS-Mann gesehen zu werden. Das Appellstehen ging allerdings weiter. Täglich zweimal bis zum 4. April, an dem wir frühmorgens nicht mehr ausrückten.

Wir waren im Lager alle bestens darüber orientiert, was draußen los war. Es gab sowohl Geheimempfänger im Lager so wie auch immer wieder Neuzugänge unter den Häftlingen, die alles mögliche von draußen wußten. Wir hatten auch eine Zeitung im Lager, den *Völkischen Beobachter*. Bis Anfang 1942 wurde nur vom Endsieg gesprochen, nun war von einem Ende keine Rede, und die Propaganda übertönte alles. Wir lernten, in der Zeitung zwischen den Zeilen zu lesen, das war eine Kunst, die man beherrschen mußte. Als sie nach Stalingrad kamen, war anfangs vom heldenhaften Kampf die Rede und daß bis zum letzten Mann gekämpft würde. Wir hörten auch die Radioübertragungen der Hitlerreden und dachten uns unseren Teil dabei. Dann kamen die Rückzüge. Da gab es wieder Meldungen wie im Ersten Weltkrieg: »Lemberg noch in unserem Besitz«. Besonders gefiel mir immer das Wort »Frontbegradigung«. Beim Vormarsch wußten wir immer genau, wo die Front war, da sah man auch in den Zeitungen überall die Fahnderl. Bei der »Frontbegradigung« schrieben sie nichts mehr, nur »Frontbegradigung«. Wenn wir dann nachschauten, wo sie jetzt waren, sahen wir, daß sie schon mehrere hundert Kilometer zurückgegangen waren! Da war uns schon klar, wie alles wackelte, und wir konnten uns vorstellen, daß das irgendwann krachen würde. Wir waren aber eher überzeugt, daß es eine innere Revolte geben würde, daß das Volk irgendwann einmal zur Besinnung kommen würde. Mußte Deutschland wirklich bis zur Reichskanzlei zerstört werden, damit es zu einem Ende kam? Das deutsche Volk hat das bitter bezahlt.

1943 hörten wir von der Moskauer Konferenz: Churchill hätte gesagt, 1945 würde der Krieg zu Ende sein. Das war schön und gut, nur wir wußten doch nicht, wie wir den nächsten Tag überleben sollten! Wie sollten wir noch zwei Jahre aushalten? Außerdem sagte Churchill nicht dazu, ob Frühjahr, Herbst oder Winter 1945! Wie sollte man so lange überleben?

Gegen Ende waren wir im Lager zwar sicher, daß alles nicht mehr lang dauern konnte, aber es gab keine Klarheit darüber, wie es enden würde. Flammenwerfer, erschossen werden, die SS stürmt das Lager, Aufmarsch zum Appellplatz, alle werden eingekreist und erschossen? Alle diese Möglichkeiten wurden ventiliert. Es kamen damals viele Häftlinge nach Buchenwald, aus dem Osten, aus Frankreich. Jeden Tag gab es Transporte. Das 45er Jahr war in allen Konzentrationslagern davon geprägt, daß die Lager liquidiert wurden. Zuerst kamen die Lager dran, die näher der »Gefahrenzone« lagen, also die Lager in Polen. Wie ich später nachlesen konnte, hatten wir zeitweise mehr als fünfundvierzigtausend Häftlinge, obwohl das Lager nur für zehn- bis zwölftausend angelegt war. Es wurden dann aber wieder viele abtransportiert. Am Tag der Befreiung waren nur noch einundzwanzigtausend Häftlinge in Buchenwald.

Die Häftlinge, die aus anderen Lagern evakuiert und nach Buchenwald gebracht worden waren, erzählten schon, wie unterwegs ganze Gruppen erschossen worden waren. Im Februar, März, April 1945 wurde es immer ärger mit dem Vernichten, sodaß wir an keine Chance mehr glaubten. Das Kommando »Bahnhof Weimar« erzählte uns eines Tages, die Flammenwerfer-Kompanie sei da. Wir dachten, die kommen zu uns. Wenn wir Zeit hatten, saßen wir zusammen und unterhielten uns darüber, wie das Ende sein würde. Wir diskutierten auch die unwahrscheinlichsten Versionen unserer Befreiung, nur so, wie es dann kam, hat es keiner erwartet.

Wir hielten einen Freudenappell ab
Die Befreiung von Buchenwald

Wir träumten von der Freiheit. Besonders interessant sind diesbezüglich die Tage zwischen 4. und 11. April 1945, als die Juden zum ersten Mal der SS gegenüber Befehle verweigerten und selbst die SS im Zweifel war, was zu tun sei. Sie riefen den Lagerältesten, der ihnen sagte: »Wenn wir jetzt Zwang anwenden, gibt es eine Revolte.« Am 4. April waren wir nicht mehr zur Arbeit ausgerückt. Wir saßen im Block zusammen, hatten nichts zu tun, und so gegen 15 Uhr wurde über die Lautsprecher durchgesagt: »Block 22 auf dem Appellplatz antreten. Alle Juden auf dem Appellplatz antreten.« Man war wahrscheinlich interessiert daran, die Häftlinge auszusortieren, die etwas über das Lager wußten, weil sie schon jahrelang da waren. Außer im Block 22 gab es auch im »Kleinen Lager« Juden, die aber vom Um und Auf des Lagers keine Ahnung hatten und auch nicht bemüht wurden, zum Appellplatz zu kommen. Nach diesem Aufruf wurde natürlich jeder im Block erst einmal käseweiß und überlegte, wo er sich verstecken könnte. Viele der Häftlinge aus unserem Block müssen sich wohl schon vorher überlegt haben, wo sie im Ernstfall hingehen sollten, denn sie waren schnell verschwunden. Als ich nach einer Weile aus dem Block hinausging, sah ich auf dem Appellplatz einen einzigen Mann stehen, einen Franzosen, der dann auch weggeschickt wurde. Ich ging hinunter in dieses Wäldchen, in dem ich damals Kraut mit Kartoffeln gegessen hatte, und schaute mich dort nach einem Versteck um. Ich schaute auf die Bäume hinauf, überall saßen schon zwei oben. Ich ging ein Stück weiter. Dort, wo verschiedene Kanäle von den Baracken heruntergingen, hob ich einen Kanaldeckel auf, es saßen zwei drinnen. Ich wußte nicht mehr, wohin ich gehen sollte, was ich tun könnte. Ich sah auch keine Häftlinge mehr herumlaufen, die sich verstecken wollten. Wir waren ungefähr zweihundert in unserem Block und als ich später am Abend auf den Block zurückkam, waren vielleicht dreißig oder vierzig da. Die anderen müssen sich alle wo versteckt haben, aber man sah sie nicht herumrennen. Wahrscheinlich waren es die, die auf den Bäumen und in den Schächten saßen.

Dann hatte ich eine Idee: Ich ging ins Revier. Ich hatte dort einmal die Fundamente für eine Baracke machen müssen und nachdem das Gelände schräg war, entstand dabei ein Hohlraum, der mit Pfosten unterlegt war. Mir fiel ein, daß das ein gutes Versteck sein könnte. Ich ging dorthin und sagte dem Pfleger, was ich vorhatte. »Ich habe hier die Fundamente gemacht, ich könnte mich da unten verstecken.« Er war Slawe, ich glaube, ein Pole. »Das hat gar keinen Sinn, die Russen bei mir am Block, die verraten dich sofort.« Ob das eine Ausrede war oder ob die Russen mich wirklich verraten hätten, kann ich nicht sagen. Fähig dazu wären sie gewesen. Jedenfalls war es mit diesem Versteck also auch nichts. Als ich dort im unteren Teil des Lagers herumging, hörte ich ständig Kriegslärm. Die Amerikaner waren nur mehr achtzig Kilometer entfernt. Bei Gotha errichteten die Deutschen aber eine Sperrlinie, und es dauerte noch acht Tage, bis Buchenwald befreit wurde.

An diesem 4. April verging die Zeit für mich weiter mit Nachschauen und Überlegen, wo ich hingehen könnte, bis ich mich entschloß, zurück auf den Block zu gehen. Dort war eine Leere, wie wenn eine Epidemie ausgebrochen wäre. Es war niemand im Tagesraum, die wenigen, die noch da waren, hatten sich schlafen gelegt oder zumindest hingelegt. Ich kann nicht sagen, ob einer fähig gewesen wäre zu schlafen. An diesem Tag hatten wir den Mut, uns einen Platz zu suchen, uns zu verstecken, obwohl es eigentlich sinnlos war. Denn wenn die SS uns wirklich hätte haben wollen, hätte sie uns suchen können. Vielleicht hätten zwei, drei ein wunderbares Versteck gehabt, wo man sie nicht gefunden hätte, aber alle übrigen wären gefunden worden.

Am nächsten Morgen wurden wir geweckt wie immer, mittlerweile waren wieder alle Häftlinge am Block. Der Lagerkommandant wollte die Häftlinge auf dem Appellplatz abzählen. Diesmal waren alle Blocks aufgerufen, nicht nur die Juden so wie am Vortag. Da war die Chance gegeben, gemeinsam mit den anderen Häftlingen etwas zu machen, und deshalb marschierten wir auf. Am Vortag betraf es nur die Juden, und wenn wir da aufmarschiert wären, weiß ich nicht, ob wir für die kommende Nacht noch ein Nachtquartier gebraucht hätten. Der Lagerkommandant wollte die Juden vom Block 22. An diesem Tag dachten sie nun, wenn alle aufmarschierten, könnten sie den Platz absperren, und dann hätten sie uns. Deshalb wurden, nachdem alle Blocks aufmarschiert waren, die Abgänge durch die SS-Leute gesperrt. Als der Appell zu Ende war, kam das Kommando: »Abrücken! Block 22 bleibt stehen!« Wie lang braucht man, um ein gelbes Dreieck abzureißen? Alle Häftlinge, auch die nichtjüdischen, rissen sich in kürzester Zeit ihre Zeichen herunter, in jedem Block wurden die Reihen frei gemacht, und überall konnten zwei, drei von uns hineinschlüpfen. Auf dem Appellplatz waren wie immer ungefähr zehntausend oder zwölftausend

Häftlinge, Block 22 stand ziemlich in der Mitte. Unter zehntausend Häftlingen waren wir zweihundert Juden vom Block 22 in kürzester Zeit untergetaucht! Es ging alles zack, zack. Wir rannten sternförmig auseinander, einer ging nach links, einer nach rechts, und im Nu waren alle weg. Das alles war nicht abgesprochen, sondern eine gemeinsame Reaktion von allen. Es ist unwahrscheinlich und unglaublich, aber es geschah tatsächlich ohne irgendeine Absprache. Es war ein Moment, ein Funke! Natürlich ging das über Blickkontakt, einer sah vom anderen, wie der das Zeichen herunterriß und verstand sofort, worum es ging. Ohne die Hilfe der anderen Häftlinge, die ihre Reihen für uns aufmachten, hätte es nicht funktioniert. Die Zehntausend am Appellplatz waren durchwegs alte Häftlinge, die eine gewisse Lagerroutine hatten, und die Solidarität war im Lager vorhanden. Soviel Menschlichkeit hatte ich gar nicht allen zugemutet, aber wahrscheinlich dachten die anderen Häftlinge auch: »Heute nehmen sie den Block 22, dann nehmen sie den nächsten Block, und dann nehmen sie unseren Block.« Es ging also auch darum, die eigene Haut zu retten. Solange alle da waren, konnte man sich wehren. Der Platz, an dem Block 22 stand, wurde nicht aufgefüllt durch die anderen Blocks, der blieb leer. Dann kam nochmals das Kommando: »Abrücken!« Die SS-Leute stellten sich beim Abmarschieren an jedem Durchgang zwischen die Blocks, um die Juden herauszunehmen. Drei haben sie gefunden. Sie konnten sich nicht klar vorstellen, wie Juden ausschauen, sie konnten sie nur durch das Zeichen erkennen. Die Stimmung beim Abmarschieren war trotzdem sehr bedrückt, weil wir natürlich Angst hatten, erkannt zu werden. Nach dem Abmarsch gingen wir zurück auf unseren Block. Ich hatte keine andere Wahl. Wo hätte ich hingehen sollen? Ich hatte ja schon am Vorabend feststellen müssen, daß das mit dem Verstecken nicht funktionierte.

Am gleichen Tag begannen die Transporte. Der Lagerkommandant gab dem Lagerältesten zu verstehen, daß evakuiert werden müsse. Wir wären der Vortrupp dieser Evakuierung gewesen. Der Lagerälteste warnte immer davor, irgend etwas mit Gewalt zu tun, weil das nicht gut ausgehen würde, wenn dreißig- oder vierzigtausend Häftlinge auf einmal explodieren würden. Einen solchen Aufstand hätte die SS nicht kontrollieren können, und der Kommandant wußte, daß die Bevölkerung von Weimar Angst vor einer Häftlingsrevolte in Buchenwald hatte. Eine Revolte sollte also in jedem Fall verhindert werden. Später stellte sich heraus, man hatte dem Lagerkommandanten einen fingierten Brief zukommen lassen, in dem angeblich die Alliierten mitteilten, ihm werde nichts passieren, er hätte sich bis jetzt schonend verhalten. Sie schmierten ihm Honig ums Maul und forderten ihn auf, nichts Dummes zu tun und den Häftlingen nichts anzutun. Ich wußte von dem Brief damals nichts, und von einer »schonenden« Vorgangsweise des Lagerkommandanten war nichts zu merken. Es wurde eine große Zahl von Häftlingen für Transporte zusammengestellt, die in den Tod führten. Als erstes wurde damit begonnen, die Blocks mit den Russen zu evakuieren. Man wollte vor allem die Leute aus dem Lager schaffen, die eine Revolte inszenieren hätten können, und in dieser Hinsicht wären die Russen und die ungarischen Juden vom »Kleinen Lager« am gefährlichsten gewesen. So wurde damit begonnen, mehrere tausend Häftlinge für Transporte zusammenzuholen. Einmal teilte der Lagerkommandant dem Lagerältesten mit, am nächsten Tag müßten Tausende Häftlinge evakuiert werden. Es wurden zweieinhalbtausend daraus. Die älteren Häftlinge schickten die zuletzt Gekommenen zuerst auf Transport, um nicht die Substanz des Lagers zu schwächen. Man schaute darauf, vor allem die Häftlinge, die nach der Auflösung von Dora I und Dora II ins »Kleine Lager« gekommen waren, auf Transport zu schicken. Viele von denen gingen ganz freiwillig. Sie waren im »Kleinen Lager« in äußerst primitiven Verhältnissen furchtbar untergebracht und gingen davon aus, daß es nirgendwo ärger sein könnte. Vielleicht hofften sie auch, auf dem Transport fliehen zu können. Manche wollten also selber weg, andere wurden zwangsweise für einen Transport eingeteilt. In einem Lager gab es auch immer Latrinenparolen, wie das so schön genannt wurde, wenn jemand etwas nach dem Motto verbreitete: »Da kommst du in ein Lager, das ist ganz wunderbar!« Teilweise wurden solche Geschichten von der SS selbst ausgestreut, wenn sie einen größeren Transport zusammenstellen wollten. Das Lager, in das der Transport gehen sollte, wurde als ganz wunderbar beschrieben, mit schönen Steinblöcken und anderen Vorteilen.

Ausschreitungen oder Konflikte gab es bei den Transporten keine. Das wurde vom Lagerdienst, der aus Häftlingen bestand, sehr schön in Zaum gehalten. Der Lagerdienst war eine Autorität wie die Polizei. Er war nach oben hin abgesichert und wurde von jedem Häftling respektiert. Zum Lagerschutz bekamen wir noch zusätzlich eine Feuerwehr. Das wurde von den politischen Häftlingen mit Absicht beim Kommandanten vorgebracht und eingefordert. Sie argumentierten: »Was ist, wenn ein Feuer ausbricht, es sind Zigtausende von Häftlingen da, lauter Wilde!« Der Lagerkommandant erklärte sich einverstanden, wollte aber die Leute sehen, die für die Feuerwehr eingesetzt werden sollten. Es wurden ihm einige Häftlinge vorgeführt, und danach wurde die Feuerwehr installiert. Auf diese Art kamen einige hundert Häftlinge zusammen, überwiegend natürlich Kommunisten. So war das organisiert. Wenn die Kommunisten auf der ganzen Welt so gewesen wären wie der Lagerschutz in Buchenwald, würde der Kommunismus noch heute funktionieren. Da gab es keine kommunistischen Verbrechen.

Von unserer Baracke wurde niemand verschickt, und damit es nicht dazu kam, bekamen wir die Ordner-Handschleifen und waren mit Ordnungsdiensten bei den Transportzusammenstellungen beschäftigt. Es wurden oft zwei- oder dreitausend Häftlinge verschickt, das nahm viel Ordnungsdienst in Anspruch. Ich begleitete die Kolonnen von Häftlingen als Ordner bis zum Appellplatz. Dort haute ich schnell ab, damit ich nicht womöglich auch dazukam. Ich wollte auf keinen Fall weg.

Unser Ordnerdienst sah folgendermaßen aus: Wenn die Häftlinge, die evakuiert werden sollten, vom »Kleinen Lager« herauf zum Appellplatz gingen, wurden sie von zehn bis fünfzehn Häftlingen mit Ordnerschleifen begleitet. Das waren kilometerlange Kolonnen, die da zum Tor hochzogen. SS war keine dabei, den Aufmarsch bewältigten die Häftlinge vom Lagerschutz, der Feuerwehr und ein paar Ordnerhäftlinge allein. Es ging allerdings nicht jeden Tag ein Transport ab. Der Befehl des Kommandanten lautete zwar, täglich ein paar tausend Häftlinge abzutransportieren, denn dann wäre er alle losgeworden, aber das stockte immer wieder. Erstens waren die Straßen verstopft, zweitens gab es keine Züge mehr in dem Umfang, den ein solcher Massentransport erforderte. Die Häftlinge wurden von der Bahnstation bei den Gustloffwerken in Frachtwaggons weggebracht. Die Züge mußten über Weimar, und dort war Feierabend, gab es kein Weiterfahren mehr. Das wurde natürlich zum Lager rückgemeldet, und deswegen konnte der Kommandant nicht andauernd nach weiteren Transporten schreien. Er wußte, das ging nicht weiter als bis Weimar. Und eine Kolonne von mehreren tausend Häftlingen konnte man nicht auf einmal zusammenstellen, auch fünfzig SS-Leute wären dafür zuwenig gewesen! Wenn die Häftlinge den Willen entwickelt hätten, davonzulaufen, wären vielleicht zwanzig erschossen worden, aber den anderen wäre die Flucht gelungen, und das wäre eine Bedrohung für Weimar gewesen.

Wir machten in diesen Tagen also Ordnerdienst und blieben im Lager. Appelle gab es nach dem 4. April keine mehr, der nächste Appell fand erst wieder am 12. April, nach der Befreiung, statt! Wenn wir gerade nicht mit den Transporten beschäftigt waren, saßen wir in der Baracke herum. Wir hörten immer wieder von prominenten Häftlingen, was angeblich geplant wäre. Es war eine große Gerüchteküche. Tag für Tag ging das so dahin, wenn auch die darauffolgenden Tage nicht mehr so lärmerfüllt waren wie der 4. April. Es herrschte in diesen Tagen eine bedrohliche Stimmung. Einerseits hörten wir eben vom Kommando »Bahnhof Weimar«, Flammenwerfer wären da, andererseits sickerte ein paar Tage später durch, der Kommandant hätte Bombenflugzeuge angefordert. Er bekam aber die Antwort, daß es keine gäbe. Alle Möglichkeiten, wie man uns schnell liquidieren könnte, lösten sich in Luft auf. Jetzt warteten wir natürlich, was passieren würde. Dazwischen gab es dann noch einen Vorfall: Im Kohlenkeller hielt sich ein Häftling auf. Ein SS-Mann kam herein, ein Handgemenge entstand, der Häftling entriß dem SS-Mann den Revolver. Er wollte abdrücken, konnte es aber zu unserem Glück nicht, denn der Revolver war gesichert. Ich kann mir gar nicht vorstellen, was andernfalls die SS mit uns gemacht hätte! Der SS-Mann nahm den Revolver wieder an sich, entsicherte ihn und erschoß den Häftling.

Dann kam der 11. April. Es gibt verschiedene Versionen, was an diesem Tag geschah, ich kann es nur so erzählen, wie ich den Tag erlebte. Wir standen am Morgen auf wie immer. Wir schlichen herum und waren im Ungewissen, was geschehen würde. Ungefähr um halb elf hörten wir über die Lautsprecher den Aufruf: »Alle SS-Leute verlassen das Lager.« Dann war Totenstille im Lager. Ich verzog mich zum unteren Ende des Lagers, wo die Steinblöcke waren. Ich befürchtete, daß sie vielleicht doch noch mit Flammenwerfern aufmarschieren würden, und für diese Situation erschien mir ein Steinblock sicherer als einer, der aus Holz gebaut war. Ich war dort allein unter den Häftlingen, die zu diesem Block gehörten. Ich versteckte mich und wartete, was geschehen würde. Nach einer Weile hörte ich eine Detonation und ging nachschauen. Hinter dem Revier war der Schweinestall und dahinter der elektrisch geladene Zaun, wo ein Geschoß der Amerikaner hineingefallen war und den Zaun zerrissen hatte. Ich ging wieder zurück und hörte plötzlich die Sirene »Feind naht«. Es gab ein solches Signal, nur hatten wir es noch nie gehört. Die Deutschen wollten doch nicht das Eingeständnis machen, daß irgendwann der Feind kommen könnte! Darüber wurde nie gesprochen und das Signal daher auch nie eingesetzt, bis auf dieses eine Mal am 11. April 1945. Es war ein eigentümlicher Ton, anders als Fliegeralarm. Ich schaute mich ein bißchen um, auf einmal sah ich ein Flugzeug. Es dürfte mittlerweile halb oder dreiviertel zwölf gewesen sein. Das Flugzeug flog um das Lager herum und wackelte mit den Flügeln. Ich erkannte das amerikanische Hoheitszeichen. Es hat uns gewunken! In dem Moment, als ich das amerikanische Flugzeug sah, war alles klar. Das war ein Beobachtungsflugzeug, das niedrig flog, und wenn SS-Leute in der Nähe gewesen wären, hätten sie es herunterschießen müssen. Da hatte ich schon das Gefühl, es war gelungen. Wir waren von den Amerikanern befreit, auch wenn noch keiner von ihnen da war. Dazu kam eben, daß vorher auch schon das Signal »Feind naht« zu hören war. Was sollte ich da noch Angst haben? Mit »Feind« waren wohl nicht die SS-Leute gemeint gewesen! Da war die Angst im Nu weg. Wir wußten, jetzt geht es uns gut.

Das Flugzeug flog wieder weg, und wir schauten uns um. Auf den Türmen war keine Besatzung mehr. Das war also der Moment, in dem die sogenannte »Selbstbefreiung« begonnen haben soll. Natürlich gingen Häftlinge zum Tor hinaus, zuerst vorsichtig, dann in Massen. Heute wird behauptet, sie hätten dort in den SS-Kasernen Gewehre organisiert und wären dann in der Umgebung herumgegangen, um SS-Leute einzufangen. Andere behaupten auch, es wären Gewehre verteilt worden. Ich hörte keinen einzigen Schuß.

So gegen eins, halb zwei traf der erste Jeep mit vier Mann hoch im Lager ein. Edi Goldmann, der mit mir in Buchenwald war, macht gerne Witze. Er kann sich angeblich erinnern, daß gleich ein Rabbiner mit den Amerikanern mitkam. Er weiß zwar nicht mehr zu welchem Zweck, aber er liebt solche Pointen! Ich kann mich jedenfalls nicht daran erinnern. Die Amerikaner machten eine Runde im Lager und sprachen mit dem Lagerältesten. Dann wurde durchgegeben, wir sollten keine Angst haben, es sei alles ruhig und in Ordnung. Die Amerikaner sprachen mit dem Lagerältesten alles ab und waren verhältnismäßig schnell wieder weg. Ungefähr eine Stunde später wurden circa hundertzwanzig SS-Leute von der Bewachung, darunter war auch sehr viel ukrainische SS, die nicht gewußt hatte, wohin sie rennen sollte, in einen Block gebracht. Es war sehr schön anzuschauen, wie Häftlinge in ihren Häftlingskleidern mit Gewehren vor den SS-Leuten Posten standen!

Noch am selben Tag hielten wir einen Freudenappell ab. Alle Häftlinge marschierten in Nationen auf und stellten sich auf dem Appellplatz auf, wo vom Lagerältesten eine Ansprache gehalten wurde. Am Nachmittag wurde auch durchgegeben, daß es noch am selben Tag besseres Essen geben würde. Es hatte sich herausgestellt, daß sich im Lager ein sehr großes Lebensmittellager befand, das ausreichen würde, bis der Nachschub kam, den die Amerikaner organisieren wollten. Wir sollten vorsichtig sein und nicht allzu viel in uns hineinwürgen. Das Essen würde auch nur langsam ein klein wenig aufgebessert, es gäbe aber genügend und für die nächsten Tage sei gesorgt. Da war es mit meinem Hunger schlagartig vorbei! In den nächsten Wochen gab es dreimal täglich etwas zu essen, und ich ging nur hin, weil man halt dazu gerufen wurde.

Die Verharmlosung, die Verheimlichung, das Nichtwissen- und Nichtzugebenwollen
Erste Begegnungen mit der Zivilbevölkerung

Nach der Befreiung kam ich auf einen anderen Block, einen größeren Block, wo alle Österreicher zusammenkamen. Wir waren nun also auch mit den sogenannten Ariern zusammen. Es waren noch ungefähr fünfhundert Österreicher in Buchenwald, wir verstanden uns alle sehr gut. Wir waren durchwegs Gleichgesinnte, zumindest im Lager! Erst als wir draußen waren, fing die Spaltung an. Da war plötzlich einer ein Christlichsozialer, einer ein »Kummerl« und der andere ein »Sozi«. Aber im Lager war man noch solidarisch und hob immer wieder den Bruderkampf in Österreich hervor, den es nie wieder geben dürfte! Es herrschte Kameradschaftlichkeit, es kam der Gedanke auf, es nie wieder zu Streitigkeiten zwischen den Politikern kommen zu lassen, alles müsse ausgesprochen werden. Etwas, was dann schon von Figl und den anderen von Anfang an nicht gehalten wurde! Die Benachteiligten waren die, die im KZ waren. Figl brüstete sich zwar damit, auch im KZ gewesen zu sein, aber in so einem KZ, wie er war, hätte ich bis an mein Lebensende bleiben können, wenn man mir ab und zu eine Frau gegeben hätte!

Am 30. April hörten wir im Radio, daß Hitler im Kampf gegen den Bolschewismus gefallen sei. Zwei oder drei Tage später kam erst die Wahrheit durch. Ich wußte natürlich, daß er nicht kämpfen und fallen würde – außer vielleicht über die Stiege –, und ich frage mich, wie konnte man das deutsche Volk im letzten Moment noch belügen? Warum log man sie an und sagte, Hitler wäre im Kampf gegen den Bolschewismus gefallen? Wollte man aus ihm noch einen Helden machen? Vielleicht wollten sie ihm noch das Ritterkreuz geben, ich hätte ihm höchstens eine ins Kreuz geben wollen! Natürlich freute es mich, daß er nicht mehr lebte, der Terrorist! Es gab aber sicherlich Leute, die weinten, als der Arme starb. Von uns in Buchenwald weinte aber keiner, höchstens Freudentränen.

Wir hatten von den Amerikanern Ausweise bekommen, in denen uns die Haft bestätigt wurde und mit denen wir das Lager verlassen konnten. Das erste Mal verließ ich das Lager gemeinsam mit »Jumbo«, Wilhelm Jellinek. Gleich nach der Befreiung ging ich mit ihm in einen kleinen Ort hinunter spazieren. Dort machten wir die Bekanntschaft mit einer jungen Frau, die recht ansehnlich war, aber ich wollte mich in dieser Hinsicht mit »Jumbo« nicht auf einen Kampf einlassen, da ich sicherlich unterlegen wäre. Es war das erste Mal seit vielen Jahren, daß wir mit einem Menschen, der nicht im KZ war, ein Gespräch führten, noch dazu mit einer jungen Frau. Ihre Eltern trauten sich nicht aus dem Haus heraus, man weiß ja nicht, was ein Häftling alles tun würde! Wir unterhielten uns eine Stunde oder zwei mit dem Mädchen und bekamen gleich die ewigen Geschichten zu hören: Man habe von allem nichts gewußt! Ich meldete meine Zweifel an: Das Licht muß man doch gesehen haben, wenn wir jeden Abend am Appellplatz standen. Wenn man frühmorgens schon nichts sah, aber zumindest am Abend mußte man es gesehen haben. Wir rückten ein, wenn es schon dämmerte, also war es schon dunkel, wenn wir am Appellplatz waren. Das Licht brannte, die Scheinwerfer strahlten uns an, das mußte man dreißig Kilometer weit gesehen haben! Aber man hatte nichts gesehen. Niemand. Die Zwanzigjährige nicht und ganz Weimar nicht. Natürlich war das ein Schock für uns. Wir dachten doch, daß wir ein gewisses Bedauern erregen würden, aber nein! Da begann schon die Verharmlosung, die Verheimlichung, das Nichtwissen- und das Nichtzugebenwollen, an dem sich bis heute nichts geändert hat.

Am zweiten oder dritten Tag begannen die Amerikaner, einzelne Straßen oder Viertel von Weimar abzusperren. Die gesamte Bevölkerung mußte nach Buchenwald kommen. Die Leute wurden in Kolonnen durch das Lager geführt. Da plärrten, weinten und jammerten sie und fielen scharenweise in Ohnmacht. So oft fielen nicht einmal unsere Häftlinge in Ohnmacht wie die Leute aus Weimar! Sie konnten das alles nicht glauben: »Das gibt es nicht. Nein, nein. Das können unsere Leute nicht gemacht haben!« Die Amerikaner gaben ihnen ein schönes Kontra, wenn die Leute behaupteten, von nichts gewußt zu haben. Ein solcher Satz ist mir bis heute in Erinnerung geblieben: »Passen Sie auf, Sie waren acht Kilometer entfernt von hier und behaupten, Sie haben das nicht gewußt. Wir waren sechstausend Kilometer von hier entfernt und wußten es.« Den Leuten wurden die Kinder gezeigt, die wir im Lager hatten, die »politischen« Häftlinge im Alter von drei und vier Jahren, und sie mußten sich natürlich auch die Leichenberge ansehen. Sie wurden ohnmächtig, wenn sie eine Leiche mit Haut und Knochen sahen. Ich sprach niemanden von den Leuten direkt an, es reichte mir, wenn ich die plärrenden Weiber sah, wie sie herumrannten und nirgendwo hinschauen konnten, das Gesicht verhüllten und jammerten. Von manchen Leuten wurde man angesprochen, wie das alles wirklich gewesen war, wie wir geschlafen und was wir zu essen bekommen haben. Es entstanden Gespräche über die Verpflegung und auch darüber, wie das mit dem Schlagen war und so weiter. Es wurde der Bock hergezeigt und erklärt, wie die Häftlinge geschlagen wurden. Wenn wir das alles erzählten, hieß es: »Unmöglich, das können wir nicht glauben. Daß unsere Leute so etwas – nein, das kann ich mir nicht vorstellen!«

Es war genau wie heute. Bei der Wehrmachtsausstellung sagte eine junge Frau beim Weggehen: »Das gibt es doch nicht, da wär doch mein Vater ein Mörder gewesen und mein Onkel!« So ungefähr war das dort auch. Sie konnten es nicht glauben. Wie sollte man es ihnen beibringen? Welche Frau hatte nicht irgendeinen Verwandten oder ihren Mann bei der Wehrmacht oder der SS? Sie mußte doch annehmen, die sind mitschuldig. Das war ihnen nicht beizubringen. Damit kämpfen wir bis zum heutigen Tag, wäre es anders, hätten wir die Wehrmachtsausstellung nicht gebraucht.

Ich ging nach der Befreiung auch einige Male nach Weimar hinunter. Man ist ja gern mit der Häftlingskluft herumgerannt, damit man sofort erkannt wurde! Mit der Häftlingskleidung konnte ich demonstrieren, einer dieser Häftlinge zu sein, die im KZ waren. Wenn man den Leuten dann noch sagte »ich bin Jude«, kam die Antwort: »Das ist nicht möglich.« Ein Großteil der deutschen Bevölkerung hatte in den letzten Jahren keine Juden gesehen, und wenn es jüngere Leute waren, kannten sie von früher auch keine. Die konnten sich überhaupt nichts unter Juden vorstellen. Wenn wir vorher vielleicht gedacht hatten, bedauert zu werden, so war auch hier das Gegenteil der Fall. Die Leute wichen uns aus, als ob wir die Pest hätten und sie sich anstecken könnten. Sie hielten uns für Verbrecher, weil ihnen ja eingebleut worden war, in den KZs seien lauter Verbrecher und Kriminelle. Ich hatte damals natürlich eine Wut auf die Leute, aber ich konnte doch nicht jedem eine in die Gosch'n hauen, auch wenn sie es verdient hätten! Es wäre möglicherweise bei manch einem die einzige Strafe gewesen. Zornig konnte ich bei diesen Sprüchen aber natürlich schon werden. Ich sagte dann beispielsweise: »Sie waren doch beim Militär. Haben Sie nie solche Züge gesehen?« – »Na ja, das waren freiwillige Fremdarbeiter.« Da mußte ich weiterfragen: »Haben Sie wirklich geglaubt, daß einer freiwillig hierher kommt? War es hier wirklich so schön, daß einer von zu Hause davonrennt, damit er hier arbeiten darf für eine schlechte Suppe?«

Wir meinten zuerst, nur das deutsche Volk stelle sich so an und wisse von nichts. Bis wir später in Österreich erkennen mußten, die Leute hier sind nicht besser! Es gab doch die Moskauer Deklaration: »Wir sind ein überfallenes Land.« Als man dann auf einmal so viele KZler sah, hätte man doch in Österreich zu diesen ehemaligen Häftlingen eigentlich sagen müssen: »Wir sind Ihnen dankbar, wegen Ihnen wurden wir als überfallenes Land eingestuft.« Aber man wollte uns in Österreich nicht einmal kennen, es war noch ärger als bei den Deutschen! Als wir nach Österreich zurückkamen, hörten wir Aussprüche wie: »Ist eh keinem was passiert, sind eh alle da!« Oder: »Was wir mitgemacht haben! Seid's froh, seid's im Lager gewesen, habt's keine Bombardierungen gehabt.« Und wie froh wir waren, im Lager gewesen zu sein!

Ungefähr acht Tage bevor wir aus Buchenwald wegfuhren, bekamen wir unsere Sachen zurück. In der Effektenkammer wurden jeden Tag ungefähr tausend Nummern bearbeitet, und wer von den tausend Nummern noch am Leben war, bekam seine Sachen. Ich bekam meine eigene Kleidung wieder, die noch in Ordnung und ganz sauber war. Der Anzug paßte mir sogar und war immer noch modern. In diesen Jahren war kein so schneller Modewechsel wie heute. Ich bekam auch meine Uhr zurück, meine Brieftasche – allerdings ohne Geld, aber mit den Fotos von meinem Vater und Bruder und verschiedenen anderen Sachen, die ich da drinnen hatte.

Zu arbeiten war in der Zeit zwischen der Befreiung und der

Abreise nichts. Wir gingen nur spazieren und hingen unseren Illusionen nach. »Jumbo« wollte unbedingt, daß ich mit ihm in Deutschland blieb. Vielleicht hätte ich es tun sollen, er wurde ein schwerreicher Mann. Ich wollte aber zurück nach Österreich, in der Erwartung, vielleicht doch noch irgendwelche Verwandte vorzufinden. Ich wußte nichts von meiner Schwester, von meinen Brüdern. In der Hoffnung, ich könnte sie hier wiederfinden, war es mein Wunsch, nach Wien zurückzukehren.

Alle wurden abgeholt, nur die Österreicher nicht
Die »Heimkehr« aus Buchenwald

Tagtäglich kamen Sanitätsautos und Busse aus allen möglichen Ländern, um ihre Überlebenden aus Buchenwald abzuholen, bis das Lager zum Schluß ziemlich leer war. Häftlinge aller Nationen wurden abgeholt, nur die Österreicher nicht! Wir warteten und glaubten, man hätte in Österreich keine Transportmittel, um uns zu holen. Hinterher mußten wir uns sagen: »Diese ›Hundsfuadern‹ wollten uns doch gar nicht holen! Denen wäre es lieber, wir wären umgekommen, weil sie dann viel weniger Schwierigkeiten hätten!«

Anfangs hatten wir diesen miesen Verdacht aber noch nicht. Ein paar von unserem Block gingen zu den Amerikanern und sprachen mit ihnen, ob sie uns nach Österreich zurückbringen würden. Die Amerikaner antworteten: »Vier Offiziere in einem Jeep können euch begleiten, aber wir haben keine Verkehrsmittel, keine Busse.« Daraufhin gingen einige Häftlinge zur Stadt Weimar und »holten« sich dort drei Linienbusse. Ich behaupte immer, diese Busse wurden gekapert! Wir beschrieben noch schöne Transparente, hängten sie an die Busse und fuhren los. Die Leute sollten doch wissen, daß wir Helden waren! Immerhin hatten wir einen »Aufstand« in Buchenwald gemacht – auch wenn ich einen solchen nie gesehen habe!

Wir waren hundertachtundzwanzig Österreicher in drei

Bussen. Die Fahrer waren auch Häftlinge aus dem Lager. In der Nähe von Nürnberg übernachteten wir auf der Autobahn. Wir bezogen dort spätabends auf dem Grünstreifen Quartier, auf der Autobahn war ja kein Verkehr. Ein paar von uns schliefen im Bus, die anderen legten sich mit einer Decke im Freien hin. Auf einmal sahen wir Licht. Es war eine kleine Kompanie Amerikaner, die auch dort nächtigte, aber nicht lange blieb. Beim Morgengrauen gingen wir natürlich inspizieren, was die Amerikaner dort gemacht hatten. Es war, wie wenn man heute irgendwo im Wald spazierengeht und auf eine Goldader stößt – Kartons mit Lebensmitteln! Eine Dose Käse oder zwei fehlten, die anderen achtundvierzig Dosen waren noch im Karton! Es lagen auch Decken da, die von den Amerikanern zurückgelassen worden waren, wohl weil die Decken vom Morgentau ein bißchen feucht geworden waren. Ich ließ mir später einen schönen Schlafrock aus einer dieser Decken machen. Es war zwar verboten, amerikanische Decken zu verarbeiten, aber man konnte sie ja so einfärben lassen, daß man sie nicht mehr erkannte. Ich ließ meine weinrot färben, und den Schlafrock aus der Decke, die ich mir dort gegrapscht habe, trage ich noch heute.

Von Nürnberg brachen wir frühmorgens auf und fuhren Richtung Salzburg. Um zehn oder elf Uhr vormittags kamen wir an. Es war ein Sonntag. Die Chauffeure oder die Amerikaner hatten irgendwie erfahren, daß wir zum Mayburger Kai fahren könnten, um uns dort zu waschen. Ein Satz, den ich bei dieser Gelegenheit immer wieder gebrauche: Damals war das Wasser noch sauber, und man konnte wirklich an der Salzach die Morgentoilette machen! Das taten wir und schauten uns anschließend ein bißchen um. Die Leute wollten offensichtlich von uns nichts wissen und nahmen gar keine Notiz von uns. Niemand fragte uns, ob wir vielleicht Hunger oder Durst hätten, geschweige denn, daß man uns etwas zu Essen gebracht hätte. Als wir weiterfuhren und in der Nähe von Linz Rast machten, war es ganz anders: Die Leute kamen mit Brot und Wasser. Wir fuhren nicht direkt nach Linz hinein, da die Stadt ja sehr stark bombardiert worden war. Man mußte mit dem Auto auch ständig Umwege machen, denn die direkten Straßen hatten meist Riesenlöcher.

Dann kamen wir an die Enns zur Zonengrenze. Wir standen eine Weile herum, niemand kümmerte sich um uns. Auf einmal hieß es: »Kein Durchkommen!« Dabei hatten wir einige Kommunisten unter uns, die Russisch konnten, mit den russischen Soldaten sprachen und ihnen alles erklärten. Aber die Russen blieben stur und ließen uns nicht passieren. Die Amerikaner, die uns begleiteten, bekamen vom General in Linz den Auftrag, uns nach Buchenwald zurückzubringen. Wir waren uns einig, daß wir schon genügend Zeit in Buchenwald verbracht hatten und keinen Nachschlag brauchten. Also vereinbarten wir, daß in jeder Stadt, die wir auf der Rückfahrt passierten, ein paar von uns einfach aussteigen würden. Natürlich konnten wir nicht alle auf einmal aussteigen, sonst hätten die vier Amerikaner, die uns in ihrem Jeep begleiteten, das gemerkt. Die ersten stiegen gleich beim Wegfahren nicht mehr ein, ein paar stiegen in Linz aus, die nächsten in Wels, die nächsten in Attnang-Puchheim. Beim Halt in Salzburg stieg ich aus, gemeinsam mit fünf anderen ehemaligen Buchenwaldhäftlingen. Die Busse fuhren weiter.

Etwas später müssen die Amerikaner das dann endlich gemerkt und sich gefragt haben: »Was ist da los? Wo ist denn der Rest von den hundertachtundzwanzig Leuten?« Sie entdeckten ein altes Schloß in der Nähe von Rosenheim und luden dort die restlichen Leute ab. Vom ganzen Transport waren ungefähr noch dreißig oder vierzig Leute übrig. Nachdem sie in Rosenheim abgesetzt wurden, kamen sie ein paar Wochen später nach Salzburg und bekamen einen Mönchsbergstollen als Quartier.

Der wird die Küche jetzt führen
Neubeginn in Salzburg

Wir waren zu sechst in Salzburg ausgestiegen und trafen gleich auf einen Hilfspolizisten, den wir fragten, was wir tun sollten. Er schickte uns zur Nonntaler Schule, wo im Turnsaal ein Lazarett eingerichtet war. Fast in jeder Schule hatte man aus den Turnsälen Lazarette gemacht. Wir gingen hin und nächtigten dort. Frühmorgens standen wir auf und meldeten uns bei der Polizei. Wir bekamen Lebensmittelkarten und auch ein Quartier. Die Polizei sagte zu uns: »Ihr habt's ja noch kein Quartier.« – »Nein.« – »In der Haydnstraße Nr. 2, da war früher das Büro von der NS-Frauenschaft.« Das war eine Drei- oder Vierzimmerwohnung, die wir uns gleich kaperten. Alle sechs, die wir in Salzburg ausgestiegen waren, zogen in diese Wohnung: Eduard Goldmann, mit dem ich später mein Geschäft eröffnete, Rudolf Zahatko, Paul Schöpfer, Fritz Morawetz und Emmerich Hosek. Die Wohnung befand sich in der Haydnstraße vis-à-vis von der Andräschule, in der auch ein Lazarett untergebracht war. Dort holten wir uns Betten und Matratzen. Niemand traute sich, deswegen etwas zu sagen. Zu einem KZler durfte man nicht nein sagen, der hätte einen ja niederschießen können. So ungefähr hieß es damals.

Im Parterre des Hauses war ein von der Stadtgemeinde beurlaubter Beamter untergebracht, ein gewisser Nogler, der eine Aufnahmestelle für ehemalige KZ-Häftlinge führte. Dort wurde uns mitgeteilt: »Geht's doch zu den Franziskanern!« – »Was ist dort?« – »Dort ist die Küche vom ehemaligen Reichsstatthalter. Da könnt ihr dreimal am Tag Essen kriegen.« Im Stift von St. Peter war eine Küche eingerichtet worden für ehemals politisch Verfolgte. Wir gingen natürlich hin. Das Essen war mittelmäßig, was man damals eben auf Lebensmittelkarten bekommen konnte. Wir waren aber nicht sehr verwöhnt, uns schmeckte alles.

Das ging ein paar Tage leidlich gut. Aber eines Tages sah

ich mich dort plötzlich auf einem Sessel stehen und hörte die Leute sagen: »Der wird die Küche jetzt führen!« Es hatte irgendeinen Tumult gegeben, die Leute waren mit dem Mann, der die Küche führte, nicht zufrieden. Es hieß, er wäre ein Nazi gewesen. Ich wurde bestimmt, in Zukunft die Küchenführung zu übernehmen. Weil ich nicht allein für fünfhundertfünfzig Leute Essen besorgen konnte, zog ich Edi Goldmann und Emmerich Hosek hinzu. Es war alles ein ziemliches Durcheinander, wir wurden von niemandem offiziell für diese Funktion bestimmt. Wir sind einfach dort erschienen, bekamen zu essen und sollten dann gleich alles übernehmen.

Daß ich aus dem Bus, der uns von Buchenwald nach Österreich brachte, in Salzburg ausstieg, war eine spontane Entscheidung. Es hieß einfach: »Jetzt steigen wir aus.« Wer in Salzburg ausstieg, war eben dabei, und wir sechs waren übrigens ein typisches Beispiel dafür, wer alles in den KZs zusammengekommen war: Ich war der einzige richtige Jude, Rudolf Zahatko war ein »Zwischending«, halb Österreicher, halb Tscheche, der sich bald von uns separierte. Der nächste war Emmerich Hosek, Mechaniker und Chauffeur aus Wien. Mit zweiundzwanzig Jahren kam er ins KZ Auschwitz. Aber dann gelang es seiner Mutter, ihn zu »arisieren«, indem sie für die Gestapo einen Mann fand, der bestätigte, mit ihr ein Verhältnis gehabt zu haben. Nicht der Jude, mit dem sie verheiratet war, sei der Vater von Emmerich, sondern dieser Freund. Emmerich Hosek wäre demnach Arier gewesen, weil sie ja auch keine Jüdin war. So etwas war tatsächlich möglich! Es war der SS nicht zu blöd, während des heftigsten »Abwehrkampfes gegen den Bolschewismus« zwei SS-Leute abzukommandieren, die Hosek in Auschwitz übernahmen und nach Buchenwald überstellten. Was sagt man dazu? Die hatten offensichtlich keine anderen Sorgen. Hosek wurde für uns in Salzburg sehr wichtig, denn Goldmann und ich hatten keine Führerscheine, und er war der einzige, der ein Auto chauffieren konnte. Ich bekam von der Stadtgemeinde ja sofort ein Auto, um die Lebensmittel für die »KZ-Küche« zu organisieren. Dann war in unserer Gruppe noch Paul Schöpfer, ein ehemaliger k.u.k.-Schiffskapitän, der Aquarelle malte. Er ging bald von Salzburg weg nach Graz. Außerdem gab es noch den Schuster Fritz Morawetz, der aber auch bald seiner eigenen Wege ging. Nur wir drei, Goldmann, Hosek und ich, blieben zusammen.

Obst und Gemüse von Händlern, die als Nazis bekannt waren
Die »KZ-Küche« in St. Peter

Am neunten Tag nach unserer Ankunft in Salzburg, am 28. Mai – an meinem Geburtstag – hatte man mir die Arbeit in der »KZ-Küche« angetragen, und am 29. Mai waren wir schon intensiv am Arbeiten. Wir legten Karteien an für die Leute, die zum Essen kamen. Warum ich diese Funktion tatsächlich erhielt, weiß ich selber nicht, ich kann mich nicht erinnern. Ich erinnere mich sonst an alles, aber in diesem Fall weiß ich nur mehr, daß ich plötzlich auf einem Sessel stand, und es gleich darauf hieß, der Feingold werde ab jetzt die Küche führen. Ich hatte mich weder in einen Streit eingemischt noch weiß ich einen anderen Grund dafür. Aber ich nahm die Funktion an, und ich muß die Arbeit sehr gut gemacht haben, denn sonst wäre es nicht so schön gelaufen. Wir wurden auch von der Stadtgemeinde anerkannt. Der Bürgermeister stellte einen Vertreter der Stadtgemeinde, der kontrollieren sollte, daß wir nicht mehr Leute zum Essen verrechneten als tatsächlich da waren. Wir ließen uns natürlich von dem nichts dreinreden und machten alles so, wie es uns gefiel. Es klappte aber alles sehr gut, und der Vertreter der Stadt war zufrieden. Vielleicht hatte er auch Angst vor uns, jedenfalls war er immer mit allem einverstanden.

Wir übernahmen die »KZ-Küche« in St. Peter mit fünfhundertfünfzig Leuten, die aus allen möglichen Konzentrationslagern und Zuchthäusern gekommen waren. Es waren auch Deutsche darunter, aber noch keine jüdischen Displaced persons. Die Ausgabestelle der Bezugsscheine vom Ernährungsamt war in der Dreifaltigkeitsgasse. Ich erhielt Bezugsscheine für eine bestimmte Anzahl von Personen und mußte für sie die Lebensmittel organisieren. Wo aber sollte ich die herkriegen? Da ergab sich folgendes: Mir wurde gesagt, Obst und Gemüse könnten wir von Händlern bekommen, die als Nazis bekannt waren. »Wenn ihr zu denen hingeht und die euch sehen, geben sie euch gleich, was ihr wollt.« Wir waren ja so edel und deklarierten uns mit einer Schleife, auf der *Buchenwald* draufstand. Da wußten die Leute schon, mit wem sie es zu tun hatten. Wir gingen immer drei Mann hoch in die Geschäfte hinein, Goldmann, Hosek und ich. »Wir brauchen das und das und das. Die Rechnung bitte an die Stadtgemeinde schicken!« Das klappte sehr gut.

Einen Fleischhauer bekamen wir über Kontakte von Goldmann. Dazu gibt es eine Geschichte: Goldmann hatte am Polenfeldzug teilgenommen. Nach dem Polenfeldzug wurden Mischlinge aus dem Militär herausgenommen, und er galt als solcher, obwohl er katholisch erzogen worden war und sein Vater getauft war. Das nützte alles nichts, für das Militär war er ein Mischling. Er wurde zwangsdienstverpflichtet nach Kaprun und arbeitete dort als Lohnbuchhalter. Dort dürften ein paar die Papn zu weit aufgerissen haben und wurden verhaftet. Goldmann war dabei und kam nach Salzburg ins Gefängnis. Hier wurde die Verhandlung durchgeführt. Ich hatte später Gelegenheit, von ihm zu hören, was er für einen guten Richter hatte: »Ja, diese Mischlinge, diese Sauhunde, diese Juden, das kennen wir!«

Goldmann wurde verurteilt. In einem Gefängnis sind verschiedene Schreibarbeiten nötig, Tafeln, Beschreibungen, Maschinschreibdienste, alles konnte Goldmann! Er wurde der führende Funktionär im Salzburger Gefängnis, also hielt man ihn dort, solange es möglich war. Eines Tages hieß es, es geht nicht mehr, und er kam nach Buchenwald. In Salzburg im Gefängnis war er mit den verschiedensten Häftlingen zusammengekommen. Es ging einmal in Salzburg eine Gruppe von Geschäftsleuten und Gastwirten wegen eines größeren Schleichhandels verschütt, das heißt, sie wurden verhaftet. Nach dem Krieg waren das übrigens alles »politische« Häftlinge! Unter diesen ehemaligen Häftlingen, die Goldmann natürlich alle kannte, war zum Beispiel ein Itzlinger Fleischhauer, der uns dann mehr Würste lieferte, als wir brauchen konnten! Fleisch bezogen wir natürlich auch bei ihm. Auf diese Art hatten wir überall unsere Quellen. Wir bekamen auch Bier, natürlich nicht für St. Peter, sondern für Privatzwecke! Wir waren mit allem gut eingedeckt, es ging uns nicht schlecht.

Goldmann war übrigens einer der wenigen Häftlinge, die das Vergnügen hatten, ihren Richter eines Tages wiederzutreffen und ihm eine runterhauen zu können! Ich durfte diese Szene persönlich miterleben. Es gab nach Kriegsende in der Neuen Residenz in Salzburg ein Büro, in dem sich Deutsche bescheinigen lassen konnten, daß sie sich während des Krieges in Österreich ordentlich aufgeführt hatten, daß keine Anzeigen gegen sie vorlagen und sie keine Verbrechen begangen hatten. Denn wenn man damals auf der Straße jemanden mit deutschem Akzent sprechen hörte, hieß es sofort: »Weg mit euch, ihr seid schuld!« Goldmann und ich hatten an einem Nachmittag wohl nichts zu tun und gingen zur Residenz, um zu schauen, wer sich solche Bestätigungen holte. Wir standen herum und sahen zu, wie die Leute sich anstellten. Auf einmal wurde Edi Goldmann hochrot, sprang einen Mann an, schnappte sich den und haute ihm links und rechts eine runter. »Du Sauhund, du willst dir hier eine Bestätigung holen, daß du dich anständig verhalten hast? Du wirst mich doch hoffentlich noch erkennen, wer ich bin?« Dem Mann fielen die Augengläser runter, er nahm Reißaus und war auf und davon. Das war der Richter von Goldmann.

Ich wurde in den ersten Tagen in Salzburg auch einmal richtig heiß. Wir gingen in ein Geschäft, wollten etwas kaufen, und der Geschäftsdiener äußerte sich abfällig über uns, behauptete, daß im KZ nur Verbrecher gewesen wären und im Dritten Reich keine anständigen Leute ins KZ gekommen seien. Ich schrie ihn fürchterlich an, sodaß die alten Chefs gleich auf mich zukamen: »Na, beruhigen Sie sich doch!« Ich sagte: »Ich kann mich schon beruhigen, aber den möchte ich nicht mehr wiedersehen!« Er hatte uns natürlich an der Buchenwaldschleife und den kurzen Haaren erkannt. Wir trugen die Schleife immer, waren nicht direkt stolz darauf, aber wir wollten schon den Unterschied zur übrigen Bevölkerung zeigen. Man sollte nicht der Meinung sein, wir wären an den Naziverbrechen beteiligt gewesen. Einmal trafen wir in der Stadt drei Burschen. Die müssen sich wohl gedacht haben, das, was die können, können wir auch und hatten sich eine Buchenwaldschleife um den Arm gebunden. Sie begingen dabei aber einen Fehler: So wie man in Deutschland fast alle Ortsnamen mit »Walde« hat, schrieben sie auch »Buchenwalde«. Da wußten wir gleich, das sind Betrüger. Die sind gerannt! Ich glaube, sie haben noch am selben Tag Salzburg verlassen.

Man mußte was tun, und wir nahmen es in die Hand
Administration aller Jewish-DP-Camps in Salzburg

Für uns kam dann bald eine neue Tätigkeit dazu: Von unserer Wohnung in der Haydnstraße sah man direkt in die Franz-Josefs-Kaserne, die mit jüdischen Flüchtlingen vollgestopft war, den sogenannten Displaced persons, kurz DPs. Nach ungefähr vier, sechs Wochen kamen von dort ein paar Leute zu mir: »Feingold, du mußt uns helfen.« – »Was kann ich tun?« – »Wir haben hier Leute, die schon wochenlang kein frisches Gemüse und keine Kartoffeln bekommen haben. Wir haben schon mit dem *Joint* gesprochen, du kriegst dafür von ihnen Konserven.« Der *Joint* ist eine amerikanisch-jüdische Hilfsorganisation.

Ich sollte die notwendigen frischen Lebensmittel besorgen. Die Amerikaner hatten reichlich Konserven, die ich im

Tausch für Obst und Gemüse für die »KZ-Küche« erhielt. Natürlich war dieser Tausch für mich vorteilhaft. Die Kartoffeln waren bei weitem nicht soviel wert wie die Fleisch- und Fettkonserven der Amerikaner. Wir konnten dadurch unsere Kost in der Küche in St. Peter sehr gut aufbessern, und die Amerikaner bekamen von uns soviel Kartoffeln und Gemüse, wie sie wollten.

Aus dem Lebensmitteltausch mit dem *Joint* entwickelte sich für uns zusätzlich zur »KZ-Küche« bald ein neues Aufgabengebiet: Sämtliche Kasernen in Salzburg waren mit jüdischen Flüchtlingen überfüllt, es gab außerdem viele Barackenlager mit Flüchtlingen. In Parsch wurde das Lager »New Palestine« gegründet. Überall brauchte man eine Verwaltung mit Köchinnen, Dienstmädchen, Chauffeuren usw. Wir übernahmen schließlich für die gesamte Verwaltung der DP-Lager die Büroarbeit. Einerseits waren wir zu dieser Zeit also immer noch mit der Organisation von Lebensmitteln beschäftigt, andererseits mit administrativer Arbeit. Das lief ineinander. Wir waren für die Versorgung aller DP-Lager in Salzburg zuständig. Man mußte was tun, und wir nahmen es in die Hand.

Eines Tages meldete sich bei mir ein Doktor Peters und erzählte mir diese Geschichte: Er wollte ein Auto kaufen, ein tschechisches Produkt, das für den Rußlandfeldzug gebaut worden war. Es war ziemlich hoch, ein Dreiachser. Aber er konnte es nicht anmelden, da es als ehemaliges Deutsches Heeresgut galt und von der Salzburger Landesregierung beschlagnahmt worden war. Er sagte zu mir: »Jemand wie Sie bekommt so ein Auto eher. Wir könnten dann auch in Ihrem Interesse verschiedene Fahrten unternehmen.« Es war für mich nicht schwer, eine Anmeldung zu bekommen, und so wurde dieses Auto eines unserer ersten großen Transportautos. Doktor Peters übernahm dann tatsächlich Einkaufsfahrten für uns.

Einmal bekamen wir von ihm mitten im August an einem Samstag nachmittag von einer Fahrt aus Süddeutschland zehn oder fünfzehn Tonnen Pfirsiche – Pfirsiche, die in der Sommerhitze im Nu verfaulen! Alle waren überglücklich, Pfirsiche gab es ja sonst überhaupt nicht. Ich konnte mich aber nicht gut auf den Alten Markt stellen und Pfirsiche verkaufen! Unter den Organisationen waren die Pfirsiche aber dann doch im Nu weg.

Ein anderes Mal bekamen wir wieder Gemüse. Der Doktor Peters begleitete die Fahrten, bezahlte alles und brachte die Rechnungen mit. Er war der beste Manager, den man sich vorstellen konnte. Wenn er irgendwohin ging und man wollte ihm irgend etwas nicht genehmigen, sagte er: »Aber das wird dem Herrn Feingold nicht recht sein!« Gleich bekam er alles, was er wollte. Es war ganz wunderbar.

Die Salzburger Landesregierung stellte für unsere Tätigkeit Autos zur Verfügung. Nach einer gewissen Zeit mußten wir den Schätzpreis für die Autos bezahlen, dann wurden sie unser Eigentum – Eigentum des »Dreigestirns« Feingold, Goldmann, Hosek. Das »Dreigestirn« war natürlich nichts Offizielles, offiziell existierte nur unsere »Administration aller Jewish DP-Camps im Lande Salzburg«, eine protokollierte Firma. Ich gründete diese Firma, damit wir alles, was wir brauchten, auch offiziell ankaufen konnten. Sonst hätte ich ja nichts offiziell abrechnen können, und es wäre zu einem Durcheinander gekommen. Das Büro unserer »Administration« war in der Haydnstraße, wo wir auch wohnten. Ich übersiedelte allerdings dann in die Schwarzstraße, und obwohl Goldmann das Büro in der Haydnstraße weiterführte, wurde die Büroadresse dann die Schwarzstraße.

Wir waren bei der *Brichah*, einer jüdischen Rettungs- und Fluchtorganisation, gemeldet, beziehungsweise war die *Brichah* eigentlich bei mir, in der »Administration«, angestellt! Um zu Ausweisen und Lebensmittelkarten zu kommen, mußte man ja eine Arbeitsstelle haben, also arbeiteten alle Leute offiziell bei mir. Die Firma, die »Administration«, erwies sich diesbezüglich als sehr praktisch. Das Geld für Autokäufe, Reparaturen und so weiter, kam aber von der *Brichah*, und die *Brichah* bekam das Geld wiederum vom *Joint*. Mit

Aba Gefen, dem obersten Funktionär der *Brichah* in Salzburg, arbeitete ich sehr gut zusammen. Er war ein berühmter Mann in einer herrlichen Phantasieuniform. Sie war halb englisch, halb amerikanisch, und kein Mensch wußte, was das sein sollte. Man erkannte nur den Offiziersstoff, also schlossen die Leute auf einen hohen Rang, aber von wo, von was, von welchem Militär? Er beschäftigte auch die besten Stampiglienfälscher, die man sich vorstellen kann. Er hatte Unmengen von Stempeln!

Ein ziemlich großes Barackenlager mit DPs gab es in Maxglan. Eines Tages kamen unsere Chauffeure zu mir und erzählten mir folgende Geschichte: »Herr Feingold, da sind ein paar Leute aus dem Lager zu uns gekommen, die hätten einen Bauern, der möchte ihnen einen Ochsen verkaufen, aber sie wissen nicht, wie sie ihn transportieren sollen.« – Sag' ich zu meinen Chauffeuren: »Na und?« – »Na ja, wir könnten fahren und uns damit was verdienen.« Man konnte aber nicht so einfach Tiere kaufen und schlachten. Das galt in Zeiten von Lebensmittelkarten als Schwarzhandel. Was sollte ich tun? Den religiösen Juden aus dem Lager wollte ich helfen, und meinen Chauffeuren wollte ich auch nicht in den Rücken fallen, wenn sie sich was verdienen konnten. »Paßt's auf, ich werde euch etwas sagen. Ich weiß von gar nichts. Mit mir habt ihr nicht gesprochen. Ist das in Ordnung?« – »Ja.« Sie übernahmen den Transport des Ochsens. Als sie in die Gasse kamen, die zum Lager führte, merkte der Ochs, was ihm bevorstand, und begann zu brüllen. Sie fuhren also mit dem brüllenden Ochsen ins Lager, und »draußen« verständigte die Bevölkerung natürlich die Polizei. Die österreichische Polizei durfte aber nur unter amerikanischer Begleitung ins Lager, und das zögerte ein Offizier ziemlich lang hinaus. »Gleich, gleich kommen welche, die fahren mit euch.« Das dauerte ungefähr zwei, drei Stunden, und als die Polizei endlich ins Lager kam, war von einem Ochsen nichts mehr zu sehen. Er war bereits aufgeteilt, koscher gemacht, wie man so schön sagt. Jedenfalls war der Ochs weg.

Am nächsten Tag wurde ich zur Polizei bestellt. »Ihr Auto mit der Nummer 1752 ist gestern mit einem Tier ins Lager hineingefahren.« – »Ich weiß davon nichts.« – »Das müssen Sie doch wissen!« – »Nein, ich weiß von nichts.« So ging das hin und her. Unsere Landkiberer glaubten, sie könnten mich schrecken! Ein richtiges Kreuzverhör war das. Jeder stellte Fragen, und alle bekamen prompt die Antwort: »Ich weiß von nichts.« Dann hatte ich eine neue Idee. »Vielleicht ist das ganze eine Verwechslung.« – »Wieso denn?« – Sag' ich: »Schauen Sie nach in den Akten. Unlängst einmal bekamen wir eine Strafe, weil das Auto 1752 an der Ecke Landesgericht, ohne auf das Haltezeichen des Polizisten zu achten, durchgefahren ist.« Die schauten nach, ich hatte recht. Was war damals los? Wir bekamen eine Strafe, und die Chauffeure stellten fest, daß sie an dem Tag gar nicht gefahren sein konnten, da der Wagen zu der Zeit kaputt war. Ich ging daraufhin zur Polizei, sie schauten im Akt nach. Der Polizist las mir vor: Der und der Tag um diese Zeit, ein schwarzer Pkw ... Als ich das hörte, unterbrach ich ihn gleich: »Was hat der gesehen? Einen schwarzen Pkw? Wissen Sie, was unser 1752 ist? Ein Achttonner, ein Tatraplan ist das!« Da hatte jemand genau dieselbe Autonummer. Darauf griff ich jetzt bei der Geschichte mit dem Ochsen zurück: »Vielleicht ist das auch wieder so eine Verwechslung?« Damit war die Unterhaltung beendet.

Ein paar Tage später fand jemand die Haut des Ochsen beim Zaun vor dem Lager, aber man kam dann nicht mehr zu mir. Der Ochs war im Lager geschächtet und aufgeteilt worden, deshalb konnten auch die religiösen DPs das Fleisch essen. Es gab in den Lagern unter den Konserven schon auch koschere Fleischkonserven aus Amerika, aber die Wurst, die wir organisierten, war sicher nicht koscher.

Es kam in Salzburg immer wieder zu Konflikten mit den DPs. Sie flegelten Fahrgäste in der Straßenbahn an, und es kam zu Raufereien. Die DPs waren oftmals sehr zügellos, vielleicht war das eine Folge der langjährigen Haft und des Lebens im Versteck. Sie waren der Meinung, daß niemand ihnen etwas vorzuschreiben hätte, und faßten jedes Wort als antisemitisch auf. Ich möchte nicht behaupten, daß die Worte nicht antisemitisch waren, aber sie nahmen doch vieles überreizt auf. Sehr oft waren das einfach Mißverständnisse. Ich bilde mir ein, ein halbwegs kultivierter Mensch zu sein – und als solcher kann ich zur gegebenen Zeit die Papn halten. Die DPs konnten das nicht. Es waren viele dabei, die keine Schule oder nur eine Volksschule besucht hatten, die nie im Ausland gewesen waren. Dann auf einmal waren sie da und glaubten, gutes Deutsch zu sprechen. Sie bildeten sich das ein, aber man verstand nicht, was sie sagten. Dieser Jargon kam bei uns in Österreich nicht gut an.

1946 wollten wir für das Lager in Parsch Mazzes backen lassen. Der *Joint* kam zu mir: »Feingold, wir haben alles, aber uns fehlen Kohlen und Holz.« Goldmann kannte eine Gastwirtin, die neben der Gastwirtschaft einen Holz- und Kohlenhandel führte. Man mußte natürlich immer etwas versprechen, um etwas zu bekommen! Sie wollte von uns Reis – also versprachen wir ihr eben keine Liebe, sondern Reis! Ich kam zurück zum *Joint:* »Ich kann Holz und Kohlen auftreiben, aber ich muß Reis dafür bekommen!« – »Kein Problem, Feingold, nur momentan haben wir keinen, erst in ein paar Tagen.« Kurz darauf übernahm ein neuer Direktor, Moritz Einziger, die Organisation, und der *Joint* ist mir bis heute den Reis schuldig geblieben! Aber man kann ja nicht gut Klage führen: »Ich bekomme noch zwei Sack Reis für den Schwarzhandel!«

Wenn ihr schreibt »der Jude Soundso«, dann schreibt auch »der Katholik Soundso«
Der Schwarzhandel

Der Schwarzhandel blühte zu der Zeit. Ein Mann, der wegen seiner abstehenden Ohren »Löfferle« genannt wurde, stand beispielsweise immer an derselben Stelle am Mirabellplatz vor dem Geschäft vom Gollhofer. Dieser »Löfferle« war als Kind ins KZ gekommen, das er mit Ach und Krach überlebte. Ich wurde seinetwegen fast täglich von der Landesregierung, vom Magistrat oder von der Polizei angerufen: »Herr Feingold, können Sie nicht etwas unternehmen? Wir können uns mit ihm nicht helfen, er steht immer und immer wieder da und spricht die Leute an, ob sie Zigaretten kaufen wollen, ob sie nicht Dollar haben oder welche verkaufen wollen. Und die Leute beschweren sich dann bei uns.« Er betrieb all diesen Handel und später spezialisierte er sich auf Schmuck, den er auf Raten verkaufte.

Ich wurde in solchen Angelegenheiten immer wieder angesprochen, irgend etwas zu tun. Ich intervenierte an verschiedenen Stellen und versuchte, Verständnis für die Situation dieser Leute zu schaffen. Ich habe aber nicht versucht, diesen Handel zu unterbinden. Dem »Löfferle« sagte ich lediglich: »Sei vorsichtiger! Du mußt ja nicht immer vor demselben Haus stehen. Geh ein bißl am Mirabellplatz auf und ab. Steh nicht immer vor dem Eingang.« Natürlich war es dem Geschäftsinhaber lästig, daß da irgendeiner ständig vor dem Eingang stand.

Der Schwarzhandel blühte, und die Zeitungen, allen voran die *Salzburger Nachrichten* mit ihrem Chefredakteur Alfons Dalma, schrieben ständig über solche Vorfälle. Mein direkter Weg war immer zum Herausgeber, und seine Antwort war immer die gleiche: »Feingold, du weißt, meine Journalisten schreiben das, was die Leute gerne lesen.« – Also Geschichten mit einem antisemitischen Hauch! »Der Jude Soundso ist beim Schwarzhandel erwischt worden.« Bei Nichtjuden wurden immer nur die Initialen geschrieben, bei Juden schrieb man den vollen Namen! Ich sagte immer wieder: »Wenn ihr schreibt, der Jud Soundso, dann müßt ihr auch der Katholik Soundso schreiben!« Es half nichts! Da stand man auf einem einsamen Plateau.

Jeden Tag sah man einen anderen großen Nazi, der irgendeinen Posten bekam, und konnte sich nur wundern. Jetzt muß ich aber den Kern der Sache erklären: Das Empfinden eines Juden ist so, wenn über andere Juden schlecht gesprochen wird, fühlen wir uns alle kollektiv betroffen. Ich glaube, es gibt kein Volk, das so leidet wie die Juden, wenn einer der ihren irgendwo eines Verbrechens beschuldigt wird. Deshalb versuchte ich, das Image der Juden bestmöglich zu heben, zu bagatellisieren, was vorgefallen war, oder es zu bereinigen, wenn das möglich war. Zumindest aber schaute ich darauf, daß nicht täglich die Zeitungen voll waren mit solchen Geschichten!

Bei mir lief nichts über Schwarzhandel. Wir hatten ja ohnehin alles. Vielleicht gab uns der Fleischhauer einmal ein paar Stangen Wurst zu einem mäßigen Preis. Für allfällige andere Dinge besorgte man da und dort etwas. Wenn einer sich einen Anzug machen lassen wollte und eine Bestechung dafür brauchte, gab man ihm, was er brauchte. Aber es war nicht so, daß wir direkt in den Schwarzhandel eingegriffen hätten.

Trotzdem beschuldigte man mich, im Schwarzhandel mitzumischen. 1948 suchte man bei mir im Geschäft nach Zigaretten. Schwarzhandel mit Benzinmarken wurde mir auch unterstellt. Die Amerikaner verlangten ja, daß die Großabnehmer von Benzin und Dieselöl und deren monatliche Quantität zu melden waren. Der dafür zuständige Beamte hatte bei mir eine unheimliche Summe eingesetzt. Ich bekam jeden Monat Marken für fünftausend Liter Benzin und sechstausend Liter Dieselöl! Alle paar Monate wurden die Marken für ungültig erklärt und neue erzeugt, ich mußte immer ganze Stöße von den Blattln zerreißen und weghauen. X-mal meinte man, mir ein Haxl stellen zu können, und unterstellte mir, daß ich mit den Benzinmarken Schwarzhandel betreiben würde. Die Marken waren ja wirklich flüssiges Gold. Man konnte aber nie jemanden finden, der bei mir gekauft hatte – weil ich keine Marken verkaufte! Ich konnte das gar nicht tun, da ich ja wußte, daß man mir besonders auf die Finger schaute.

Um besser leben zu können, brauchte man die Bekanntschaft eines Amerikaners, der beim Militär war und verbilligt

Sachen aus den P.X.-Läden beziehen konnte. Zu der Zeit gab es die Skript-Dollar, die nur unter Amerikanern und in ihren P.X.-Läden verwendbar waren. Genau wie die Benzinmarken wurden auch sie gehandelt, nur konnte man damit leicht Pech haben, denn auch hier hieß es alle paar Monate: »Aus, ungültig.« Man konnte sie dann nicht mehr eintauschen, selbst wenn man mit einem amerikanischen Soldaten bekannt war und dem sagte: »Geh, tausch das oder kauf irgend etwas dafür.« Wir hatten eine Bekannte, die im Österreichischen Hof, in dem durchwegs Offiziere wohnten, den Zeitungskiosk für die Amerikaner führte. Unsere Bekannte hieß Ila, war eigentlich Berlinerin und hatte vor dem Krieg als Chansonsängerin gearbeitet. Sie landete dann aber in Salzburg, lernte einen Amerikaner kennen und heiratete ihn. Über sie konnten wir einkaufen – sie flüsterte ihrem Mann immer, was wir wollten! Er war ein Amerikaner mit europäischen Ansichten und unterschied sich dadurch sehr stark von anderen. Er war wirklich ein toller Kerl. Sobald wir etwas brauchten, zog er los und besorgte das. Einmal gab es Shorts, einmal Zigaretten, dann wieder alkoholische Getränke, Haselnüsse oder Kaugummi. Ich kaute allerdings nie Kaugummi und bin heute auch froh darüber, denn so behielt ich meine Zähne! Nylonstrümpfe, Perlonstrümpfe, eine blaue Kunststoffhose, die ich heute noch besitze – alles kam vom P.X.! Dieser P.X.-Laden war in Liefering, wo die Amerikaner ihre Wohnblöcke gebaut hatten. Es gab aber mehrere derartige Läden in Salzburg.

Entweder ich kriege die Autos oder die Juden bleiben da!
Flüchtlingstransporte für die Brichah

Eines Tages sprachen mich Leute von der *Brichah*, die sich hier um die jüdischen Flüchtlinge kümmerten, an. Sie schleusten Flüchtlinge durch Österreich, von hier sollte es über Italien nach Palästina weitergehen. Die Leute von der *Brichah* hatten unser Auto und unsere Anhänger gesehen und festgestellt, der Feingold spricht sehr gut Italienisch. Also fragten sie, ob ich nicht die Flüchtlingstransporte nach Italien übernehmen könnte. Außerdem sollte ich mich nach mehr Lastautos umschauen.

Also ging ich zur Landesregierung, wo man mir aber kein Auto geben wollte. »Nein, Herr Feingold, Sie haben schon ein Auto, das muß genügen für die Lebensmittel.« – Wir wußten aber beide, daß ich diesmal keine Kartoffeln transportieren wollte. Ich stellte ihn vor die Wahl: »Ja schon, aber wissen Sie was, es gibt zwei Möglichkeiten: Entweder ich kriege die Autos oder die Juden bleiben da.« – »Wieviel brauchen Sie?«

Ich konnte einen Konvoi von sechs Lastautos zusammenstellen, und wir brachten die ersten Leute über den Brenner und später über Hochfinstermünz nach Italien. Wir suchten uns kleinere Grenzstellen aus, an denen keine Engländer standen. Die Engländer herrschten damals noch in Palästina, und sie wollten deswegen die Transporte verhindern! Sie verständigten sogar die Franzosen: »Da gehen Transporte bei euch durch, laßt sie nicht durch.« Ein paarmal wurden wir an der Grenze sogar beschossen. Später erfuhr ich, daß in englischen Geheimberichten mein Name aufschien und die Engländer mich sehr genau im Visier hatten. Ich begleitete eine ganze Reihe von Transporten, ich wollte den Leuten helfen, und ich wußte, ich war der einzige hier, der sie nach Italien hinunterbringen konnte. Ich sprach damals wirklich fließend Italienisch und konnte den Zöllnern an der italienischen Grenze erklären, daß ich Italiener repatriierte. »Ah, sehr gut, sehr gut!« – Schranken hinauf, und wir fuhren weiter. Später fuhr ich auch oft mit Lebensmitteln voraus und bewirtete die Zollbeamten damit ein wenig. Meistens waren sie schon besoffen, wenn ich wieder hinausging. Den Schranken konnte man damals noch mit der Hand hochheben – und die Lastautos fuhren schon durch!

Es war mir natürlich bewußt, daß diese Transporte illegal waren. Es wurde ja auch oftmals mit falschen Papieren gearbeitet. Anfangs galten die Transporte offiziell als »Repatriierungen von Italienern«, aber natürlich waren das alles Juden. Ich sagte den Leuten immer: »Halt's die Papn, sagt nichts, verratet mich nicht!« Ich begleitete nur die Überstellungen und brachte die Leute bis Meran. Meran war ein Stützpunkt, wo sich ein von der *Brichah* geführtes Lager befand. Von dort wurden die Flüchtlinge weiter nach dem südlichen Italien transportiert, wo es wieder mehrere Lager gab. Meist gingen die Transporte von Salzburg aus. Es gab auch ein Lager in Saalfelden, von dort wurden die Leute aber zumeist nach Salzburg gebracht, um von hier aus weiter transportiert zu werden. Später wurde Saalfelden allerdings Ausgangspunkt für Transporte, die über die Krimmler Tauern gingen. Die Transporte über den Brenner wurden zu gefährlich, als die Engländer bemerkten, daß wir dort herumgondelten. So kam dann Hochfinstermünz dran, und dann begannen die Wege über die Krimmler Tauern. Das war schon Ende 1947.

Ich empfand diese Tätigkeit nicht als mutig oder gefährlich, lediglich als notwendig. Die Fahrten waren natürlich nicht angenehm. Einmal geriet ich in eine besonders brenzlige Situation: Ich hatte von der UNRRA, der UN-Organisation für Flüchtlingsfragen, einen Schein ausgestellt bekommen, mit dem ich offiziell einundzwanzig Flüchtlinge von Salzburg über Freilassing nach Ainring bringen durfte. Eine solche Genehmigung bekam man sehr selten. In Ainring gab es ein Lager, dort waren Verwandte der Flüchtlinge aus Salzburg, die Leute sollten zusammengeführt werden. Ich lud die einundzwanzig Leute auf, kam an die Grenze, der Beamte zählte die Leute, gab mir den Schein zurück und verschwand. Ich lieferte die Leute ab und dachte mir, der Schein ist doch noch gut, der hat keinen Stempel, mit dem kann man noch einmal fahren. So fuhr ich tatsächlich noch einige Male mit immer demselben Schein. Zwar versuchte man öfters, ihn zu stempeln, aber ich zog den Schein immer geschickt weg. Der Zöllner bemerkte das gar nicht, weil ich ihn in ein Gespräch verwickelt hatte.

Eines Tages fuhr ich wieder einmal mit diesem Schein an die Grenze. Der Beamte stellte fest, daß etwas nicht stimmte. Es waren nämlich zweiundzwanzig Leute am Wagen! Sofort hieß es: »Alles herunter!« Ich erklärte den Leuten: »Paßt auf, bei jedem Namen, den er ausspricht, muß einer vortreten.« Es klappte eine Weile ganz gut, aber nachher rief mich der Beamte zu sich: »Das kann nicht stimmen, Herr Feingold. Vorher hab' ich einen Namen gerufen, da ist ein Mann vorgetreten, und jetzt bei demselben Namen kommt eine Frau. Das kann doch nicht stimmen.« – Sag' ich: »Das ist ein Vorname, der paßt für einen Mann und für eine Frau!« – Was sollte ich ihm sonst sagen? Zum Schluß blieb einer übrig, den ich wieder mit zurück nehmen mußte. Den Schein bekam ich nicht mehr.

Es war damals sehr schwierig im illegalen Grenzverkehr nach Deutschland. Viele Angehörige der Flüchtlinge aus Salzburg waren in Reichenhall im Lager, aber wie sollte man sie zusammenbringen? Wir fanden einen Weg: Wir fuhren unter die Autobahnbrücke, die Leute wurden von einem Führer auf die Autostraße in Richtung Bad Reichenhall gebracht, dort gab es eine Kiesgrube, wo sich an die dreihundert Leute sehr gut verstecken konnten. Eine Stunde später fuhren wir mit den Autos über die Grenze und holten die Leute dort ab. Das ging gut, bis wir einmal hinkamen und glaubten, es sei Weihnachten, weil alles so schön beleuchtet war! Dabei war es nur die Gendarmerie! Aber was sollten sie mit dreihundert Flüchtlingen machen? Die Flüchtlinge erzählten ihnen, daß sie von Bad Reichenhall dorthin gebracht worden wären und nicht, daß sie nach Reichenhall wollten. Darauf sagte die Gendarmerie: »Zurück nach Reichenhall!« Somit hatten wir sie dort, wo wir sie haben wollten!

Gegen Ende meiner Tätigkeit mit den Transporten kam es einmal zu einer Geschichte, bei der ich mir dachte: »Nein, das mache ich nicht mehr mit!« Ich kontrollierte nie, wer aufgeladen wurde. Wenn die Autos voll waren, hieß es einfach: »Feingold, wir können losfahren.« Ich fuhr mit dem Pkw vor oder fuhr in einem der vorderen Lastwagen mit und konnte nie sehen, was hinten los war. Ich kam nur nach hinten, wenn ich den Leuten beim Aussteigen behilflich war. Da sah ich eines Tages, daß ungefähr zwanzig Zentimeter hoch Sohlenleder im Auto gestapelt war, das offensichtlich nach Italien geschmuggelt werden sollte! Das wurde wohl irgendwann nachts in die Autos hineingeschoben und war schon verladen. Ich wurde natürlich nachher »schärfer« und kontrollierte strenger. Gefährlich diesbezüglich waren die »Anweiner«, die einen immer anplärrten: »Ich kann in diesem Lastwagen nicht mitfahren, ich muß in dem mitfahren!« Die kannte ich dann schon, das waren die, die unbedingt mit einer bestimmten Fuhre mitfahren mußten, weil da nämlich ihre Ware drinnen war! Einmal tauchte so einer bei mir auf mit vermummtem Hals: »Chr, chr, ich krieg keine Luft, ich kann nur in einen Wagen hinein, der mit einer Plane zugedeckt ist.« Ich steckte ihn hinein in den Wagen, wir fuhren ein längeres Stück, und irgendwann – ich traute meinen Augen nicht – schlitzte das »Hundsfuader« die Plane auf! Genau sein Kopf schaute heraus, obwohl er doch so Angst gehabt hatte vor der kalten Luft!

Ich überzog schnell, daß das Schieber waren, die sich bei den Flüchtlingen einschmuggelten. Die kamen bei mir auf gar keinen Fall mehr mit! Die sollten schauen, daß sie mit einem Flugzeug nachflögen oder daß sie ein Engerl holte. Es waren immer dieselben Personen. Oft fiel mir ein Gesicht auf, und ich dachte mir: »Ich weiß nicht, den habe ich schon irgendwo einmal gesehen.« Im ersten Moment glaubte ich immer, das müsse ein Irrtum sein. Ich konnte mir nicht vorstellen, wie jemand so schnell wieder von wo zurückkommen konnte, um die nächste Fuhre zu begleiten, denn das Reisen war damals ja nicht einfach. Es gab keine normalen Züge, und die Leute hatten als Einzelreisende keine Papiere und keinen Paß, um über die Grenze zu kommen. Diese Aktionen, die ich da erlebte, störten mich sehr, und ich wollte deswegen eigentlich aufhören. Aber die Autos liefen auf meinen Namen, und ich konnte mich nicht zurückziehen. Ich machte lediglich die Verantwortlichen auf diese Sachen aufmerksam. Aba Gefen wußte von diesen Vorgängen nichts. Ob aber nicht vielleicht der eine oder andere von den Funktionären selbst die Hand mit im Spiel hatte, weiß ich nicht. An diesen Sachen wurde auf alle Fälle ganz dick verdient.

1947, acht Monate vor Gründung des Staates Israel, trat man seitens der *Brichah* an mich heran, ich solle mich in Salzburg umschauen, ob ich nicht alte Wasseraufbereiter oder Waschmaschinen aufkaufen konnte. Die Geräte müßten nicht funktionstüchtig sein, aber möglichst groß, und ein paar Rohre sollten heraustehen. Ich fand in Salzburg-Aigen eine aufgelöste Elektrofirma, die Boiler und ähnliches Klumpert erzeugte und deren Lager ich gänzlich aufkaufte. Ich erinnere mich nicht mehr daran, von wem ich diesen Auftrag erhielt, ich weiß nur mehr, daß ich das ganze im Lager in der Riedenburg abliefern mußte. Es fiel mir bereits während meiner Arbeit auf, daß die mich offensichtlich für blöd hielten. Ganz Salzburg lachte schon über den depperten Feingold, der leere Behälter kaufte, die nichts wert waren! Da ich nicht gern für blöd gehalten wurde, fragte ich einmal nach, und erst da wurde mir so verstohlen mitgeteilt, wozu das ganze verwendet würde, nämlich für den Waffenschmuggel nach Palästina. So war ich also auch Waffenschmuggler! Was habe ich eigentlich nicht gemacht?

Ich lieferte allerdings die Sachen nur ab, alles übrige interessierte mich nicht mehr. Ich hätte die Sache aber auch unterstützt, wenn ich von Anfang an gewußt hätte, worum es ging. Ich wußte, welche Schwierigkeiten es mit der Staatsgründung Israels gab, auch wenn ich mich nicht allzusehr damit beschäftigte. Die Engländer ließen keine Waffen nach Palästina hinein, und die Israelis wußten, es würde zu einem Aufstand kommen, sobald der Staat Israel ausgerufen werden würde. So kam es auch tatsächlich, und die Israelis hätten sich nicht wehren können, wenn keine Waffen vorhanden gewesen wären.

Allerdings waren die Israelis auch nicht harmlos, wenn man an die Attentate gegen die Engländer denkt. Der Bombenanschlag auf das King-David-Hotel, bei dem an die hundert Leute ums Leben kamen, war keine Bagatelle. Solche Sachen störten mich natürlich, aber da ich andererseits auch immer hörte, welche Schwierigkeiten die Engländer den Israelis bereiteten, konnte ich verstehen, daß etwas getan werden mußte. Ich hatte keine Angst aufzufliegen. Ich kaufte ja bloß leere Behälter!

Das »Morgen« kam erst 1948
Erste Schritte in die Selbständigkeit

Geld sammelte ich mit all meinen Aktivitäten keines an, aber was ich zum täglichen Leben brauchte, wurde mir bezahlt, von der Miete angefangen bis zu den Lebensmitteln. Ich brauchte nur ins Magazin zu gehen, und es hieß: »Feingold, nimm dir, was du brauchst!« Lohn bekam ich auch. Im Januar oder Februar 1946 bekam ich eine Wohnung. Zuerst wollte mir die Stadtgemeinde eine Wohnung in der Gstättengasse direkt an der Felswand des Mönchsbergs geben. Da hätte ich allerdings ein Fassadenkletterer sein müssen, vom Vorzimmer aus ging es immer weiter in den Felsen hinein! Ich bekam dann eine andere Wohnung in der Schwarzstraße.

Edi Goldmann blieb in der Wohnung in der Haydnstraße, wo sukzessive die Leute ausgezogen waren. Emmerich Hosek hatte inzwischen geheiratet, und wir fanden für ihn eine Wohnung in Parsch. Seine Ehe hielt allerdings nicht sehr lange. Eines Tages war er dann verschwunden und unauffindbar für zehn Jahre – Fremdenlegion! Danach ging er nach Paris und wurde französischer Staatsbürger.

Die Arbeit war für mich in dieser Zeit eine wichtige psychische Stütze. Ich hatte sehr oft Alpträume, und Arbeit lenkte ab. Daß aus den Tätigkeiten, die wir für die Flüchtlinge machten, aber kein Beruf werden konnte, war mir klar. Es ging nur darum zu helfen, ohne daran zu denken, was morgen kommen würde. Das »Morgen« kam erst im Jahre 1948.

Meine ersten Überlegungen, was ich beruflich machen könnte, hatten noch mit der »KZ-Küche« zu tun: Nach einiger Zeit in St. Peter war die »KZ-Küche« delogiert worden, und die Stadtgemeinde besorgte uns als Lokal ein früheres Gasthaus vis-à-vis vom Café Bazar, das Bratwurstglöckerl. Obwohl uns die Stadtgemeinde dieses Lokal zugewiesen hatte, kam es zu einem Prozeß mit dem früheren Wirt des Lokals, einem ehemaligen SS-Sturmbannführer, der das Lokal zurückhaben wollte. Damals gewannen wir den Prozeß.

Im Frühjahr 1948 löste sich die »KZ-Küche« auf, da kaum mehr Leute da waren, die zu versorgen gewesen wären. Zu der Zeit begann ich, nach einer Existenz zu suchen, und dachte mir, es wäre gut, das »Bratwurstglöckerl« zur Pacht zu erhalten. Der für das Gastgewerbe Zuständige in der Kammer versicherte mir: »Herr Feingold, ich bin für Sie. Sie kriegen das.« Daraufhin ging ich zum Polizeidirektor, um eine Konzession zu erhalten. »Ja, Herr Feingold, freilich, aber wir bräuchten einen Vorvertrag von Ihnen mit der Zipfer-Brauerei, zu der das Lokal gehört.« Ich fuhr nach Zipf und kam zurück mit dem Vorvertrag. »Noch einen Moment, Herr Feingold.« – Der Polizeidirektor rief seinen Stellvertreter und fragte ihn: »Sagen Sie, wie haben wir das beim Eder gemacht?« – Das bezog sich auf die Astoria-Bar, die auch einem ehemaligen SS-Sturmbannführer gehörte. »Wir haben die Konzession auf die Frau überschrieben.« – »Ah, ja. Wissen Sie was, das machen wir beim Bratwurstglöckerl auch so!« Und ich? Ich war umsonst nach Zipf gefahren. Der ehemalige SS-Sturmbannführer bekam das »Bratwurstglöckerl« zurück, indem die Konzession auf seine Frau umgeschrieben wurde. Das wurde ganz offen in meiner Gegenwart so beschlossen. Der Polizeidirektor war Sozialist. Die schlechtesten Dinge erlebte ich in meiner eigenen Partei. Ich mußte mich also nach einer anderen Geschäftsmöglichkeit umsehen.

Ich war überall dabei
Umworbenes Partei- und Vereinsmitglied

Ich war nie ein Vereinsmeier, aber nach 1945 rannten mir alle möglichen Organisationen und Vereine nach, ich solle bei ihnen Mitglied werden. Ich konnte nicht nein sagen, obwohl ich sah, daß die Leute sich nur anbiederten. Sie wollten ihrem Verein mehr Seriosität geben und meinten, wenn sie einen Juden drinnen hatten, konnte der Verein nicht als nazifreundlich verdächtigt werden. Ich war ihnen somit behilflich, indem ich mich als Mitglied werben ließ. So war ich überall dabei – ich hatte keinen Überblick mehr über die Vereine, in denen ich Mitglied war.

Das alles fing schon in den Jahren 1945, 1946 an, ständig war irgendwo eine Sitzung – Förderer des Salzburger Athletiksports, Österreichische Widerstandsbewegung, Landesschießverband. Beim Automobilklub hatte ich die Nummer 62A, eine der frühesten Nummern überhaupt! Im Automobilklub war ich sogar im Ausschuß, dem sonst nur Autohändler angehörten! Selbstverständlich war ich auch Mitglied im KZ-Verband. Es gab mehrere KZ-Verbände, ich gehörte dem sozialistischen an.

Mitglied der SP war ich schon vor dem Krieg gewesen, und gleich 1945 ging ich wieder zur Partei und wurde ganz normal aufgenommen, es gab keine Schwierigkeiten. Bei allen Treffen oder Veranstaltungen zum Thema Zweiter Weltkrieg war ich als Delegierter der Sozialistischen Partei anwesend. Ich organisierte 1946 das Treffen aller KZ-Verbände Österreichs in Salzburg.

Mir fallen gar nicht alle Begebenheiten ein, bei denen ich für die Partei dabei war. Eines Tages rief mich beispielsweise der Salzburger Bürgermeister an: »Feingold, du mußt kommen, da sind Gewerkschafter aus Amerika gekommen. Ich kann mit ihnen nicht reden, du mußt mit dabei sein! Komm, wir haben ein Essen im Österreichischen Hof.« Ich ließ selbstverständlich mein Geschäft stehen und rannte. Ich mußte ihn doch unterstützen. Das ist nur eines der Beispiele. Und dann schmissen sie mich hinaus!

Mein Hinauswurf hatte folgende Vorgeschichte: 1948 hatte ich mein Konfektionsgeschäft eröffnet, 1950 kam jemand von der sozialistischen Zeitung zu mir wegen eines Inserates. Ich gab sonst in Parteizeitungen keine Inserate auf, nur bei den *Salzburger Nachrichten*, weil sie als unabhängig galten und ein so großes Blatt bezüglich Werbung ohnehin besser war als die kleinen Zeitungen. Allerdings war das zur Zeit der Krise vor Beginn des Koreakrieges, als die Preise raufund runtergingen, und der Mann von der Zeitung sagte mir: »Wir wollen eine Seite mit Inseraten von Salzburger Kaufleuten bringen, die seriös kalkulieren.« Er zeigte mir, wer bereits ein Inserat beauftragt hatte, und ich dachte mir, wenn alle inserieren und ich nicht dabei bin, würde ich als der einzige gelten, der nicht seriös kalkuliert! Ich ließ mich also breitschlagen und stimmte dem Inserat zu. Dann kaufte ich mir natürlich die Zeitung und sah, daß Inserate von allen möglichen Nazis aus der Umgebung drinnen waren, aber meines nicht!

Ich ging natürlich zum Parteisekretariat, um mich zu beschweren und mit dem Verantwortlichen zu sprechen. Im Sekretariat fand ich allerdings nur eine – ich will mich ganz leger ausdrücken – Rotzpipn, die mir sagte: »Da kann ich nichts machen.« Er winkte meine Beschwerde ab, und ich dachte mir: »Na, mit euch werde ich fertig werden!« Damals kam immer ein Kriegsbehinderter zu mir, um den Parteibeitrag einzuheben. Als der das nächste Mal kam, sagte ich: »Ich habe da Schwierigkeiten und möchte, daß sich jemand damit befaßt. Solange bezahle ich nichts.« Er sagte, er werde das weitergeben, aber es kam kein Mensch zu mir.

Kurze Zeit später übernahm ein neuer Trafikant die Trafik in der Nähe meines Geschäftes. Er nahm sich sehr um die Wirtschaftssektion der sozialistischen Partei an und wollte mich dort unbedingt unterbringen. Ich sagte ihm: »Solange diese Sache nicht bereinigt ist, kann davon überhaupt keine Rede sein.«

Ich wollte keinen erschlagen, aber ich wollte mit demjenigen reden, der die Streichung meines Inserats veranlaßt hatte. Ich wollte fragen: »Warum hast du das getan? Haben dir die Nazis gesagt, du sollst mich nicht hineinnehmen?« Ich hätte das wirtschaftlich verstanden, derjenige, der die Inserate aufnahm, hat vielleicht eine dreimal so große Provision bekommen, wenn der Feingold nicht dabei war. Das wollte ich hören. Aber es kam nicht dazu, denn eines Tages teilte mir dann dieser Trafikant mit, daß ich gar kein Mitglied der SPÖ mehr sei! »Ich habe nachgeschaut, deine Karteikarte ist herausgenommen worden!« Dabei war ich doch schon vor dem Krieg immer bei der Partei gewesen, sogar bei den Roten Falken war ich schon! Was ist das für eine Partei, die jemanden einfach so hinausschmeißt? Seither wurde ich mindestens zwanzig Mal von diversen SP-Landesgrößen angesprochen. »Feingold, in den nächsten Tagen kommen wir zusammen. Wir müssen das bereinigen, müssen das besprechen.« Vielleicht jedes zweite Jahr, daß man sich daran erinnerte, man müßte mit mir darüber reden, aber getan hat es bis jetzt keiner.

Dazu muß ich aber sagen, was meiner Ansicht nach der Grund der ganzen Sache war: Ich glaube, Anfang der fünfziger Jahre war ich der einzige Jude, der in Salzburg bei der Partei war. Damals buhlte man um die Stimmen der Nationalsozialisten. Vielleicht konnten sie den einen oder anderen leichter kriegen, wenn denen gesagt werden konnte: Wir haben keine Juden mehr.

Meine Vermutung, daß das ganze ein antisemitischer Akt war, baut darauf auf, daß es gerade das einzige jüdische Geschäft der Umgebung war, das kein Inserat in der Parteizeitung bekam. Ich mußte also annehmen, daß dies der Hintergrund war. Wäre man zu mir gekommen und hätte mir erklärt: »Feingold, da ist ein Fehler passiert. Unser Inseratenvertreter hat sich bestechen lassen, damit du nicht drinnen bist«, wäre für mich der Fall erledigt gewesen. Ich wollte einfach nur eine Aufklärung des Vorfalls. Aber kein österreichischer Antisemit sagt, er sei Antisemit. Im besten Fall gibt einer zu, gegen »die Fremden« zu sein, und wickelt die Juden unter die Fremden mit ein. Ich bin nicht übersensibel, wäre ich sensibel, hätte ich mich längst aufhängen müssen.

Es war wichtig zu wissen, daß meine Frau in der Nazizeit nicht mitgespielt hatte
Verheiratet mit Else Grömmer

Im Juni 1945 lernte ich meine spätere Frau kennen. Sie hieß Else Grömmer, war um zwei Jahre älter als ich und natürlich – wie alle Frauen in meinem Leben – auch ein Steinbock! Ein Steinbock jagte den anderen. Mein Naturgeschichteprofessor aus der Realschule sagte einmal, Steinböcke rennen in Rudeln herum – also ich erwischte sie nur einzeln! Es waren immer ein paar Jahre dazwischen.

Ich lernte Else im Landestheater kennen, bei einem Festakt für politisch Verfolgte, die nach Salzburg zurückgekommen waren. »Itschkerl«, der mit mir in Buchenwald gewesen war, stellte sie mir vor. Wir kokettierten gleich ein wenig und kamen uns in kürzester Zeit sehr nahe – aber sie war verheiratet! Sie hatte während des Krieges geheiratet, eine komplizierte Geschichte! Ihr Mann war abstammungsmäßig »jüdisch angehaucht« – sein Vater hatte von seinem Judentum nichts gewußt. Nachdem die Eltern aber nicht geheiratet hatten, trug Elses Mann den Namen seiner Mutter, Hacklbauer, ein nicht unbedingt jüdischer Name! In seinen Papieren war der Vater aber angegeben, und deshalb konnte er die Papiere nirgendwo vorweisen. Er konnte somit keinen Ariernachweis erbringen und berief sich überall auf sein Soldatenehrenwort – und das hat man gefressen. Als die beiden dann heiraten wollten, fuhren sie nach Graz. Dort kannte ihn niemand, und er sagte: »Die Papiere habe ich in Salzburg, ich bin jetzt nur auf Urlaub, wir müssen schnell heiraten. Mein soldatisches Ehrenwort, mit dem Ariernachweis ist alles in Ordnung.«

Hinterher wurde er x-mal gemahnt, er soll nun endlich die Papiere vorlegen, aber er fand immer wieder eine Ausrede, er war sehr gefinkelt.

Eines Tages eröffnete mir Else, ihr Mann sei wieder da. Aber die Ehe hielt nicht, es war ein Wechselspiel hin und her, bis beide übereinkamen, sich scheiden zu lassen. Während der Scheidungsprozeß lief, bekam ich meine Wohnung von der Stadtgemeinde zugewiesen. Man bekam pro Kopf nur ein Zimmer, und ich konnte doch nicht angeben, daß ich die Wohnung mit Else beziehen würde, da sie noch verheiratet war! Ich gab also eine andere Frau an, die auch immer gehofft hatte, ich könnte sie heiraten. Die Wohnung lief somit auf meinen Namen und auf den Namen dieser Frau.

Auf einmal stellte sich heraus, in der Wohnung wohnte noch jemand, ein gewisser Herr Koreska. Er teilte mir mit, daß er für fünftausend Schilling auf das Zimmer verzichten würde, weil er die Möglichkeit hätte, woanders Quartier zu beziehen. Also gab ich ihm die fünftausend Schilling, und dann hatten wir die Wohnung für uns allein.

Der frühere Mann meiner Frau war Gewerbescheininhaber einer Bar am Mirabellplatz. Die Bar hieß »Bei Fred Kraus«, und es traten dort ganz hervorragende Künstler auf, die später alle nach Wien gingen. Das war die Übergangszeit nach 1945, in der viele Künstler in Salzburg hängengeblieben waren. Ich erinnere mich aus dieser Zeit auch an eine sehr gute Operettensängerin, die wir hier hatten und die im Gegensatz zu ihren Kolleginnen wirklich singen konnte! Aber die Partner, die sie ständig bekam! Wir drückten im Zuschauerraum immer die Daumen, daß ihr Partner die hohen Noten schaffte! Es war grauslich, wie sich die Leute oft auf der Bühne quälten. Aber in dieser Bar am Mirabellplatz waren wirklich hervorragende Künstler, Kabarettisten und Sänger. Es waren auch immer viele Amerikaner dort. Die Stammgäste bekamen weiße Kaffeeschalen, in denen allerdings kein Kaffee war, sondern Schnaps, der sonst nicht zu haben war!

Else und ich heirateten im August 1947. Im Gegensatz zu

früher hatte ich ja jetzt die Möglichkeit zum Heiraten. Erstens verfügte ich über einen schönen großen »Fuhrpark«, und ich spekulierte, daß mir das eine oder andere Auto bleiben würde. Dann hatte ich den Plan, die ehemalige »KZ-Küche« im »Bratwurstglöckerl« als Restaurant aufzumachen. Nachdem ich dafür keine Konzession bekommen konnte, mußte ich mich zwar um ein anderes Geschäft umschauen, aber ich stand jedenfalls schon fest auf den Beinen. Darüber hinaus war ich inzwischen auch in einem Alter, in dem man heiraten durfte!

Dann kam folgendes dazu: Wir gingen gerne auf Reisen, und es war damals noch unschön, gemeinsam in einem Hotel abzusteigen, wenn jeder einen anderen Namen trug. Das war ein guter Grund, unsere Beziehung zu legalisieren. Immerhin verreisten wir doch zwei-, dreimal im Jahr. Im Sommer waren wir an den Seen in Kärnten und bald auch schon in Italien, auch wenn das zu dieser Zeit noch gar nicht so einfach war.

Ich meldete meine Frau in meiner »Administration für Jewish DP-Camps« als Beamtin an. Sie hätte ohne Anstellung ja keine Lebensmittelkarten bekommen. Als ich später gemeinsam mit Eduard Goldmann unser Konfektionsgeschäft eröffnete, arbeitete sie einige Jahre im Geschäft mit. Eines Tages kam die Frau meines Kompagnons ins Geschäft und sagte: »Na, du hast es gut, du kannst hier immer im Geschäft sein.« Meine Frau antwortete ihr: »Weißt du was, ab morgen kannst du jetzt drei Jahre hier arbeiten, und ich bleib zu Haus.« Sie blieb tatsächlich ab dem Zeitpunkt zu Hause, die andere blieb aber auch nicht im Geschäft, und so machten wir überhaupt Schluß mit den Ehefrauen im Geschäft.

Vor dem Krieg war meine Frau in einem jüdischen Geschäft als Verkäuferin angestellt gewesen. Das Geschäft wurde von der Firma Resmann arisiert, und ich bemühte mich nach dem Krieg um eine Rückstellung, was auch tatsächlich gelang.

Meine Frau war politisch immer engagiert und regte sich leicht auf. In die Bar, in der sie während des Krieges am Abend arbeitete, kamen viele Wehrmachtsoffiziere nach dem

Polenfeldzug. Der eine oder andere spuckte in Weinlaune natürlich verschiedenes aus. Nüchtern war ja jeder ein Held, aber wenn die Leute besoffen waren, schütteten sie ihr Herz aus und wurden weich. So konnte Else sich ein Bild machen, wie es wirklich zuging. Während der Nazizeit hatte sie sich gedrückt und wollte nur eine Halbtagsbeschäftigung haben. Eine Zeit hindurch war sie beim Gericht angestellt und dann in der Landwirtschaftskammer. Dort arbeitete sie bis zu ihrer Verhaftung. Sie wurde wegen »Wehrkraftzersetzung« und »Feindradio-Hörens« zu zweieinviertel Jahren verurteilt. Eineinhalb Jahre davon mußte sie im Frauenlager in Aichach absitzen, dann war der Krieg vorbei. Es war ihr Glück, daß der Krieg zu Ende gegangen war, denn ich glaube nicht, daß sie die ganze Zeit durchgestanden hätte. Verhaftet wurde sie aufgrund einer Denunziation. Sie hatte eine Freundin, die bei ihr wohnte und merkte, daß sie »Feindsender« hörte. Diese Freundin war mit einem prominenten Gestapomann liiert. Der Mann war verheiratet, und um ein schönes, eigenes Liebesnest zu bekommen, zeigte sie Else an! Nach dem Krieg kam diese »Freundin« zu Else und entschuldigte sich, sie könne nichts dafür und hätte das eh nicht wollen, der Mann habe das aus ihr herausgequetscht. Ein liebes, unschuldiges Kind! Meine Frau wollte natürlich nichts mehr von ihr wissen.

Es war für mich wichtig zu wissen, daß meine Frau in der Nazizeit nicht mitgespielt hatte. Man war in dieser Hinsicht ja allen Menschen gegenüber mißtrauisch. Ein Teil der Bevölkerung wollte mit KZlern überhaupt keine Berührung haben, und andere wieder biederten sich nur an. »Ich war eh immer dagegen.« Bei solchen Sprüchen kam mir schon die Galle hoch. Fast jeder, mit dem man sprach, wäre in der Nazizeit einmal beinahe verhaftet worden – lauter »Beinah-Verhaftete« waren unterwegs. Soviele Einwohner hatte Österreich gar nicht!

Else konvertierte nie. Ich versuchte auch nicht, sie dazu zu bewegen, und sie hätte das nicht gewollt. Das hatte den Vorteil, daß wir sowohl die jüdischen als auch die katholischen

Feiertage feiern konnten! Meine Frau war zwar katholisch, aber nicht religiös. Sie war bei den Schwestern in der Schwarzstraße zur Schule gegangen und erzählte von einem Pfarrer dort, der sich immer die Mädchen auf den Schoß nahm, sie abtätschelte und alle diese kleineren oder größeren Verbrechen beging. Diese Erinnerungen waren der Grund, daß sie böse auf die Kirche war.

Für die jüdische Gemeinde war es natürlich nicht sehr angenehm, daß ich nicht mit einer Jüdin verheiratet war. Else war zwar bei allen, beispielsweise bei den Leuten von der *Brichah*, sehr beliebt, aber in der jüdischen Gemeinde in Salzburg schaute man mich trotzdem deswegen schief an. Ich war zu der Zeit bereits Präsident der Kultusgemeinde, aber meine Frau nahm keinerlei Anteil an meiner Tätigkeit. Das einzige, was sie vom Tempel wußte, war, daß das Haus nebenan einmal ihrer Mutter gehört hatte. Sie war nie im Tempel, nicht einmal im Vorgarten. Sie holte mich auch nie von dort ab und ging auch zu keinen Veranstaltungen mit mir. In welcher Religion wir Kinder erzogen hätten, wenn wir welche gehabt hätten, weiß ich nicht. Das Problem stellte sich ohnehin nicht. Bei uns sagt man: »Was wär gewesen, wenn die Bubbe hätt gehabt Räder, dann wär se gewesen a Omnibus.«

Unter den jüdischen Frauen in den Camps hätte sich keine gefunden, die mir behagt hätte. Ich fand unter diesen Frauen keine mit ein bißchen Kultur. Die Menschen im heiratsfähigen Alter waren zu jung, daß sie vor dem Krieg noch etwas lernen hätten können. Dann kam die grausame Zeit, die Not, die Auszehrung, das primitive Leben. Die Frauen waren völlig leer. Eine normale Unterhaltung mit ihnen war nicht möglich. Jede kam gleich mit ihren Erlebnissen, und Erlebnisse hatte ich selbst genug gehabt. In dieser Hinsicht genügte mir schon meine Frau, die auch immer wieder in dieses Thema hineinrutschte.

Wir stritten oft mit Bekannten, die nicht einsehen wollten, daß der Nationalsozialismus ein Verbrechen war. Ich konnte mir die schaurigsten Geschichten und die größten Lügen anhören, ohne mit der Wimper zu zucken, weil ich wußte, daß es keinen Sinn hatte, mit ihnen zu diskutieren. Aber meine Frau konnte aufbrausen: »Obernazi, verlaß mein Haus!« Solche Sachen erlebte ich oft mit ihr. Sie hatte viele solche Streitigkeiten, bei denen ich immer versuchte, einzugreifen, denn sonst wäre ich mit ganz Salzburg im Krieg gestanden! Es war mir aber schon wichtig, daß wir in der Beziehung gleiche Ansichten hatten, daß wir in politischer Hinsicht nicht verschiedener Meinung waren und auch, daß sie nicht eine war, deren Verwandtschaft tief nationalsozialistisch gewesen wäre. Sie hatte wohl einen Bruder, der Nazi war, aber der war gefallen.

Ich verstand, daß sie sich immer so aufregte, auch wenn es nur eineinhalb Jahre waren, die sie im Gefängnis verbracht hatte. Aber für eine Frau – Kisten schleppen, schlechte Ernährung, Brom im Essen, die Tage setzen aus! Ich glaube, ein Mann steht solche Sachen leichter durch als eine Frau. Das hat natürlich an ihrem Leben gezehrt. Else war die ganzen Jahre hindurch nach der Haft schwer herzleidend. 1992 starb sie an einem Herzschlag.

Wiener Mode – Inhaber Marko Feingold
Als Geschäftsmann in Salzburg

Am 4. August 1948 eröffnete ich in Salzburg ein Modegeschäft in der Wolf-Dietrich-Straße. Ich hätte natürlich auch etwas anderes machen können, die Gewerbeberechtigung als Maurermeister hätte ich sicher bekommen! Ich hätte auch wieder Vertreter werden können, aber mit dem Konfektionsgeschäft hatte ich einen leichteren Beruf, mußte weder im Freien arbeiten noch herumreisen. Ein Vertreter wünscht sich ja immer, einmal sein eigenes Geschäft zu haben. Das war auch mein Wunsch – die Leute sollten zu mir kommen, nicht ich zu ihnen! Bevor ich das Geschäft allerdings eröffnen konnte, gab es noch Schwierigkeiten mit meinem Gewerbeschein: Ich ließ mir gleich 1945, als ich aus dem KZ kam, einen Gewerbeschein auf meine damalige Adresse in der Haydnstraße ausstellen. Als ich 1946 von der Haydnstraße in die Schwarzstraße übersiedelte, ließ ich mir meine Gewerbeberechtigung mit allen Steuern, Gebühren, Krankenkassa auf die neue Adresse umschreiben. Aber auf das Geschäft in der Wolf-Dietrich-Straße wollte die Wirtschaftskammer mir den Gewerbeschein plötzlich nicht umschreiben! Vielleicht wollten sie einem Juden nicht die Chance geben, ein Konfektionsgeschäft aufzubauen, es war jedenfalls eine Bosheit.

Ich fragte natürlich nach, warum mein Gewerbeschein plötzlich nicht mehr gelten sollte, und erhielt folgende Antwort: »Ja, wissen Sie, der Gewerbeschein ist deshalb ungültig, weil Sie nie Bezugsscheine bezogen haben.« Ich erklärte ihnen, daß ich mit der Eröffnung eines Geschäftes noch zuwarten wollte, inzwischen zwar alles vorbereitet, aber eben noch nicht eröffnet hatte und daher auch keine Bezugsscheine brauchte. Offiziell existierte meine Firma, ich mußte ja keinen Reingewinn haben. Das war wenige Tage, bevor ich das Geschäft eröffnen wollte. Ich ging zur Stadtgemeinde. »Am 4. August möchte ich das Geschäft eröffnen und habe keinen Gewerbeschein! Die Wirtschaftskammer macht mir Schwierigkeiten, obwohl ich den großen Befähigungsnachweis habe.« Darunter versteht man eine komplette Lehre mit Abschluß und entsprechender Gehilfenzeit. Der große Befähigungsnachweis war wie ein Meisterbrief, der aber nur für einen Handwerksbetrieb benötigt wurde. Ich erhielt folgende Antwort: »Feingold, die einzigen, die Sie bestrafen können, wenn Sie ohne Gewerbeschein aufmachen, sind wir vom Gewerbeamt. Wir bestrafen Sie nicht. Sie machen auf. Wir werden noch einmal versuchen, mit der Wirtschaftskammer zu reden. Sind sie bereit, Ihnen den Gewerbeschein zu geben, ist es gut. Falls nicht, kriegen Sie ihn von uns.« Dann kam die Wirtschaftskammer: »Unter gewissen Bedingungen sind wir schon bereit. Sie müssen sich in der Umgebung bei den Geschäftsleuten umschauen. Am besten ist, Sie gehen persönlich zu den Leuten hin und stellen sich vor und fragen, bei welchen Artikeln sie nichts dagegen hätten, wenn Sie das führen.«

Ich machte das und kam zu folgendem Resultat: Sechseckige Eier hätte ich verkaufen können, aber sonst nichts! Dafür hatte ich aber keinen Lieferanten. Dann fiel mir aber doch noch so ein »sechseckiges Ei« ein: Ich begann mit moderner Lederbekleidung, denn das führte in der ganzen Umgebung niemand. Unter moderner Lederbekleidung verstand man beispielsweise Sportjacken aus Leder, so wie sie auch heute wieder getragen werden. Ich machte sie aber vorwiegend aus Rauhleder, denn schwarzes, glattes Leder hätte man damals nicht getragen, das war eine Kleidung für Nachtwächter – und für die SS.

Wir hatten dann noch ein zweites Malheur mit der Geschäftseröffnung: Wir mieteten das Geschäft und konnten mit Ach und Krach die dreißigtausend Schilling Anzahlung aufbringen. Aber noch im selben Jahr traf uns fast der Schlag: Damals waren die meisten Preise an den Brotpreis gekoppelt. Als ab August der Brotpreis nicht mehr gestützt wurde, kostete das Brot plötzlich das Doppelte – und wir hatten die doppelte Miete! Das war ein schwerer Schlag, aber wer hätte das vorher wissen können?

Ich gründete das Geschäft gemeinsam mit Edi Goldmann, er war mein stiller Kompagnon und Geschäftsführer. Er führte den Schriftverkehr durch, bezahlte und überprüfte die Rechnungen. Ohne ihn wäre ich wohl nicht so reich geworden, denn er hakte den Leuten bei den Rechnungen jedes Groscherl ab, das zu bezahlen war! Er war diesbezüglich ein sogenannter »I-Tüpferl-Reiter«. Wenn er den Angestellten am Freitag den Lohnscheck ausgab, gab er ihn immer erst nach Bankschluß her, sodaß die Angestellten erst am Montag das Geld beheben konnten und uns die Zinsen fürs Wochenende blieben. Solche Kunststückerln waren seine ganze Freude. Wir blieben Kompagnons bis zum Schluß.

Meine Aufgabe waren Einkauf, Erzeugung und Verkauf. Ich fand eine aus Wien ausgelagerte Firma, die im Lungau produzierte. Sie versprachen mir, mich zu beliefern, machten dann aber bald darauf ein eigenes Geschäft in Salzburg in der Sigmund-Haffner-Gasse auf. Mit der Belieferung war es aus, und ich saß da mit einem Geschäft ohne Ware. Kurz darauf fuhr ich nach Altheim zur Gewerbeausstellung. Ich fand dort einen Stand, wo mit Strick kombinierte Lederteile ausgestellt waren. Manche davon schauten sehr schön aus, andere wirkten nachgemacht. Jedenfalls hieß es, man könne mich beliefern. Ein paar Tage später war die Wiener Messe. Dort sah ich plötzlich genau so eine Jacke wie in Altheim! Ich sprach das Ehepaar an, das diese Sachen ausgestellt hatte. »Ich habe Ihre Sachen schon gesehen, in Altheim.« – »Der Gauner, der schäbige, der hat bei uns Muster gekauft und macht unsere Sachen nach!« So kam ich mit diesen Leuten ins Geschäft, die mich ab diesem Zeitpunkt mit ihren Leder-Strickwaren belieferten. Die Firma der beiden arbeitete in Favoriten auf Zimmer und Kuchl, sie wurden dann aber so reich, daß sie sich letztendlich scheiden ließen! Das passiert. Mit Geld geht oft das Privatleben flöten, nur die wenigsten werden glücklich. Aber wenigstens hatte ich nun einen Lieferanten, und das Geschäft mit den Lederwaren konnte beginnen.

Es gab in Salzburg ein Geschäft, die Firma Schaller in der Judengasse, die Trachtenlederbekleidung führte. Wir veranstalteten oft gemeinsam im Café Winkler am Mönchsberg Modeschauen. Das waren keine Verkaufsschauen, sondern Werbeschauen zum Vorstellen unserer Konfektion. Die Leute konnten dann in das Geschäft kommen und das eine oder andere auswählen oder bestellen. Wir zeigten bei diesen Schauen immer moderne Lederbekleidung und die Firma Schaller Trachtenlederbekleidung. Eines Tages begann Schaller aber auch mit moderner Lederbekleidung! Was machte ich daraufhin? Lederhosen! Meine Produzenten in Wien stellten ganz wunderbare Lederhosen her. Kaum fing ich damit an, bekam ich aber schon Schwierigkeiten mit der Gewerkschaft. Die Konkurrenz schwärzte mich bei der Gewerkschaft an, ich mache Dumpingpreise. Daraufhin bekam ich Besuch von der Gewerkschaft: »Wir haben ausgerechnet, daß eine Näherin so und so lang für eine Lederhose braucht. Eine Hose kostet demnach fünfundfünfzig Schillinge. Sie verkaufen eine komplette Lederhose um fünfundzwanzig Schilling, wie machen Sie das?« Ich sagte: »Ich arbeite eben nicht mit Depperten! Ich arbeite nicht mit Leuten, die mit der Uhr dastehen, ich arbeite mit Leuten am Fließband.« Ich hatte viele solche Auseinandersetzungen mit der Gewerkschaft und mit der Wirtschaftskammer. Die Leute waren so gehässig, das kann man sich nicht vorstellen!

Ich führte auch Lederhosen für Kinder. Das war ein Bombengeschäft! Die Hosen für einjährige Kinder kosteten fünfundzwanzig Schilling, die für ältere Kinder wurden immer teurer. Für Geschenke hab' ich immer die Einser-Hose hergeben müssen. Jeder, der kam, wollte eine Hose für ein einjähriges Kind, nahm eine Einser-Hose, ging heim und kam wieder: »Das Kind paßt nicht in die Hose!« Ich antwortete: »Ja, wenn Sie ihm so dicke Windeln anziehen, kann ich nichts dafür!« Dann kauften sie die nächstgroße Hose, und das war für mich das Geschäft, obwohl ich natürlich auch mit den nächstgrößeren Hosen billiger als die anderen war.

Warum ich billiger war als die anderen? Die Juden mußten doch keine Steuern zahlen! Das war natürlich völliger Blödsinn, aber ich bekam das sehr oft zu hören. In Salzburg gab es zwar nicht viele jüdische Geschäfte, aber die Leute waren überzeugt davon, daß ich deswegen billiger verkaufen konnte, und nicht etwa, weil ich ein tüchtiger Geschäftsmann war!

Einmal hörte ich von einem Kunden folgendes: Der Mann hatte lange nachgedacht, ob er eine Hose nehmen solle, und ich sagte zu ihm: »Wissen Sie was, ich lege Ihnen die Hose weg, gehen Sie zur Konkurrenz, wenn Sie eine bessere finden, nehmen Sie die, und sonst kommen Sie zurück.« – »Zu wem soll ich gehen? Zum Schaller kann man nicht gehen, das ist ja ein Jud!« Das stimmte gar nicht. Wie war er darauf gekommen? Ich erfuhr, daß Schaller eine vermeintlich »jüdische« Gewohnheit habe: Er nannte einen Preis, der Kunde probierte, nahm die Hose – und plötzlich kostete sie mehr. Bei solchen miesen Geschäftsgewohnheiten mußte er natürlich ein Jude sein!

Ich war billiger als andere bei gleich guter Qualität, da ich meine Sachen in Heimarbeit anfertigen ließ. Ich hatte selbständige Schneider, die für mich arbeiteten. Nach österreichischer Gewerbeordnung war es mir ja gesetzlich untersagt, ein Zentimetermaß zu etwas anderem als zum Taillenweitemessen in die Hand zu nehmen! Meine Handwerker konnten sich die Arbeitszeit einteilen, wie sie wollten. Sie bekamen jeweils am Freitag das Material, und eine Woche später hatten sie zu liefern. Wenn sie Privatkundschaft hatten, machten sie mir zwei Jacken weniger.»Wissen Sie, ich bin nicht ganz zusammengekommen.« Ich verstand schon warum, aber das mußte ich natürlich in Kauf nehmen.

Wir erzeugten sehr viel selbst. Ich war beispielsweise der erste in Salzburg, der für die schlanken, langhaxigen Burschen, die nirgendwo eine Hose fanden, weil sie entweder zu kurz oder zu weit war, passende Hosen anbot. Ich ließ nämlich Hosen in gewissen Taillenweiten in fünf verschiedenen Längen anfertigen. Wenn jemand eine Hose wollte, brauchte man nur die Seitenlänge messen und hatte sofort die richtige Hose. Dann hieß es oft:»Wieso ist das so, Herr Feingold, daß Sie die Hosen gleich in der richtigen Länge haben, und überall sonst muß man erst umarbeiten?« Meine Hosen konnten sich wirklich sehen lassen!

Natürlich gab es auch immer wieder einmal Ärger mit den Schneidern. Einmal kam beispielsweise Kundschaft ins Geschäft, probierte eine Hose nach der anderen, aber keine paßte. Die Verkäuferin war schon ganz verzagt.»Der Herr hat die 76er probiert, die ist zu eng. Dann hat er die 82er probiert, die ist genauso eng, aber oben steht sie ihm weg.« Da hatte der Schneider einfach zwei Größen zusammengeschnitten! In der einen Hose machte er einen größeren Einschlag hinten und in der anderen einen kleineren, damit er sich das zweifache Zuschneiden ersparte. Natürlich fuhr ich Schlitten mit ihm, aber was nutzte das?

Einmal hatten wir gerade einen herrlichen Trevirastoff hereinbekommen, ein wunderschönes Karomuster. Wenn man daraus Faltenröcke machte, entfaltete sich die ganze Pracht der Karos. Die Frauen sahen sehr chic aus in solchen Röcken! Ich gab einem unserer Schneider in Oberösterreich einen Ballen Stoff, sagte ihm, welche Röcke er daraus schneidern sollte. Was machte er? Lauter Röcke in Größe 36! Ich hatte dann dreißig Röcke in derselben Größe.

Ich arbeitete sehr gut mit einem großen Salzburger Konfektionär zusammen. Eines Tages rief er mich an: »Herr Feingold, ein Vertreter ist da. Er hat über Mittag eine Kollektion dagelassen, Sie müssen gleich herauskommen und sich das anschauen!« Das waren die ersten Elastikstoffe, die ersten dehnbaren Stoffe. Ich ließ mir daraus eine Musterhose machen, zog sie an und ging damit auf die Gasse hinaus. Das war ein Gefühl, als ob ich überhaupt keine Hose angehabt hätte! Das war reine Kunstfaser, man konnte sie waschen, brauchte sie aber nicht zu bügeln.

Dann kam die Mode auf mit den Hosen für die Damen. Vor allem die Oberteile dazu waren ein Bombengeschäft! Die meisten Damen hatten doch einen Riesenarsch, und das mußte man zudecken! So ließ ich lange Jacken anfertigen – das war der Renner!

Eine Achtundvierzig-Stunden-Woche hatte ich nie, das werden schon immer eher siebzig Stunden gewesen sein, wenn ich die zwei Stunden spazierengehen und Auslagen anschauen am Abend dazurechne. Aber das war eine Pflicht, denn man mußte wissen, was die anderen in der Auslage hatten, was man selber hineingeben sollte und wo man billiger sein könnte als die Konkurrenz. Bei mir kosteten Herrenhosen bester Qualität noch dreihundertfünfundneunzig Schilling, als man sonst in Salzburg schon auf siebenhundert bis neunhundert Schilling oben war!

Ich war immer direkt mit den Kunden in Kontakt. Wenn ich

einmal erfuhr, daß etwas nicht in Ordnung war, war ich sofort erpicht, etwas Besseres zu finden. Einmal stellte ich fest, daß unser Taschenfutter nicht besonders gut war. Es scheuerte stark am Körper, und jedes Futter war dadurch in kurzer Zeit zerschlissen. Ich fand schließlich eine Firma in Kärnten, die mir hervorragendes Taschenfutter lieferte. Als ich mein Geschäft auflöste, kam der Besitzer eines Salzburger Ledergeschäftes zu mir: »Herr Feingold, Sie hören doch jetzt auf, jetzt bin ich doch keine Konkurrenz mehr. Sagen Sie mir, von wem haben Sie das Futter bezogen?«

Meinungsverschiedenheiten zwischen mir und Kunden gab es natürlich auch des öfteren. Eine Begebenheit: Ein Richter des Landesgerichtes kaufte bei mir für den Sommer eine kurze Hose. Sie mußte extra angefertigt werden. Er wollte sie an einem Freitag abend holen, kam nicht dazu, rief an und sagte, ich solle die Hose nebenan in der Südtiroler Weinstube hinterlegen. Die legten die Hose dort irgendwo unter die Kaffeemaschine und als der Richter sie abholte, schaute sie aus wie der Kuh aus dem Maul gezogen! Er tobte: »Wie konnten Sie mir das antun?« Aber es war ja nicht meine Schuld. Also bot ich ihm an: »Wissen Sie was, wir bügeln Ihnen die Hose aus. Sie probieren sie, Sie tragen sie ein paarmal und wenn sie dann nicht entspricht, nehme ich sie zurück.« Nach vierzehn Tagen rief er mich an: »Herr Feingold, Sie haben recht gehabt, die Hose ist ganz wunderbar.« Das gab es auch – ehrliche Menschen.

Ich hatte anfangs viele Aristokraten als Kunden, als ob ich selbst ein Blaublütiger gewesen wäre! Eine Aristokratin aus Oberösterreich kaufte sich im 49er Jahr bei mir ein Abendkleid und fuhr damit nach St. Moritz. Dort sah sie eine Modenschau von Jacques Fath, der damals ein Begriff in der Mode war. Sie kam wieder und teilte mir folgendes mit: »Sie müssen verstehen, Herr Feingold, Ihr Kleid kann ich jetzt nicht mehr tragen!« Sag' ich: »Ja, das verstehe ich sehr gut. Bei uns hat man natürlich noch nichts von Jacques Fath gehört. Aber Sie müssen verstehen, das Kleid kann ich nicht zurücknehmen, das ist doch getragen.« – »Na ja, das macht doch nichts, Sie können ja den Leuten sagen, wer es getragen hat!«

Ich erlebte im Laufe meines Geschäftslebens so blöde Sachen, das kann man sich nicht vorstellen. Einmal führte ich einen Prozeß gegen einen jüdischen Kunden. Ich verkaufte einen Mantel mit herausknöpfbarem Futter in amerikanischer Trenchcoat-Fasson. Der Kunde brachte daraufhin einen Freund, der auch einen solchen Mantel wollte. Ich erklärte ihm, daß es verschiedene Ärmelschnitte gibt – den amerikanischen Ärmel, der verdreht eingenäht ist, damit die amerikanischen Offiziere den Arm heben können, ohne daß der ganze Mantel mitgeht, und den normal eingesetzten Ärmel. Er entschied sich für den amerikanischen Ärmel, holte sich den Mantel ab und war sehr zufrieden. Am nächsten Tag kam er wieder: »Der Mantel ist verschnitten, alle lachen mich aus!« Eine Zurücknahme kam nicht in Frage. – »Dann werde ich Sie klagen!« Er klagte mich wirklich, es kam zu einer Verhandlung, der Richter berief einen Sachverständigen. Der stellte fest, daß es in der Konfektion die zwei Ärmelschnitte gab, und es käme darauf an, welchen der Kunde bestellt habe. Damit war die Sache erledigt. Der Kunde bezahlte den Prozeß, seinen Anwalt, meinen Anwalt und den Sachverständigen. Der Mantel ist ihm sehr teuer gekommen!

Beim Hotel Österreichischer Hof gab es vorne beim Portal kleine Schaufenster, in denen meine Lederhosen ausgestellt waren. Da wurde ich oftmals an Sonntagen vom Hotelportier angerufen: »Herr Feingold, was soll ich machen, da sind Amerikaner, die wollen unbedingt eine Lederhose, fahren aber morgen weg und haben keine Zeit, in der Früh noch einkaufen zu gehen.« Da mußte ich wegen fünfzig Schilling am Sonntag in die Stadt hineinfahren, um eine Lederhose zu verkaufen. Das gute Geschäft hatte auch Nachteile!

1956 eröffneten wir ein zweites Geschäft im Salzburger Kongreßhaus. Wir hatten zeitweise zehn, zwölf Angestellte für den Verkauf und bildeten insgesamt an die dreißig Lehrlinge aus. Zur Ausbildung von Verkäufern war ich ja berechtigt. Allerdings schafften nur wenige davon die Abschlußprüfung, die anderen fielen durch. Ich wunderte mich oft und ließ mir ihre Schulsachen zeigen. »Und das habt ihr nicht gewußt? Und das habt ihr nicht zusammenrechnen können?«

»Wiener Mode – Feingold« war eine protokollierte Firma, den Namen durfte niemand sonst führen, aber »Wiener Mode« konnten sich andere auch nennen. Es gab viele Geschäfte mit dem Namen. Die Leute kauften oftmals in irgendeinem »Wiener-Mode«-Geschäft irgendein Klumpert und kamen dann zu mir und wollten es umtauschen! Sie glaubten, »Wiener Mode« wäre eine Kette mit Filialen, die alle zusammengehörten. Der Name war aber ein gutes Zuckerl! Wien war bekannt für seine Mode, nicht nur Paris. Wien hatte durchaus seinen Chic, auch wenn es nach dem Krieg unter dem Verlust seiner jüdischen Konfektionäre litt.

Wir führten das Geschäft bis 1977. Am 1. April 1977 – kein Aprilscherz – ging ich in Pension. Das Geschäft in der Wolf-Dietrich-Straße hatte ich schon ein oder zwei Jahre davor aufgegeben. Das Geschäft im Kongreßhaus wurde von jemandem übernommen, der es aber nicht als »Wiener Mode« weiterführte, sondern »Jeans-Shop« nannte. In das Geschäft in der Wolf-Dietrich-Straße kam ein Reisebüro hinein, das bald in Konkurs ging, dann verschiedene andere Geschäfte, und heute befindet sich dort ein Trachtengeschäft.

Wenn mein Vater hören könnte, was aus mir geworden ist
Präsident der Israelitischen Kultusgemeinde Salzburg

1946 wurde ich zum Präsidenten der Kultusgemeinde Salzburg gewählt. Anfangs gab es zwar noch gar keine Gemeinde, erst mit der Rückstellung des Friedhofs und des Tempels kam es zur neuerlichen Gemeindegründung. Die Rückstellungen wurden von Rechtsanwalt Dr. Valentin Gelber bewerkstelligt, einem Wiener, der auch im KZ Buchenwald gewesen war. Bei der Rückstellung des Tempels kam es zu einer bezeichnenden »Kuriosität«: Der Tempel war in der »Kristallnacht« stark beschädigt worden. Als die Rückstellung erfolgte, wurde der für die Finanzprokuratur tätige Anwalt angewiesen, sich in Wien von der Länderbank zweihundertachtzig Schilling als Honorar geben zu lassen – und zwar von den zwanzigtausend RM, nunmehr zwanzigtausend Schilling, die im Deutschen Reich (Polizeiverwaltung) ehemals als Kaufpreis für den Tempel bezahlt worden waren! Dabei hieß es doch überall nach 1945, wir haben nichts, es gäbe keine Konten! Auf einmal gab es zwanzigtausend Schilling bei der Länderbank! Wo war das restliche Geld? Es müssen doch bei anderen Banken auch solche Gelder liegengeblieben sein!

Die stark beschädigte Synagoge mußte also hergerichtet werden, vorher konnte man sie nicht nutzen. 1945 wurden die Gottesdienste noch im Festspielhaus zusammen mit den Amerikanern abgehalten, 1946 im Mozarteum. Viel später noch wollte das Mozarteum von mir die Miete dafür haben! Sie entdeckten irgendwann, zu einer Zeit, als ich gar nicht mehr Präsident war, daß für irgendeine Veranstaltung etwas nicht bezahlt worden war. Ich sagte ihnen: »Wendet euch an die Amerikaner, was wollt ihr von mir?«

Präsident der Kultusgemeinde war ich 1946 bis 1947. Wir hatten damals in der Gemeinde einen Religionslehrer, einen Kantor und sogar einen Chor. Der Chor nahm für das Singen an den Feiertagen kein Geld – nur Lebensmittel oder Zigaretten! Wir hatten auch nacheinander einige Rabbiner hier, die von der Gemeinde bezahlt werden mußten. Damals befanden sich ja über fünfhundert Juden in der Stadt!

Es war sehr viel zu tun für die Gemeinde. Wir hatten ein Kontingent an Wohnungen und Zimmern von der Stadt Salzburg übernommen. Wenn ein Jude aus einer Wohnung auszog, konnte die Kultusgemeinde mit Genehmigung der Stadtgemeinde diesen Raum an jemand anderen weitergeben. Das waren Wohnungen, die eigentlich über das Wohnungsamt vermietet hätten werden können. Ein bestimmtes Kontingent gehörte aber uns, damit konnten wir jonglieren. Das hatte nichts mit den jüdischen Flüchtlingslagern zu tun, es ging dabei um jene Menschen, die nach Salzburg zugewandert waren und sich hier eine Existenz aufbauen wollten. Wir halfen ihnen nicht nur mit den Wohnungen, sondern auch mit der Arbeit. Viele wollten eine Gewerbeberechtigung erhalten, wir waren ihnen auch dabei behilflich. Dann gab es Schwierigkeiten mit den Staatsbürgerschaften. In diesen Angelegenheiten bemühte sich unser Rechtsanwalt Dr. Gelber um die Leute. So konnte die Gemeinde verschiedene Sachen regeln, die für die Leute am Anfang besonders wichtig waren. Mit Rückstellungen war ich nicht beschäftigt. Dazu hatten die Betroffenen teure Rechtsanwälte engagiert.

Ich sah meine Funktion weniger als Ehre, mehr als Notwendigkeit. Erstens einmal waren unter den vielen Juden, die nach 1945 in Salzburg waren, nur sehr wenige Österreicher. Ich kenne mein Volk und weiß, wie sie sich aufregen und in den Ämtern herumstreiten. Jeder meinte, nur er wäre im KZ gewesen und sonst niemand! Um das zu vermeiden, sagte ich: »Kommt zu mir, wenn ihr irgendein Anliegen habt, dann können wir das besprechen, dann kann ich sehen, ob ich etwas erreichen kann oder nicht.« Ich kümmerte mich um diese Dinge, leitete das eine oder andere dem Dr. Gelber weiter, der als Rechtsanwalt die Eingaben machen konnte. Das war besser, als die Leute selber auf die Ämter loszulassen. Wenn ein Jude schlecht Deutsch sprach, hörte man das in Österreich nicht gern. Das steigerte nur den Antisemitismus, und das wollte ich vermeiden.

Als Präsident der Kultusgemeinde mußte ich auch viele Repräsentationsaufgaben übernehmen und versuchen, für die Gemeinde zu bekommen, was notwendig war. Ich war bereits der dritte Präsident der Kultusgemeinde nach 1945. Der erste war Leo Bildner, der zweite war Hermann Einziger, und der dritte war ich. Ich mußte das Amt schließlich aufgeben, weil es unvereinbar war mit meiner Tätigkeit als »Schlepper«, bei der ich ja am Rande des Gesetzes spazierenging. Wenn ich ehrlich sein will, interessierte mich die Arbeit in der Kultusgemeinde auch weniger als mein späterer Beruf. Erst als ich mein Geschäft eröffnete, kam ich so richtig in Form! Da wurde ich ein richtiger Manager, wie es sein soll, und habe gut gearbeitet, gut verdient und etwas geleistet. Als Geschäftsmann war ich mir also selbst lieber und mußte nicht auf so vieles Rücksicht nehmen.

Trotzdem bin ich seit 1979 aber wieder Präsident der Kultusgemeinde Salzburg. Nachdem ich als Geschäftsmann aufgehört hatte, mußte ich mir doch neue Zores anschaffen! In der Zeit davor, bis 1977, hatte ich mit der Kultusgemeinde sehr wenig zu tun. Nachdem sich die jüdischen Organisationen wie die *Brichah* in Salzburg aufgelöst hatten, riß auch mein Kontakt zur Gemeinde ziemlich ab. Ich bezahlte die Steuern, ging an den Feiertagen in die Synagoge, aber sonst hatte ich mit all dem nicht mehr viel zu tun. Erst nach meiner Pensionierung wurde ich wieder aktiv. Der frühere Präsident Einziger ist im 77er Jahr verstorben, es wurde eine Wahl durchgeführt, und ich bekam genügend Stimmen. Ich kandidierte, weil es mir in mein persönliches Programm paßte und weil mir vieles in der Gemeinde nicht gefiel, von dem ich glaubte, es abstellen zu können. Man kann ruhig sagen, ich war der Linksaußen der Gemeinde. Vorerst wurde ich nur amtsführender Vizepräsident, Präsident war Ladislaus Friedländer, aber 1979 übernahm ich dann dieses Amt.

In Salzburg gab es keinen Rabbiner, als ich die Präsidentschaft antrat. Wir hatten ab 1970 in der Gemeinde diesbezüglich folgende Situation: Es lebte eine Familie in Salzburg, die sich einen Schwiegersohn aus Israel nach Salzburg kommen ließ. Der stammte aus einer ungarischen Familie, in der auch noch Hebräisch gesprochen wurde, und war ein sehr religiöser Mann. Er konnte die Thoralesung durchführen und bekam dafür wöchentlich eine entsprechende Pauschale. Deswegen brauchten wir keinen Rabbiner. Allerdings übersiedelte er dann nach Antwerpen und machte den Vorschlag, er würde hier weiterhin vorbeten, wenn er in Salzburg sei und für die übrige Zeit würde er uns einen Stellvertreter schicken. Ich teilte ihm allerdings mit, daß wir selbst bestimmen wollten, wer bei uns vorbetet.

Seit 1990 haben wir einen eigenen Rabbiner. Der oberste Chef der chassidischen Glaubensrichtung der Lubawitscher in Österreich, Rabbiner Jacob Biedermann, kam eines Tages zu mir. Er wußte, daß unsere Gemeinde einen Rabbiner brauchen könnte und bot mir einen Mann an. Die Spesen sollten sich die Kultusgemeinde und die Lubawitscher teilen. Der neue, aus Amerika stammende Rabbiner David Nussbaum ist ein strengreligiöser Mann. Wir hatten zu der Zeit in der Gemeinde noch mehr Religiöse, die ihn deswegen auch haben wollten. Ich mußte das akzeptieren.

Wir haben keine regelmäßigen Wahlen in der Salzburger Kultusgemeinde. Vor ein paar Jahren gingen drei Mitglieder weg, und wir mußten einen neuen Ausschuß wählen. Jetzt sind wir noch drei von fünf im Ausschuß und müßten eigentlich bald wieder eine Wahl ansetzen. Aber ich weiß nicht, wer wählen kommen soll. Wir haben keine Leute mehr. Zur Zeit gehören ungefähr hundert Leute zur Gemeinde. Die Zahl ist ziemlich stabil, seit ich Präsident bin. Manche sind gestorben, manche kamen dazu, vorwiegend Russen, die eingewandert sind. Manche davon gingen aber auch wieder weg, aber eigentlich blieb alles ziemlich gleich. Das Traurige ist die altersmäßige Zusammensetzung der Gemeinde. Nach 1945 blieben viele der jüdischen Flüchtlinge in Salzburg hängen. Sie hatten Kinder, die hier die Schule besuchten, dann aber bald feststellten, daß sie nicht bleiben wollten, daß sie hier noch Antisemitismus spürten. Die Eltern hatten nichts dagegen, den einen nach England, den anderen in die Schweiz oder nach Israel zu schicken. Das ging quer durch alle Familien, sodaß uns diese Generation, die heute um die vierzig Jahre alt wäre, und ihre Kinder fehlen. Wir haben die Alten von siebzig aufwärts und keine Kinder. Das ist problematisch für die Zukunft. Ich wünsche allen ein hohes Alter – wie man unseren Spruch kennt – bis hundert und zwanzig und noch mehr, aber wie schaut es real in zehn, zwanzig Jahren aus? Da sind dann noch drei Juden da.

Um Mitglied in der Kultusgemeinde zu werden, braucht man sich als Jude hier nur anzumelden. Wir heben keine Steuer ein. Wir bekommen Geld vom Unterrichtsministerium, und wenn wir das wirtschaftlich verwenden, können wir damit auskommen. Bei allfälligen Reparaturen oder ähnlichen Ausgaben ersuche ich um Subventionen bei Stadt und Land. Ich habe dazu eine gute »Waffe« in der Hand. Wenn mir die Stadt einmal dies oder jenes nicht bezahlen will, sage ich: »In Ordnung, ich übertrage Ihnen das öffentliche Recht für unseren Friedhof.« Dazu würden sie zwei Beamte brauchen, einen, der den Rasen mäht und einen, der dort achtgibt. Es kommt sie also wesentlich billiger, wenn wir das selbst machen.

In der Gemeinde haben wir dann noch die Ausgaben für das Gehalt des Rabbiners aufzubringen, und die Wohltätigkeit spielt natürlich auch eine Rolle. Wenn jemand ehrlich bedürftig ist und bei uns aufkreuzt, kann er Geld bekommen. Leider Gottes rennen auch viele herum, die das nicht notwendig hätten und nur davon leben, die Hand aufzuhalten. Vor verschiedenen Feiertagen tauchen immer wieder bereits x-mal kopierte Briefe auf mit der Geschichte von irgendeinem sehr religiösen Mann mit neun Kindern, der nur dreihundert Dollar im Monat zur Verfügung habe. Solche Schnorrbriefe landen im Mistkübel. Aber ernsthafte Spendenaufrufe unterstützen wir schon. Die großen israelischen Hilfsorganisationen wie *Keren Kajemet* und *Keren Hajessod* beispielsweise bekommen jedes Jahr ihr Geld.

Zur Zeit gibt es da allerdings ein Problem: Ich teilte den Direktoren dieser Organisationen etwas mit, was mich schon seit langem stört. »Es kommen so viele Israeli nach Salzburg, und man könnte sie doch einmal darauf aufmerksam machen, daß sie auch im Ausland einmal eine Synagoge besuchen sollen. Man sollte das in den Zeitungen publizieren.« Sie sicherten mir das zu, geschehen ist nichts. Dann kam kein Geld mehr von uns. Erst der neue Direktor zeigte mir einen Ausschnitt aus einer Zeitung, in der sie eine Annonce aufgegeben hatten. Das wollte ich aber so nicht, ich wollte einen Aufruf. Es blieb alles beim alten. Israelische Touristen kommen nicht in die Salzburger Synagoge. Ganz anders hingegen die nichtorthodoxen Amerikaner: Die kommen! Egal wo die sind, die gehen in jeden Tempel.

Als Präsident der Israelitischen Kultusgemeinde bekomme ich oftmals Drohbriefe. Gegeben hat es solche Briefe eigentlich immer wieder. Zu Waldheim-Zeiten war es etwas mehr, dann wurde es ruhiger. Durch die Wahlen und die politische Situation seit 1999 häufen sich solche Briefe aber jetzt wieder. Geändert hat sich nur, daß die Herrschaften mittlerweile nicht mehr nur anonym, sondern oft auch mit Unterschrift und Adresse schreiben. Die Bedrohungen fanden immer auf Briefebene statt, nur im 88er Jahr verschärfte sich die Situation ernstlich. Als im Fernsehen der Film »Mustergau Salzburg« von Werner Mück gezeigt wurde, richtete der ORF einige Telefonstellen ein, bei denen Hörer anrufen konnten. Ich saß an einem dieser Telefone, und in dem Zusammenhang kamen wüste Beschimpfungen gegen meine Person. Ohne daß ich davon wußte, verständigte der ORF die Polizei, daß ich unter Polizeischutz gestellt werden sollte. Jetzt habe ich seit 1988 Polizeischutz. Ich habe auch sehr guten Kontakt zur Staatspolizei. Wenn es beispielsweise eine Veranstaltung in der Synagoge gibt, werden zwei Beamte geschickt. Sicher ist sicher.

Wenn ich rückblickend meine Amtsperioden vergleiche, war während der Präsidentschaft nach dem Krieg alles viel komplizierter. Damals wurde ich ständig angesprochen, ob ich nicht etwas tun könnte gegen den Schwarzhandel und gegen dieses und jenes. Das war auch eines meiner Motive damals, mich zu engagieren, denn ich dachte mir, wenn ich schon überall besudelt werde, dann möchte ich hier auch einsteigen und solche Dinge soweit wie möglich abstellen, um der jüdischen Gemeinde einen guten Namen zu verschaffen.

Ich kann sagen, daß wir das heute erreicht haben. Heute habe ich trotz meiner Funktion eine geruhsame Pension. Ich bin froh, daß ich beschäftigt bin, ohne ständig wie ein Wilder aus dem Haus rennen zu müssen, wie alte Deppen das oft tun, bis einen dann unterwegs der Schlag trifft. Ich habe eine normale Beschäftigung, das ist mir wichtig, denn das Garnichtstun haut nicht hin. Ich brauche ein Programm. Ich gehe um zehn Uhr am Abend schlafen, und um drei Uhr früh bin ich ausgeschlafen. Zwischen drei und vier Uhr früh denke ich darüber nach, was ich an diesem Tag alles zu tun habe. Um vier Uhr höre ich die ersten Nachrichten. Um fünf Uhr stehe ich auf. Das läuft alles wie am Schnürl ab. Ich bin ein Morgenmensch.

Ich denke mir manchmal, wenn mein Vater hören könnte, was aus mir geworden ist, würde er das nicht glauben. Ich war ein sehr schlechter Schüler, und daß ich ein Hofrat geworden bin, das würde er mir nicht abnehmen. »Nein, das ist nicht mein Sohn.« Er würde wohl auch nicht glauben, daß ich eine Kultusgemeinde führe, mich für jüdische Belange einsetze und viel für das Judentum geleistet habe. – »Der? Nein, niemals!« – Auf das, was ich erreicht habe, wäre er stolz gewesen. Wenn er dann aber gesehen hätte, wie wenig religiös ich bin, hätte er wohl gesagt: »Na, da hättest schon mehr machen können.«

Man kann sich gar nicht vorstellen, wie wohl das tut
Die Arbeit als »Zeitzeuge«

Ich war schon zehn oder fünfzehn Jahre, ehe das Unterrichtsministerium offiziell mit dem Zeitzeugenprogramm begann, als »Zeitzeuge« tätig. Das war noch zu der Zeit, als ich mein Geschäft führte. Ich wurde manchmal angerufen, ob ich da oder dort einen Vortrag halten wolle, und machte das dann auch. Das fand damals noch weniger in Schulen statt, mehr in verschiedenen Vereinen, Organisationen, Pfarren. Die ersten

Anfragen kamen gleich nach Kriegsende, ich denke, es war noch 1945, als ich einmal in Salzburg zu einem Vortrag über Konzentrationslager eingeladen wurde. Ich hielt regelmäßig solche Vorträge, und als ich vom Zeitzeugenprogramm des Ministeriums hörte, engagierte ich mich natürlich auch dabei. Wir »Zeitzeugen« sind dabei völlig frei, das Unterrichtsministerium gibt keine Vorgaben, und ich freue mich natürlich über die Dankesschreiben, die ich von den Schulen bekomme! Fast nach jedem Unterricht bekomme ich ein Dankschreiben. Man kann sich gar nicht vorstellen, wie wohl das tut!

Die Vorträge in den Schulen halte ich seit ungefähr fünfundzwanzig Jahren. Manche Lehrer kommen immer wieder zu mir. Ich frage sie manchmal: »Sagen Sie, Sie sind jetzt schon ein paarmal bei mir gewesen. Ist Ihnen das nicht fad, daß Sie sich das so oft anhören müssen?« – »Nein, Herr Feingold, Sie erzählen es jedes Mal anders!« Das ergibt sich natürlich auch durch die verschiedenen Fragen der Schüler. Sie sind zwar manches Mal sehr fragefaul, aber ein anderes Mal hat wieder jeder eine Frage – und jede Frage ruft irgendeine Erinnerung in mir wach. Es gibt natürlich auch Fragen, die immer wieder kommen. Ich sehe den Schülern zum Beispiel ganz genau an, wie sie überlegen, wie alt ich sein könnte! Dann kommen immer Fragen über meine Familie. Wenn ich ihnen von Neuengamme und meinem Transport nach Dachau erzähle, wollen sie natürlich immer wissen, was aus meinem Bruder in Neuengamme wurde.

Die Arbeit mit den Schülern gibt mir viel. Meines Erachtens fehlt in Österreich noch immer die Aufklärung über das Judentum und über die Zeit des Nationalsozialismus. Es gibt doch nach wie vor keiner zu, wie es wirklich war. Damit haben wir nach 1945 nicht gerechnet. Wir dachten eher, die Leute würden jetzt kommen und sich beklagen, daß sie hineingelegt und belogen worden waren. Das hätte ich alles noch gefressen, denn sich weigern war ja tatsächlich mit Todesgefahr verbunden. Aber wie soll man auf einen grünen Zweig kommen, wenn niemand etwas zugibt? Deshalb brauchen wir

Aufklärung. Die Großeltern leugnen, etwas gewußt zu haben oder dabeigewesen zu sein. Die Söhne, die heute um die fünfzig Jahre alt sind, bekamen von ihren Eltern nichts mit. Denen sagte man einfach: »Frag nicht soviel, du sollst es besser haben.« Die Hoffnung steckt heute in der Jugend. Das sind die, denen man eine Aufklärung darüber schuldig ist, wie es wirklich war. Mein Motto ist: »Mir ist die schlechteste Demokratie lieber als die beste Diktatur.«

Ich stehe auf dem Standpunkt: Auch wenn es nicht viel nützt, aber wenn ein einziger Schüler in der Klasse meine Worte beherzigt, bin ich schon zufrieden! Wenn man versucht, jemanden zu überzeugen, gelingt es eben bei dem einen und bei dem anderen nicht.

Wenn meine Generation gestorben ist, wird es vielleicht einfacher, denn die Jugend wird heute durch die Alten immer noch beeinflußt. Was tut zum Beispiel ein Sechzehnjähriger beim Kameradschaftsbund? Was soll er dort lernen? Dann lese ich immer wieder die Todesanzeigen in den Zeitungen: »Teilnehmer des Zweiten Weltkriegs«. Der Zweite Weltkrieg ist als verbrecherisch verurteilt worden – ist es eine Ehre, daran teilgenommen zu haben? Ich kann das nicht verstehen. Vielleicht bin ich ein Depp, aber ich kann nicht verstehen, warum man sich mit etwas rühmt, das ein Verbrechen war. Selbst SS-Angehörige rühmen sich, dabei könnte man doch in Bausch und Bogen sagen, daß jeder SS-Mann irgendwann einmal Butter am Kopf und Blut an den Händen hatte. Die Leute geben einfach nichts zu. Daß jemand in jungen Jahren dazukam, HJ-Führer wurde und dann zur SS kam, das kann ich sehr gut verstehen. Nur wenn dabei die Hände blutig geworden sind, kann ich das nicht mehr verstehen, da komme ich nicht mehr mit. Wenn nur einer heute zugäbe: »Ja, wir meinten damals, wir können nicht anders, heute sehen wir, daß wir belogen wurden.« Auf diesen Satz warte ich. Wenn alle das zugeben würden, hätten wir mit einem Streich das Problem gelöst, das wir so wahrscheinlich noch fünfzig Jahre nachschleppen werden.

Bei den Vorträgen gibt es immer wieder Schüler, die auf Konfrontation gehen. Ab und zu sagen mir die Lehrer, wenn ich komme: »In der Klasse sind zwei, auf die müssen Sie achtgeben.« Wenn die mir irgendeine Fangfrage stellen würden, wäre ich natürlich vorbereitet, aber bis jetzt ist nichts geschehen. Ich sage den Lehrern meistens: »Lassen Sie ruhig, ich werde schon fertig mit denen.« Meistens fällt mir gleich zu Beginn irgendein Blödsinn ein, bei dem alle lachen und entwaffnet sind. Außerdem habe ich für alles, was ich sage, Belege mit. Ich habe immer meine Aktentasche mit verschiedenen Dokumenten dabei. Es ist mir noch nie passiert, daß ein Schüler gesagt hätte, das stimmt alles nicht. Es kam nur vor, daß sich Eltern beschwerten, die etwas mißverstanden hatten, was die Kinder zu Hause erzählten. Die stellten mich dann zur Rede oder schrieben einen Leserbrief an eine Zeitung, daß das ungehörig sei, was ich sage. Aber mit Schülern selbst hatte ich noch keine negativen Erfahrungen.

In letzter Zeit werde ich oft gefragt: »Haben Sie den Film ›Schindlers Liste« gesehen?« Ich antworte dann: »Ja, es ist zwar ein Film, aber er ist realistisch, es könnte so gewesen sein. Ich habe sogar einen Ausweis hier von jemanden, der durch Schindlers Liste gerettet wurde.« Am Wissensstand der Schüler hat sich im Laufe der Zeit eigentlich nichts verbessert. Auch von der Anne-Frank-Ausstellung, die 1997 in Salzburg fast alle Kinder gesehen haben, ist eigentlich nichts hängengeblieben. Darum halte ich die Zeitzeugenvorträge für so wichtig, einfach wegen des persönlichen Kontakts. Die Lehrer sagen mir, zum ersten Mal wären die Kinder einem Juden begegnet, zum ersten Mal wären sie in einer Synagoge gewesen, zum ersten Mal hätten sie die Geschichte von jemandem gehört, der selbst im KZ war.

Bei den Vorträgen in der Schule geht es auch um die jüdische Religion. Die Lehrer müssen die Weltreligionen unterrichten, und da ist es für sie praktisch, zum Feingold zu gehen, wenn das Judentum drankommt. Ein Teil meines Vortrages geht immer für die Religion auf. Natürlich lernt jeder über das Alte Testament, aber es bleiben Lücken. Das Alte Testament selbst ist ja noch keine Religion. Die Schüler sollen auch einmal sehen, wie eine Synagoge und eine Thora aussieht, wie der Gottesdienst abgehalten wird. Ich sage den Schülern immer: »Ihr habt ein Gebot wie wir: Du sollst keine Götzen neben mir haben. Die Kirchen sind aber voll mit Götzen und Bildern!« Ich entschuldige das aber gleichzeitig und sage, man muß ein Auge zudrücken und der Kirche recht geben, denn wo wären sonst die berühmten Künstler geblieben? Aber das Judentum ist eben eine sture Religion ohne Reformen. Wie es vor dreieinhalbtausend Jahren war, als Moses am Berg Sinai stand, so halten wir auch heute noch die Feiertage, wenn es natürlich auch ein paar Kunstgriffe gibt. Ich erzähle den Schülern, daß man am Sabbat kein Licht machen darf, sehr wohl aber elektrische Uhren programmieren kann, die das Licht von selbst einschalten! Das gefällt ihnen, wenn ich das erzähle. Manchmal erzähle ich den Schülern auch spaßeshalber, daß wir zwar Fische essen dürfen, die Schuppen und Flossen haben, aber keine Schalentiere und auch keinen Aal. Ich sage dann immer dazu, daß ich den Aal doch einmal kostete – nur um zu erfahren, warum er mir verboten ist! Ich kann den Schülern das Judentum durchaus näherbringen, ohne dabei selbst sündenlos leben zu müssen. Denn das könnte ich nicht! Ich mußte mich daran gewöhnen, in Sünde zu leben.

Ich werde von den Kindern oft gefragt, ob ich religiös bin. Dann frage ich zurück: »Wer von euch sagt das Morgengebet? Wer betet zu Mittag?« Da gehen zwei, drei Hände hoch. »Na seht's, dasselbe haben wir auch. Vielleicht sind bei uns einige sogar religiöser, denn bei uns gehen die Leute zumindest viermal im Jahr in die Synagoge, und bei euch gehen viele nur zweimal pro Jahr in die Kirche.« – »Wieso?« – Sag' ich: »Einmal im Frühjahr und einmal im Herbst, um das neue Gewand zu zeigen! Unsere Leute müssen viermal im Jahr in die Synagoge gehen, weil viermal ein Seelengottesdienst gesprochen wird, dem fast alle Juden beiwohnen wollen. Das ist unser Vorteil, da sind wir doppelt so fromm wie ihr!«

Seit ungefähr zwanzig Jahren bin ich auch im »Christlich-Jüdischen Dialog« aktiv, seit ungefähr zehn, fünfzehn Jahren als Vizepräsident. Jetzt soll jemand anderer meine Stelle übernehmen, ich wurde zum Ehrenpräsidenten gemacht. Der Sinn und Zweck des »Christlich-Jüdischen Dialogs« ist Aufklärung. Aufklärung tut not, kein Österreicher ist frei von Vorurteilen. Das Problem ist insbesondere die Fremdenfeindlichkeit, weil damit immer auch die Juden gemeint sind. Auf der einen Seite sagen die Leute, sie sind keine Antisemiten, auf der anderen Seite gelten die Juden als Fremde. Man darf den Dialog nie aufgeben, muß es immer wieder versuchen. Ich hielt schon in so vielen Pfarrämtern Vorträge, vor denen mir die Pfarrer immer wieder sagten: »Wissen Sie, bei uns kommen höchstens zwanzig bis fünfundzwanzig Leute.« Dann mußte man anfangen, Stühle hereinzutragen, weil immer mehr Leute kamen. Ich glaube, daß diese Vorträge etwas nützen. Ich bekam viele positive Rückmeldungen.

Vor einigen Jahren organisierten wir mit Hilfe des hiesigen Jüdischen Kulturzentrums in Salzburg die Ausstellung »Sag beim Abschied ...« über jüdische Wienerlied- und Operettenkomponisten. Es war eine finanzielle Pleite, aber die Besucher waren so dankbar, daß wir diese hervorragende Ausstellung nach Salzburg gebracht hatten. Beim Hereingehen sah man gleich das Bild von Gustav Pick, der so wunderbare Heurigenlieder geschrieben hat – kein Mensch wollte glauben, daß das ein Jud war! Und der Jude Hermann Leopoldi, hat der vielleicht wenige Wienerlieder geschrieben? Gibt es bessere aus der damaligen Zeit? So etwas muß man den Leuten erst beibringen.

Weil i a Weaner bin
Salzburg, Wien, Amerika oder Palästina?

Im Februar 1946 war ich auf Skiurlaub am Arthurhaus. Dorthin bekam ich von der UNRRA ein Telegramm, in dem es hieß, ich solle mich am nächsten Morgen stellen, es gehe ein Transport nach Amerika ab, und ich sei dabei. Ich war schockiert, daß man mich so schnell rief, obwohl ich mich als einer der letzten in meinem Bekanntenkreis zur Auswanderung nach Amerika gemeldet hatte. Ich rief an und ließ mich entschuldigen. Im Jahr 1946 bekam ich noch mehrere Male solche Telegramme, bis ich dann eines Tages hinging, und man mir schließlich sagte: »Wissen Sie was, wir legen Ihren Akt zurück. Wenn Sie eines Tages fahren wollen, kommen Sie her, und beim nächsten Transport sind Sie dabei.« Ich ging nie nach Amerika, ich blieb hier. Dreimal darf man raten, warum: Meine Frau steckte dahinter! Ich blieb wegen meiner Frau und – wegen Eduard Goldmann! Goldmann lag meiner Frau nämlich immer in den Ohren: »Wenn du ihn fahrenläßt, kommt der nie wieder!« Ich hatte nämlich gesagt, ich bliebe nur für ein paar Monate in Amerika und käme dann zurück. Aber Goldmann redete meiner Frau ein, daß ich nie wieder kommen würde, wenn ich erst einmal weg wäre. Also fuhr ich nicht. Was weiß man, was besser ist! Die Amerikaner gaukelten mir immer vor, mir würde es in Amerika bessergehen. Sie gaben mir zu verstehen, Leute wie mich könnten sie brauchen. In Österreich hatte ich aber auch mein täglich Brot und mußte die amerikanische Schwerarbeit nicht leisten, die dort wahrscheinlich auf mich zugekommen wäre. Außerdem wollte ich damals meine Arbeit mit den Flüchtlingstransporten nicht zurücklassen. Ich wußte, hier gibt es Tausende und Abertausende von Juden, die weitertransportiert werden mußten. Das hätte sonst keiner machen können, die Autos hätten umgeschrieben werden müssen, es hätte viele Schwierigkeiten gegeben.

Nachträglich betrachtet bin ich froh, in Österreich geblieben zu sein. Ich hörte einmal jemanden sagen: »Wenn Sie viel verdienen wollen, schauen Sie, daß Sie so schnell wie möglich nach Amerika kommen. Wenn Sie ein gutes Leben haben wollen, bleiben Sie da.« Ich hatte lieber das gute Leben als das große Vermögen.

Auch an Palästina hatte ich kein Interesse – dort sind mir zuviel Juden! Ich bin in einer gemischten Bevölkerung aufgewachsen, mit der lebe ich zusammen, das beherrsche ich, und das behagt mir. Zumindest früher hatten wir die gemischte Bevölkerung, immerhin lebten nach 1945 in der Stadt Salzburg fünfhundert Juden. Sie gingen erst weg, nachdem sich Österreich immer antisemitischer darstellte. Das betraf mich natürlich auch, aber ich konnte mich leichter dagegen durchsetzen. Außerdem hätte ich in Israel von vorne anfangen müssen, und für einen Neubeginn fühlte ich mich schon zu alt.

Ich hätte natürlich auch nach Wien zurückgehen und dort ein Geschäft aufmachen können, aber dafür hatte ich mich schon bald zu sehr an Salzburg gewöhnt. Ich hatte eine Wohnung hier, ein Auto, viel Bequemlichkeit. Ich sah keinen Grund, nach Wien zu gehen. Mir war Wien nach dem Krieg zu roh, die Zoneneinteilungen, das paßte mir alles nicht. Als junger Bursch hatte ich im Filmatelier etwas gelernt: Das, was das Filmauge sieht, ist schön – aber dahinter ist die Bretterwand. So kam mir Wien damals vor. In Salzburg war es gemütlicher. Außerdem wurde ich hier mit diversen Aufgaben so eingeseift, daß mir gar kein Ausweg blieb. Natürlich war ich zwischendurch einige Male in Wien, sei es wegen verschiedener Papiere, wegen der Arbeit, wegen der Kultusgemeinde. Ich schaute mich bei diesen Gelegenheiten auch um, welche Chancen ich in Wien hätte, aber ich fand nichts Besseres, und dann gewöhnte ich mich langsam an die schöne Stadt Salzburg!

Wenn mich jemand fragt, sage ich: »Die Stadt gefällt mir, die Umgebung gefällt mir, die Berge gefallen mir, die Natur gefällt mir, die Menschen muß ich nicht sehen.« Salzburg ist wirklich sehr schön. Nehmen wir ein Beispiel: Ich stehe irgendwo am Mirabellplatz. In welche Richtung soll ich gehen, daß ich nicht in fünf Minuten in einer schönen Naturlandschaft bin? Ich brauche keine Straßenbahn, ich brauche kein Auto, ich brauche gar nichts.

Ob ich ein Salzburger bin oder ein Wiener? Ich bin kein Wiener mehr. Das ist zu lange her, und ich habe auch viel mehr Zeit meines Lebens in Salzburg als in Wien verbracht. In Wien war ich bis 1938, also nicht einmal fünfundzwanzig Jahre, wenn man meine Zeit im Ausland mitbedenkt, und in Salzburg bin ich seit 1945. Die Kindheitserinnerungen bleiben mir natürlich. Wenn ich in Wien bin und in den Prater gehe, kann ich mich genau erinnern, wo was war. Mein Geschäft in Salzburg nannte ich auch »Wiener Mode«. Warum eigentlich? »Weil i a Weaner bin!« Zumindest 1948, als ich das Geschäft eröffnete, war ich das noch. Aber jetzt würde ich sagen, ich bin ein Salzburger.

Die vier Feingold-Kinder, um 1921
Von links: Fritz Nathan, Rosa Rachel, Ernst Ehul,
Max Mordechai

Links: Mutter Cilly Cypre Feingold, geborene Fuchs
Rechts: Vater Heinrich Chaim Feingold

Die vier Feingold-Kinder mit Tante Manja im Wiener Prater

Von links: Tante Sali Schaffer (Stiefschwester des Vaters), Sophie, Erika (Tochter von Sali, sie kam in Auschwitz um), Paul Schaffer (Sohn von Sali, lebt in Paris), Gittel Skurmann (Großmutter), Clara Schwarz (jüngste Stiefschwester des Vaters, lebt in Florida); Wien, um 1933/34

*Von links oben: Schwester Rosa, Bruder Fritz Nathan,
Bruder Ernst*

Die Brüder Ernst und Marko M. Feingold im San Remo der dreißiger Jahre

Bittbrief Marko M. Feingolds vom 3. Oktober 1943 an den Ältestenrat der Kultusgemeinde Wien aus dem KZ-Buchenwald

K.-L. Buchenwald

4. Karte: 23.6.43

Feingold, Markus Häftlings-Nr. **8448**
(Vor- und Zuname)

geb. am 20.5.13 zu .... Fahrgeld ....

Datum 1943	Zugang		Abgang		Bestand	
	RM	Rpf	RM	Rpf	RM	Rpf
Übertrag:	963,	09	873,	09	90	-	Sch.
5.7.43	10.	-			100.	-
7.7.			32	-	68	-
28.7.	10.	-			78	-
	983	09		09	68	
	10.	-			58	-
21.8.43	10	-			68	-
			30	-	38	-
	1003	09	965	09	38	-
8.Sep.1943	10	-			48	-
18.9.43	10.	-			58	-
26.9			33	-	25	-
	1023	09	998	09	25	-
	10				35	-
	1033	09	998	09	35	
Übertrag:	10	-			45	-
	10.	-			55	-
Übertrag.	1053.	09	998.	09	55.	-	Sch.

Kontoführung im KZ-Buchenwald

Marko M. Feingold, 1946

*Das frisch verliebte Paar Marko M. Feingold und
seine erste Ehefrau Else, 1947*

Hochzeitsfoto, 1947

Sportiver Urlaub in Velden, 1951

*»Wiener Moden« in Salzburg
Das erste Geschäft*

Eine von vielen Ehrungen. Die Verleihung des Goldenen Verdienstkreuzes durch den Salzburger Landeshauptmann Wilfried Haslauer am 9. Mai 1988

Herzl Wieder von der Israelitischen Kultusgemeinde Salzburg und Marko M. Feingold mit dem aus Amerika stammenden Rabbiner David Nussbaum (in der Mitte) nach dessen Ankunft 1990

Juni 2000

Herr MARKO FEINGOLD!

Sie brauchen sich nicht zu wundern warum Ihr Juden immer unbeliebter werdet. Nach 55 Jahren noch zu fordern von dem dummen deutschsprachigen Volk ist eine Frechheit, gibt es eine Kollektive Schuld? Und sollen vielleicht die Urenkel in 100 Jahren auch noch bezahlen. es wäre kein Wunder. Wie in der Zeitung zu lesen schimpft Ihr über die FPÖ aber S 400.000 habt Ihr doch angenommen, ich bin sofort aus der FPÖ ausgetreten ich bin nicht bereit für Euch nur S 1,- zu bezahlen. Die Deutschen und Österr. die nach dem Kriege aus Rumänien Yugoslawien, Tschechei u.s.w verjagt wurden bekommen keinen müden Ö.S.

Alltag für Funktionäre der Israelitischen Kultusgemeinde in Österreich: einer von vielen Schmähbriefen; erste Seite

Wie man in einigen Zeitungen liest haben einige von Euch schon die Koffer gepackt zur Ausreise, denen wünsche ich eine gute Reise und ein nie mehr Wiedersehen auf deutsch-sprachigem GEBIET. Dies ist auch die Meinung von sehr vielen meiner FREUNDE und Bekannten. Meinen Namen u. Adresse möchte ich nicht bekannt geben, sonst ist man bei Euch ein Nazi od. Russist. Es gibt nur leider keinen Politiker der den immer wieder FORDERungen einhalt gebietet kein Wunder bei Politikern wie Petrovic, Stoicitz u.s.w.

Einer von vielen Schmähbriefen; zweite Seite

Hundele u. Schuchale können wir selbst da brauchen wir keine Juden.
Außerdem solltet Ihr einen Besen nehmen und vor Eurer Haustüre in Israel den Dreck wegkehren Ihr seid ja auch nicht besser als das 3. Reich

ein Österreicher

Einer von vielen Schmähbriefen; dritte Seite

Nachwort

In den letzten Jahren geriet Marko M. Feingold als Präsident der circa hundert Personen umfassenden Israelitischen Kultusgemeinde Salzburgs in den Strudel der österreichischen Innenpolitik. Mit begeisterten Salzburger Bürgerinnen und Bürgern rund um den Facharzt für Zahn-, Mund- und Kieferheilkunde Helmut Mayer gründete er ein »Jüdisches Kulturzentrum«. Feingold ist um gute Kontakte zu allen Parteien bemüht, und so wurde es in Salzburg üblich, daß FPÖ-Politiker die von ihm initiierten Veranstaltungen, etwa eine Tagung über Displaced persons, ebenso besuchten wie Vertreter anderer Parteien oder der Salzburger Weihbischof Laun. Es schien demnach selbstverständlich, zum Gelingen des Projektes »Jüdisches Kulturzentrum« auch die FPÖ um eine Unterstützung zu bitten. Zufälligerweise kamen 1997 der damalige FPÖ-Vorsitzende, Jörg Haider, und seine spätere Nachfolgerin Susanne Riess-Passer zu einer Besprechung dazu und sicherten der Initiative eine Förderung seitens der Partei von achthunderttausend Schilling zu. Davon wurden bislang vierhunderttausend in Anspruch genommen. Ganz anders als der Präsident der Wiener Israelitischen Kultusgemeinde Muzikant handelte sich Feingold den Ruf eines Befürworters einer Regierungsbeteiligung der FPÖ Jörg Haiders ein, der vor allem wegen seiner Äußerungen zur NS-Vergangenheit umstritten war. Dazu trug auch bei, daß Feingold zur Zeit der Regierungsverhandlungen 1999 auf Anfrage einer Salzburger Zeitung folgende Aussage machte: »... ich kann schon mit dem Haider reden, ich bin sehr gut mit ihm. Nur hat er meine Empfehlung nicht befolgt, seine Kanten abzuschleifen. Ich verstehe auch nicht, warum keine der Parteien mit ihm will. Ich bin dafür, daß er in der Regierung mittun soll. Nicht gerade als Außenminister, aber vielleicht bei den Finanzen, er ist ja eh gut im Geldverteilen. Und Bundeskanzler sollte er auch nicht werden, das wäre das Ende Österreichs, das geht nicht gut.«[1] Nach der Regierungsbildung im Jahr 2000, der tatsächlichen Regierungsbeteiligung der FPÖ und dem EU-Boykott gewann diese Position an Brisanz und wurde abermals öffentlich aufgerollt. Gegenseitig bestätigten einander Feingold und die FPÖ jedoch, daß die ehemalige Förderung ohne politische Hintergedanken gegeben bzw. angenommen worden war.[2] Als die Vizekanzlerin der ÖVP-FPÖ-Regierung, Riess-Passer, den Sederabend in der Salzburger Synagoge besuchen wollte, wurde Marko M. Feingold die Sache dann doch zu heiß, und er lehnte es ab, eine Einladung auszusprechen. Zu offensichtlich war die drohende Instrumentalisierung seiner Person.

Dieser Vorfall irritierte eine für Salzburg spezifische Tradition, in der der Präsident der Israelitischen Kultusgemeinde gute Kontakte zu allen Parteien pflegt. Marko M. Feingold ist zu einer Persönlichkeit des öffentlichen Lebens geworden. Kontinuierliche Einladungen an ihn sollen das Bemühen der Politiker signalisieren, mit der NS-Vergangenheit offen umzugehen. Die zahllosen Auszeichnungen, die er bislang erhielt, honorieren seine Partizipation daran. Die Sammlung von Orden, die er mit seinem Wiener Schmäh als »Blechpletschn« bezeichnet, ist eindrucksvoll. Den Höhepunkt dieser öffentlichen Anerkennung signalisiert die Verleihung des Hofrattitels am 21. Oktober 1991. Der Bundesverband aller Israelitischen Kultusgemeinden Österreichs, dessen Vizepräsident er war, schlug ihn dafür vor, und Unterrichtsminister Scholten zeichnete ihn mit dem »Berufstitel« Hofrat für seine engagierte Tätigkeit als Zeitzeuge aus. Daß er jemals ein Hofrat werden würde, hätte ihm sein Vater wohl wirklich nie geglaubt. Aber leider bedurfte es dazu einer leidvollen Lebensgeschichte, des Überlebens mehrerer Konzentrationslager.

Das Titelfoto dieses Buches irritierte uns als Herausgeber

---

[1] Salzburger Fenster, Nr. 24, 1999, S. 7.
[2] Salzburger Nachrichten vom 26. und 27. April 2000, Regionalteil, jeweils S. 3.

zunächst: der gebügelte, gestreifte KZ-Anzug mit den polierten Schuhen und das offensichtlich stattliche Gewicht von Marko M. Feingold entsprachen nicht dem Klischee des ausgemergelten, geschundenen KZ-Häftlings. Lange nach Abschluß unserer Interviews und der Fotorecherchen stellten wir endlich die Frage: »Wie kam es dazu?« Marko M. Feingold zeigte uns die Jacke, die er am Schluß in Buchenwald getragen hatte. Sie ist dunkelblau, markiert von mehreren »KL«-Stempelaufdrucken, wobei »KL« für Konzentrationslager steht. Er und andere Häftlinge hätten sich nach der Befreiung von Buchenwald das gestreifte KZ-Gewand nur für ein Erinnerungsfoto ausgeborgt. Das sei schon in den »goldenen Zeiten« gewesen, etwa drei bis vier Wochen nach der Befreiung, und das Essen habe sich schnell in einer ansehnlichen Gewichtszunahme ausgedrückt. Die Schuhe hingegen seien noch immer die mit dem SA-Zeichen gewesen, die er früher »organisiert« hatte. Das Foto sei vor dem Versuchsblock aufgenommen worden. Aber wer hatte im KZ einen Fotoapparat? Ein Mithäftling namens Epstein sei sehr geschickt gewesen und habe einen Fotoapparat und Filme dazu aufgetrieben. Er habe aus allem ein Geschäft gemacht, aus dem Fotografieren eben auch.

Daß auch wir den stereotypisierten »Geschichtsbildern« aufgesessen sind, ist ein kleiner Fingerzeig dafür, daß es eben nicht »eine« Geschichte gibt, sondern daß Nachforschungen ein weitaus vielschichtigeres Bild ergeben. Besonders im Bereich der »Erinnerung« kursieren oftmals verschiedene Beschreibungen, Interpretationen und Bewertungen des Erlebten. Es sollte demnach nicht verwundern, daß es auch unter den Zeitzeuginnen und Zeitzeugen verschiedene Versionen ein und desselben Ereignisses gibt. Welche Funktion damals jemand einnahm, spielt dabei ebenso eine Rolle wie beispielsweise die damalige und spätere politische Gesinnung. Im vorliegenden Buch widerspricht Marko M. Feingold vor allem der von den Kommunisten und seinem Blockältesten, Emil Carlebach, kolportierten Version der Selbstbefreiung der KZ-Häftlinge in Buchenwald.

Auch oftmals allzu glatte Bilder einer Persönlichkeit können im Rahmen einer intensiven Auseinandersetzung pointiertere Facetten bekommen. Marko M. Feingolds Bild in der Öffentlichkeit beschränkt sich im allgemeinen auf die Schlagworte Jude, KZ-Überlebender, Präsident der Kultusgemeinde, Zeitzeuge – und damit auf die Zuordnung als Opfer. Im Rahmen des Interviews waren wir nicht selten verblüfft, einem Mann gegenüberzusitzen, der oftmals aber auch gar nichts mit dieser stereotypen Zuordnung gemein hatte. Ein Projekt wie dieses ermöglicht zumindest ansatzweise, an vorgefaßten Außen- und Innendarstellungen einer Biographie zu kratzen und ein etwas differenzierteres Bild eines Menschen und seiner Geschichte zu gewinnen.

Marko M. Feingold ist »der« Zeitzeuge in Salzburg. Uns als Zeithistoriker, die zufällig in Salzburg arbeiten, schien es selbstverständlich, jenen Mann zu porträtieren, der für ganze Schülergenerationen das Bild von der Shoah und der Geschichte der Juden in Österreich prägte. Gleich vorweg: Uns verband nie Freundschaft. Trotz der Distanz hat uns eine Facette der Persönlichkeit von Marko M. Feingold ganz besonders fasziniert: Er ist ein Wiener in Salzburg, ein ehemaliges Praterkind voll des Wiener Schmähs, immer ein bißchen frech und verschmitzt. Wir sahen in ihm immer den Praterstrizzi, aber den Begriff lehnt er für sich selbst ab, waren damit doch ganz andere »Typen« gemeint. Mit seinem Wiener Schmäh vermittelte er den Schülerinnen und Schülern auf einzigartige Weise die tragische Geschichte der Shoah. Die von ihm gesetzten Pointen nehmen der KZ-Realität die Spitze des Unerträglichen. Mit seinem besonderen »Schmäh« ist er auch zutiefst ein Österreicher und führt alle Klischees ad absurdum, die die Juden als »Fremde« und als »Andere« stigmatisieren. Diese Klischees waren aber eine Voraussetzung für den Genozid, die Shoah.

Viele Projekte haben eine lange Genese, so auch dieses. Schon vor Jahren wollten wir damit beginnen, eine Biographie von Marko M. Feingold herauszubringen. Das ökonomische Problem derartiger Projekte liegt vor allem in der Finanzierung der zeitaufwendigen Transkription und der Textbearbeitung.

Als die »Wehrmachtsausstellung« 1998 in Salzburg weitaus mehr Besucher, nämlich knapp zwanzigtausend, als erwartet hatte und ein Überschuß blieb, wurde der Betrag in Absprache mit dem Veranstalter, dem Hamburger Institut für Sozialforschung, für dieses Projekt und ein weiteres über Zwangsarbeiter im Oberpinzgau verwendet. Absurdes Detail am Rande: Der Betrag für dieses Buch beruht vor allem auf einer Rückerstattung der »Vergnügungssteuer« an die Organisatoren der »Wehrmachtsausstellung« durch den Salzburger Gemeinderat. Die Abstimmung war mit dem denkbar knappsten Ergebnis ausgegangen: mit einer Stimme Mehrheit! Eine entscheidende Stimme stammte übrigens von einem ehemaligen Mitglied der Waffen-SS.

Marko M. Feingold war Mitglied im Verein »Erinnern!«, der die Ausstellung nach Salzburg brachte. Und er war einer derjenigen, die der Unterstellung der Kollektivschuld entschieden entgegentraten, da er als KZ-Überlebender sehr genau weiß, daß selbst die Täter über einen breiten Handlungsspielraum verfügten, der über Leben und Tod entscheiden konnte.

Die Arbeit mit Zeitzeugen gestaltet sich aus der Sicht der Historiker nicht unbedingt einfach. Da ist die Angst vor den schon mehr als hundert Mal erzählten Geschichten, die eher Erinnerungen an Erzählungen sind, denn Erinnerungen an damals Geschehenes, die Angst vor Erinnerungen, die sich gerne mit Angelesenem vermischen und die durch Wiederholung in ihren Pointen schon bestens erprobt sind. Zudem mischt sich sehr viel an Geschichtsinterpretation in die Erzählstruktur, da Zeitzeugen oft auch die Rolle von Geschichtslehrern übernehmen müssen. Trotzdem schien es uns das Risiko wert. In einem derart extensiven, zweiwöchigen Interview, wie es hier geführt wurde, ergeben sich durchaus auch andere Perspektiven, bei denen der Zeitzeuge sich gezwungen sieht, den sicheren Pfad standardisierter und erprobter Erzählmuster zu verlassen. Im vorliegenden Fall gilt das etwa für die eigene Familiengeschichte bzw. die Geschichte der Kindheit und Jugend. Hier besticht Marko M. Feingold zuweilen mit einer Offenheit, die manchmal verblüfft und die sicherlich zum historischen Wert dieses Buches wesentlich beiträgt. Wir finden es aber auch positiv, daß er manche Geheimnisse bewahrte, die wir nicht zu entschlüsseln wußten. Vielleicht liegt es daran, daß er ein KZ-Überlebender ist, ein Mensch, der einen Teil seines Überlebens auf einem anderen Planeten verbrachte, dessen Namen mit Auschwitz, Neuengamme, Dachau und Buchenwald reale Orte auf dieser Welt bezeichnen. Wir sind uns dessen bewußt, daß Sprache und Erinnerung den Schrecken der KZs nicht wirklich nahe kommen können. Das Gefühl der Bedrohung, der Anspannung, unter dauernder Lebensgefahr zu stehen, läßt sich nachträglich in Form von Sprache kaum vermitteln. Die Kunst hat hier noch mehr Möglichkeiten, aber auch sie schafft nur eine Annäherung.

Wie manifestiert sich der Schrecken in der Erinnerung? Es sind jeweils einzelne Schlüsselelemente, in denen er sich bündelt. Der Mord an seinem Bruder Ernst, mit dem er in Auschwitz und Neuengamme zusammen war, und den er dort zurücklassen mußte, ist für Marko M. Feingold sicherlich noch heute am schmerzhaftesten. Ernst starb im Jänner 1942 im Alter von dreißig Jahren.

Jemand, der in seiner Erinnerung so oft die Tür zu einem Leben öffnet, das derart bedroht war, benötigt einen Schutz. Dieser Schutz zeigt sich manchmal in der Verwendung des Wortes »man« statt eines »ich«. Es scheint leichter, die Erinnerung in einem Gemeinsamkeit signalisierenden »man« auszudrücken als in einem ausgelieferten »ich«.

Die Nationalsozialisten setzten auf die Entmenschlichung der Opfer, denn bei den Tätern, Zuschauern und scheinbar Nicht-Betroffenen sollte kein Mitleid mit den Opfern aufkommen. Sie sollten vielmehr froh darüber sein, die vermeintlich von den Juden ausgehende Bedrohung endlich loszuwerden.

Die Entmenschlichung der Opfer ist eine wichtige Voraussetzung für den Genozid, ein Schritt im »Kontinuum der Zerstörung«. Auch diesbezüglich wird ein Schlüssel zur Vermittlung des Schreckens in der Erinnerung sichtbar. Marko M. Feingold war ein körperbewußter junger Mann, der großen Wert auf sein Äußeres legte. Vielleicht lag es auch daran, daß er seine geringe Körpergröße mit dem gediegenen Auftreten zu kompensieren wußte und mit seinen schicken Anzügen und Schuhen sowie einer feschen Frisur offensichtlich Eindruck auf das andere Geschlecht machte. Die Nationalsozialisten setzten bewußt auf die Zermürbung der Opfer, demütigten sie bis zum Schluß. Dazu gehörte es, die Opfer nackt stehenzulassen, dazu gehörte es, ihnen die Haare abzuschneiden, dazu gehörte es, sie durch Arbeit und Hunger zu vernichten. Als sich Marko M. Feingold nach langer Zeit im KZ im Spiegel sah, konnte er nicht glauben, daß dies sein Ebenbild war: »Erst wie ich eine Bewegung gemacht habe, hab' ich gedacht, das bin ich doch. Zwei Knochen, Nase und Kinn, das war das Gesicht.« In dieser kleinen Szene manifestiert sich der Schock über die Realität des KZs.

Die Bedeutung Marko M. Feingolds liegt noch auf einer anderen Ebene: als Vorsitzender der Israelitischen Kultusgemeinde Salzburgs prägt er die öffentliche Auseinandersetzung zum Themenbereich Juden in Österreich und Antisemitismus. Er ist beständiger Adressat von Schmäh- und Drohbriefen, vor denen er sich aber nicht zu fürchten scheint. Er nimmt sie hin, als gehörten sie zur Normalität des Lebens eines österreichischen Juden, der sich ab und zu öffentlich exponiert.

Abschließend sei jenen Organisationen gedankt, die bei der Realisierung des Buches halfen: dem Gemeinderat der Stadt Salzburg und dem Verein »Erinnern!«, dem Nationalfonds der Republik Österreich für die Opfer des Nationalsozialismus, der Stiftungs- und Förderungsgesellschaft der Paris-Lodron-Universität Salzburg und der Kulturabteilung des Landes Salzburg. Für die ideelle und inhaltliche Unterstützung danken wir Hanna Feingold, die sich in Fragen der Geschichte der Juden in Österreich und der Familiengeschichte ihres Gatten als eine hilfreiche Expertin erwies. Dem in Paris lebenden Cousin von Marko M. Feingold, Paul Schaffer, verdanken wir Informationen über die Familie und einige Familienfotos, wichtige Hinweise verdanken wir Michael John von der Universität Linz, Volker Mund von der KZ-Gedenkstätte Neuengamme und Harry Stein von der KZ-Gedenkstätte Buchenwald. Daniela Ellmauer und Astrid Früh haben bei der Textbearbeitung hilfreich interveniert, vielen Dank. Danke auch an unsere Kinder – an Paul sowie Katharina und Theresa!

Birgit Kirchmayr,
Albert Lichtblau

Anmerkung zur Neuausgabe:
Die Bemerkung im Nachwort hinsichtlich des Coverfotos bezieht sich auf die Erstausgabe des Buches.

Weiterführende Literatur zur Geschichte der Juden in Salzburg

Thomas Albrich (Hg.), Flucht nach Eretz Israel. Die Bricha und der jüdische Exodus durch Österreich nach 1945, Innsbruck–Wien 1998.

Adolf Altmann, Geschichte der Juden in Stadt und Land Salzburg, Salzburg 1990 [Erstauflage 1913 bzw. 1930].

Daniela Ellmauer/ Helga Embacher/ Albert Lichtblau (Hg.), Geduldet, geschmäht und vertrieben. Salzburger Juden erzählen, Salzburg 1998.

Marko M. Feingold (Hg.), Ein ewiges Dennoch. 125 Jahre Juden in Salzburg, Wien–Köln–Weimar 1993.

Günther Fellner, Antisemitismus in Salzburg 1918–1938, Wien–Salzburg 1979.

Weiterführende Literatur über das KZ-Buchenwald

David A. Hackett (Hg.), Der Buchenwald-Report. Bericht über das Konzentrationslager Buchenwald bei Weimar, München 1996.

Emil Carlebach/Willy Schmidt/Ulrich Schneider (Hg.), Buchenwald ein Konzentrationslager. Berichte – Bilder – Dokumente, Bonn 2000.

Erich Fein/Karl Flanner, Rot-weiß-rot in Buchenwald. Die österreichischen politischen Häftlinge im Konzentrationslager am Ettersberg bei Weimar, Wien 1987.

Eugen Kogon, Der SS-Staat. Das System der deutschen Konzentrationslager, Frankfurt 1946 (erscheint in beständig neuen Auflagen).

Lutz Niethammer (Hg.), Der »gesäuberte« Antifaschismus. Die SED und die roten Kapos von Buchenwald, Berlin 1994.

Glossar

Aba Gefen: litauisch-jüdischer Partisan und Freiheitskämpfer, organisierte nach 1945 im Rahmen der *Brichah* die illegale Einwanderung europäischer DPs nach Palästina.

Abessinienkrieg: 1935 überfiel das faschistische Italien trotz des Nichtangriffspaktes von 1928 Äthiopien (damals: Abessinien). König Viktor Emanuel III. wurde zum Kaiser von Abessinien gekrönt. Italien wurde in seinen kolonialistischen Bestrebungen von Deutschland unterstützt, die lange verschleppten Sanktionen des Völkerbundes blieben formal und wirkungslos.

abspritzen: zu den vielfältigen Tötungsarten im KZ gehörten Phenol- und Benzininjektionen.

anmäuerln: Spiel, bei dem Münzen an eine Wand geworfen werden. Der Spieler, dessen Münze am nächsten bei der Wand zu liegen kommt, kann alle geworfenen Münzen an sich nehmen.

anplärren: hier: weinerlich bitten.

Bar Mizwah: [aram. »Sohn der Verpflichtung«]; bezeichnet 1. den jüdischen Jungen, der das 13. Lebensjahr vollendet hat; 2. den Akt der Einführung des Jungen in die jüdische Glaubensgemeinschaft.

Beda-Löhner: Fritz Beda-Löhner (1883–1942) blieb als Schriftsteller relativ unbekannt, während seine Libretti zu den Operetten Lehars und Abrahams und seine Schlagertexte in den zwanziger und frühen dreißiger Jahren in Österreich äußerst erfolgreich waren. Er starb 1942 im KZ Auschwitz.

Berg: Armin Berg (1883, nach anderen Quellen 1884–1956) Kabarettist und Schauspieler, wurde vor allem als Chansonnier bekannt.

Bockerer: Spielfilm von Franz Antel (1981) nach dem Stück von Ulrich Becker. Karl Merkatz spielt die Rolle des Wiener Fleischhauers Bockerer, der sich – obwohl politisch naiv – während der NS-Zeit und des Krieges seine Menschlichkeit bewahrt.

Brichah: [hebr. »Flucht«] illegale Fluchtbewegung, die den Transport von Juden nach Palästina organisierte. Die britische Armee hatte großes Interesse daran, diese Transporte zu unterbinden, da sie bei verstärkter jüdischer Einwanderung eine Verschärfung der ohnehin angespannten Situation in ihrem Mandatsgebiet Palästina befürchtete. Daher war nach 1945 der Übertritt in britisches Besatzungsgebiet die gefährlichste Etappe. Die Transporte führten in Lastwagen über den Brenner nach Italien, zeitweise sogar zu Fuß von Saalfelden aus über den Krimmler Tauern.

Bubbe: [jidd.] Großmutter, Oma.

Buchenwaldlied: Text: Fritz Löhner-Beda, Musik: Hermann Leopoldi; wurde von der SS als offizielles Lagerlied in Auftrag gegeben und Ende Dezember 1938 zum ersten Mal von den Häftlingen gesungen.

Wenn der Tag erwacht, eh' die Sonne lacht,
die Kolonnen ziehn zu des Tages Mühn
hinein in den grauenden Morgen.
Und der Wald ist schwarz und der Himmel rot,
und wir tragen im Brotsack ein Stückchen Brot
und im Herzen, im Herzen die Sorgen.

> O Buchenwald, ich kann dich nicht vergessen,
> weil du mein Schicksal bist.
> Wer dich verließ, der kann es erst ermessen,
> wie wundervoll die Freiheit ist!
> O Buchenwald, wir jammern nicht und klagen,
> und was auch unser Schicksal sei,
> wir wollen ja zum Leben sagen,
> denn einmal kommt der Tag: dann sind wir frei!

Und das Blut ist heiß und das Mädel fern,
und der Wind singt leis, und ich hab' sie so gern,
wenn treu sie, ja treu sie nur bliebe!

Und die Steine sind hart, aber fest unser Tritt,
und wir tragen die Picken und Spaten mit
und im Herzen, im Herzen die Liebe.

O Buchenwald, ich kann ...

Und die Nacht ist so kurz, und der Tag ist so lang,
doch ein Lied erklingt, das die Heimat sang.
Wir lassen den Mut uns nicht rauben.
Halte Schritt, Kamerad, und verlier nicht den Mut,
denn wir tragen den Willen zum Leben im Blut
und im Herzen, im Herzen den Glauben.

O Buchenwald, ich kann ...

Caper: [jidd.]: Werber, der Passanten dazu bringen soll, ein Geschäft zu betreten, und dafür Provision bezieht.

Carlebach: Emil Carlebach (geb. 1914) trat früh der KPD bei und wurde 1933 wegen Verteilung illegaler Flugblätter verhaftet. Im KZ Buchenwald war er Blockältester des »Judenblocks« 22. Heute ist er Vizepräsident des »Internationalen Komitees Buchenwald-Dora«.

Chanukka: [hebr. »Einweihung«], Fest, das im Dezember gefeiert wird in Erinnerung an die 165 v. Chr. von Judas Makkabäus veranlaßte Wiederaufnahme des Jerusalemer Tempeldienstes. Charakteristisch für das achttägige Fest ist das täglich fortschreitende Anzünden der Lichter des achtarmigen Chanukkaleuchters. Für die Kinder gibt es an jedem Tag von Chanukka Geschenke.

Cheder: [hebr. »Zimmer«], traditionelle Grundschule des früheren osteuropäischen Judentums für Knaben vom vierten Lebensjahr an. Stellte den Versuch dar, die religiösen Gebote vereinfacht auch den weniger gebildeten Volksschichten zugänglich zu machen.

Chleba? Chleba? Masla?: [von russ. *chleb*, »Brot« und *maslo*, »Butter«; in dieser Anwendungsform wird im Russischen der

Genitiv gebraucht]: Marko Feingold erinnert sich, wie ihm russische Häftlinge Brot und Butter anboten.

die Katz obigmocht: [wienerisch] die Freundin beleidigt; hier: die Freundin ausgespannt.

DPs: Displaced persons; Flüchtlinge, Vertriebene und befreite Häftlinge bzw. Zwangsarbeiter, zumeist aus Osteuropa, die in den Nachkriegsjahren in DP-Lagern konzentriert wurden. Viele von ihnen waren staatenlos, konnten oder wollten nicht in ihre Heimatländer zurück. Zwischen 1945 und 1948 passierten an die zweihunderttausend DPs Salzburg.

eahm: ihm

Figl: Leopold Figl (1902–1965) war als christlichsozialer Politiker 1938–43 im KZ Dachau, und 1944/45 im KZ Mauthausen inhaftiert. Nach dem Krieg gehörte er zu den Mitbegründern der ÖVP, war von 1945 bis 1953 Bundeskanzler und als »Vater des Staatsvertrags« (den er als Außenminister unterzeichnete) äußerst populär.

Fluchtpunkt: KZ-Häftlinge, bei denen Fluchtgefahr angenommen wurde, mußten unterhalb des farbigen Winkels, der ihre Kategorie angab, und am Rücken einen roten Punkt tragen.

Fotzn: [wienerisch] Ohrfeige. Das Wort stammt entweder vom Mittelhochdeutschen *vatzen* = necken oder dem Tschechischen *facka* = Ohrfeige.

g'schalnt wie ein Graf: In Schale geworfen; außerordentlich gut angezogen.

G'scherte: [wienerisch] In der Regel verstehen Wiener darunter in abfälliger Weise Leute vom Land. Das Wort bedeutet »Geschorener« und bezieht sich noch auf Zeiten, in denen Bauern keine langen Haare tragen durften.

gelbes auf rotes Zeichen: Häftlinge wurden im Konzentrationslager in verschiedene Kategorien eingestuft, die dementsprechend gekennzeichnet waren. Die Kennzeichnung erfolgte in der Regel gut sichtbar an der linken Brustseite der Jacke durch verschiedenfarbige Winkel. Juden trugen einen gelben Winkel, der so über einen roten genäht wurde, daß sich daraus die Form eines sechszackigen Sterns ergab.

gepampft: [wienerisch] hastig gegessen.

Grünbaum: Fritz Grünbaum (1880–1940) war unter anderem künstlerischer Leiter des Kabarett »Simpl« in Wien, wo er mit Karl Farkas die Doppelconférence entwickelte. 1938 wurde er verhaftet und starb 1940 im KZ Dachau.

Grüne: Häftlinge, die wegen einer Straftat ins KZ eingewiesen worden waren (»Berufsverbrecher«), trugen als Kennzeichen einen grünen Winkel.

Grünspan: Herschel Grünspan (bzw. Grynszpan) erschoß den Legationssekretär der deutschen Botschaft in Paris, Ernst von Rath, der zwei Tage nach dem Attentat am 9. November 1938 an dessen Folgen starb. Dies nahmen die Nationalsozialisten zum Anlaß, in Deutschland und Österreich die sogenannte »Reichskristallnacht« in Szene zu setzen. Der aus Deutschland stammende Grünspan war als Jude 1936 aus Deutschland geflüchtet und lebte seit August 1938 illegal in Frankreich. Zur Verzweiflungstat trieb ihn die Nachricht, daß seine Eltern aus Deutschland abgeschoben worden waren.

Gspusi : [wienerisch] Liebschaft

Häfn: [wienerisch, von lat. *capere,* »Behälter«] Gefängnis.

Häuslpapier: Klopapier

Hallodri: lebenslustiger, unzuverlässiger Mensch

Haxn: Beine
Hundsfuada: Schimpfwort im Wienerischen, das sich von Fotze bzw. Hundsfott ableitet.

Ilse Koch: Die Frau des Lagerkommandanten von Buchenwald war unter den Häftlingen wegen ihres Sadismus und Jähzorns gefürchtet. Unter anderem soll sie die Herstellung von Lampenschirmen aus gegerbter tätowierter Menschenhaut angeregt haben. 1947 wurde Koch zu lebenslänglicher Haft verurteilt und beging zwanzig Jahre später im Gefängnis Selbstmord.

jiddische Mame: die sprichwörtliche überfürsorgliche Mutter der jiddischen Volkskultur.

Joint: American Jewish Joint Distribution Committee (AJJDC), meist nur kurz »Joint«: amerikanisch-jüdische Hilfsorganisation.

Jom Kippur: [hebr.] Bezeichnung für den in 3. Mos. 16 gebotenen Versöhnungstag am 10. Tischri (Sept./Okt.); höchster jüdischer Feiertag, ein Tag des Fastens, des Sündenbekenntnisses und der Läuterung.

Kapo: Ein Häftling, der von der SS als Anweisungshäftling für bestimmte Arbeitsgebiete oder Arbeitskommandos eingesetzt wurde.

Kielce: Am 4. Juli 1946 fand in Kielce, Polen, ein Pogrom statt, bei dem 39 Juden getötet wurden, darunter Überlebende der nationalsozialistischen Konzentrationslager. Dieser Pogrom bedeutete für viele europäische Juden ein traumatisches Ende ihrer Hoffnungen auf ein Leben in Europa, da trotz des Endes der NS-Herrschaft das Überleben nicht sicher schien.

Kinderjanker: [bayrisch/österreichisch] Jacke für Kinder.

King-David-Hotel: Am 22. Juli 1946 sprengte ein Kommando des »Irgun Zvai Leumi«, einer radikalen jüdischen Militärorganisation, einen Flügel des Jerusalemer King-David-Hotels in die Luft, in dem die britische Militär- und Zivilverwaltung Palästinas untergebracht war. Der Irgun kämpfte gegen die britische Mandatshoheit in Palästina und für einen jüdischen Staat.

Klumpert: hier: minderwertige Ware

koscher: [hebr. *kascher,* »sauber«]: Bezogen vor allem auf die biblischen Speisevorschriften, die Kashrut, die u.a. den Entzug des Blutes aus dem Fleisch beim Schlachtvorgang, die strenge Trennung von Fleisch- und Milchprodukten sowie das Verbot des Verzehrs von Meerestieren ohne Schuppen und Flossen (Muscheln) anordnet. Schweine fallen unter das Speiseverbot, weil sie zwar voll gespaltene Hufe haben, aber keine Wiederkäuer sind. Der Begriff »koscher« wird aber auch in Bezug auf rituelle Gegenstände verwendet.

Kummerln: [österreichisch] herabsetzend oder liebevoll: Kommunisten.

Krowoten: [wienerisch] herabsetzend für Kroaten bzw. vom Balkan Stammende.

Lackln: [wienerisch] große bzw. grobschlächtige Burschen.

Lagerkommandant Koch: SS-Standartenführer Karl Otto Koch (1897–1945) war von 1937 bis 1941 Kommandant des KZ Buchenwald. Später wurde er ins Lager Majdanek versetzt. Koch wurde schließlich wegen Betrugs und Diebstahls angeklagt und im April 1945 in Auschwitz von der SS exekutiert.

Landkiberer: [wienerisch] Landgendarm.

Latrinenparole: [KZ-Sprache] Gerücht, das in der Latrine (oft der einzige Treffpunkt im KZ oder Gefängnis) weitergegeben wurde bzw. von der SS in Umlauf gebracht wurde.

Leiwand-Hackn: [wienerisch] angenehme Arbeit

Leopoldi: Hermann Leopoldi, eigentlich Ferdinand Kohn (1888–1959), komponierte zahlreiche Wienerlieder und trat als Schauspieler und Revuekünstler unter anderem im Ronacher in Wien auf. 1938 im KZ interniert, gelang es ihm 1939, ins Exil in die USA zu gehen, wo er bis 1947 blieb.

Lubawitscher: chassidisch Form des Judentums.

Luftgeschäft: Geschäft, bei dem so wenig Ware und Geld umgesetzt wird, daß es fraglich ist, wovon der Händler überhaupt leben kann. Gemeint waren sehr oft die verarmten jüdischen Händler im Osten Europas.

Machorka: russischer Tabak.

Märzveigerln: »Märzveilchen«, herabsetzender Name für jene Österreicher, die sich sofort nach dem Einmarsch im März 1938 um die Parteimitgliedschaft in der NSDAP bewarben – benannt nach den Veilchen, die im März oft über Nacht aus dem Boden schießen.

Mazzes: [plur. hebr. Mazoth] ungesäuerte Brotfladen, die zu Pessach zur Erinnerung an den Auszug der Juden aus Ägypten gegessen werden. Der rasche Aufbruch ließ den Juden keine Zeit mehr, Sauerteig anzusetzen, das Brot wurde ungesäuert gebacken und verzehrt.

Mischpoche: [jidd.] Familie, engere Verwandtschaft.

Moskauer Deklaration: Eine Erklärung der Alliierten vom 30. Oktober 1943 benennt Österreich als »erstes Opfer« der hitlerdeutschen Aggression und erklärt den Anschluß für null und nichtig. Dies diente später als Basis für die Haltung des offiziellen Österreichs, als Opfer nicht verantwortlich für die Taten des Dritten Reichs zu sein. Allerdings betont die Deklaration ganz klar die Mitverantwortung Österreichs für die Teilnahme am Zweiten Weltkrieg und die Verpflichtung, an der eigenen Befreiung mitzuwirken.

Muselmann: KZ-Häftling, der jeden Lebenswillen verloren hat. Die Herkunft der Bezeichnung ist ungewiß, Deutungen sprechen von der Ähnlichkeit der apathischen, verwahrlosten Elendsgestalten mit orientalischen Bettlern.

neger: [wienerisch] ohne Geld, pleite sein.

Neuengamme: Als im April 1945 das KZ Neuengamme evakuiert wurde, transportierten drei Frachtschiffe (»Cap Arcona«, »Thielbek« und »Athen«) insgesamt 7500 Häftlinge aus Neuengamme, Dora und anderen Lagern in die Lübecker Bucht. Bei einem Angriff durch RAF-Bomber am 3. Mai wurden die Schiffe schwer getroffen, die »Cap Arcona« und die »Thielbeck« sanken. Nur etwa 500 Häftlinge überlebten die Katastrophe (andere Quellen sprechen von 7100 Todesopfern und 3500 Überlebenden). Viele, die sich ans Ufer retten konnten, wurden von der SS ermordet.

Neujahrsfest: [hebr. *Rosh-ha-shana*, »Beginn des Jahres«], jüdisches Neujahrsfest, das im Sept. / Okt. gefeiert und in den Synagogen als Tag des göttlichen Gerichts begangen wird.

Pantscherl: [wienerisch] Liebschaft

Papn halten: [wienerisch] den Mund halten, still sein.

Piel: Harry Piel, Schauspieler und Regisseur der zwanziger und dreißiger Jahre, drehte unter anderem mit Marlene Dietrich (»Sein größter Bluff«, 1927).

Pinsch: [österreichisch, von poln. *pience,* »fünf«] Fünfer, die schlechteste Note im österreichischen Schulzeugnis.

Rath-Aktion: Pogrome im Deutschen Reich nach der Ermordung des deutschen Botschaftsangestellten Ernst von Rath am 7.11.1938, siehe auch: Grünspan.

Rote Falken: sozialdemokratische Jugendorganisation.

Rotzpipn: [wienerisch] Lausbub.

Salzburger Synagoge: 1939 wurden die im Novemberpogrom beschädigte Salzburger Synagoge in der Lasserstraße und der jüdische Friedhof in der Uferstraße beschlagnahmt und grundbücherlich in das Eigentum der SS und der deutschen Polizei überführt.

Scheitl: [jidd. *Shaytl,* »Perücke«] Die Bibel schreibt weder für Männer noch für Frauen ausdrücklich eine Kopfbedeckung vor. Dennoch bedecken fromme Männer ihr Haupt aus Demut vor Gott, bei frommen Frauen ist die Kopfbedeckung ein Zeichen der Bescheidenheit und Sittsamkeit. Erst gegen Ende des 18. Jahrhunderts begann in einigen Frauenzirkeln das Tragen einer Perücke »modern« zu werden, das falsche Haar ersetzt bei orthodoxen Jüdinnen die traditionelle Frauenhaube.

schiach: [österreichisch, von mhd. *schiehe,* »schief, schlecht«] häßlich.

sekkieren: [österreichisch, von lat. *secare,* »schneiden«] jemanden ärgern.

stier: [wienerisch] ohne Geld, pleite sein.

tachinieren: [wienerisch] faulenzen, sich vor der Arbeit drücken.

Tatschgerln: [wienerisch] hier: leichte Schläge.

UNRRA: United Nations Relief and Rehabilitation Agency, Hilfsorganisation der Vereinten Nationen, welche die DP-Lager nach 1945 verwaltete und die Flüchtlingsversorgung organisierte.

Versailler Vertrag: Bezeichnung für den ersten der Pariser Vorortsverträge (1919) zur Beendigung des Ersten Weltkriegs, gilt mit seinen 440 Artikeln als der längste und komplizierteste Friedensvertrag der Geschichte. Seine Zuweisung der Kriegschuld an Deutschland und die dadurch begründete Festsetzung hoher Reparationen löste starke Ressentiments in Deutschland aus. Im übertragenen Sinne bezeichnet »Versailler Vertrag« die Friedensordnung nach dem Ersten Weltkrieg.

verzinken: verraten.

Waldheimzeiten: gemeint ist die Auseinandersetzung rund um die Präsidentschaftskandidatur von Dr. Kurt Waldheim 1986.
Warme: Homosexuelle.

Wehrmachtsausstellung: Gemeint ist die Ausstellung: »Vernichtungskrieg. Verbrechen der Wehrmacht 1941 bis 1944« des Hamburger Instituts für Sozialforschung, die 1998 in Salzburg gezeigt wurde und heftige öffentliche Kontroversen auslöste.

Zimmer und Kuchl: typische Wiener Substandardwohnung, zumeist mit Wasser und Klosett am Gang.

Zonengrenze: an der Enns befand sich die von den Alliierten errichtete Grenze zwischen sowjetischer und amerikanischer Besatzungszone.

zusammenpanschen: mischen; hier: »verschiedene Zutaten zusammenmengen«